本书系湖北工业大学职业技术师范学院杨红荃老师承担的湖北职业教育发展研究院基金项目“湖北省职业教育校企合作促进条例建设研究”的研究成果。

职业教育校企合作中的法律制度建设研究

杨红荃 著

广西师范大学出版社
GUANGXI NORMAL UNIVERSITY PRESS
·桂林·

图书在版编目（CIP）数据

职业教育校企合作中的法律制度建设研究 / 杨红荃著．—桂林：广西师范大学出版社，2015.6
ISBN 978-7-5495-7210-6

Ⅰ．①职… Ⅱ．①杨… Ⅲ．①职业教育－产学合作－法律－研究－中国 Ⅳ．①D922.164

中国版本图书馆 CIP 数据核字（2015）第 218479 号

广西师范大学出版社出版发行
（广西桂林市中华路 22 号　邮政编码：541001
网址：http://www.bbtpress.com）
出版人：何林夏
全国新华书店经销
桂林广大印务有限责任公司印刷
（桂林市临桂县秧塘工业园西城大道北侧广西师范大学出版社集团有限公司创意产业园　邮政编码：541100）
开本：720 mm × 960 mm　1/16
印张：15　　字数：240 千字
2015 年 6 月第 1 版　2015 年 6 月第 1 次印刷
定价：35.00 元

前　言

社会经济的快速发展，提高了对技能工人的需求，加之目前大学毕业生就业的困难,使得一贯受到“学而优则仕”传统观念鄙薄的职业教育,得到越来越多的关注。如何满足社会经济发展的需求，提高职业教育培养质量，是职业教育值得研究的大课题。任何课题的探讨首先都需要制度的保障，职业教育的保障来源于其立法保障。职业教育培养的是技能人才，直接满足企业对一线技术工人的需求，应该与企业就业岗位对接，企业在职业教育人才培养中扮演着十分重要的角色，只有实行职业院校与企业的合作，职业教育人才培养的质量才能得以保证，才能真正为社会经济发展服务。怎样通过法律制度建设来保证除了学校以外，企业在职业教育实施中的主体地位，构建完善的职业教育校企合作法律制度体系，保证职业教育校企合作的顺利进行，是本书所关注的内容。

本书分析职业教育、职业教育校企合作、职业教育校企合作法律制度的概念，界定职业教育校企合作法律制度研究的主体。分析共生理论、战略联盟理论、博弈论，为职业教育校企合作法律制度研究中的校企合作的关系寻找理论依据，得出职业教育校企合作是必然性的，政府在其中扮演着至关重要的角色，并期望通过制定政策法律来协调均衡校企双方的合作，保证双方合作实施的紧密性、长期性和稳定性。

本书分析国际上职业教育建设成功国家的职业教育校企合作的相关法律制度（以德国、美国、日本、英国、澳大利亚为例）。通过文献总结各国职业教育校企合作法律制度保障的合作模式，对各种模式下各国职业教育校企合作相关法律制度进行解读。德国采用的是双元制职业教育校企合作模式，其职业教育校企合作法律制度的主体是企业与学校，以企业为中心；美国的职业教育主要是高等职业教育，采用的是合作教育模式，其职业教育校企合作法律制度的主体是学校与企业，以学校为中心；日本采用的是企业内培训模式，其职业教育校企合作法律制度的主体基本是企业，职业院校在日本职业教育中发挥的作用不是十分突出；英国和澳大利亚采用的是职业资格证书制度模式，英国职业资格证书制度是通过 BTEC 课程模式来实施的，澳大利亚职业资格证书制度主要是通过 TAFE 办学模式来实施的。这几个国家的校企合作模式结合本国的实际，形成各自的特色，并通过相应的职业教育校企合作相关法律制度充分体现了各自模式，法律制度保障了相应模式的良好实施。在对几种模式下相关校企合作法律制度分析解读后，总结出以上几个国家职业教育校企合作相关法律制度的经验：一是确立企业在职业教育校企合作法律制度中的主体地位，在法律制度中需明确规定企业与学校双方的责权利；二是对受教育者的权益需在相关法律制度中进行保障；三是在法律制度中应明确法律责任与法律制裁；四是立法需满足社会的需求，及时修正完善；五是职业教育法律制度内容应具体，对实际操作具有指导性；六是职业教育校企合作法律制度需在借鉴中创新，形成有中国特色的职业教育校企合作法律制度体系；七是需完善我国职业资格证书制度，严格就业准入。

在对职业教育校企合作相关立法进行国际比较的基础上，分析了我国自民国以来职业教育校企合作的相关法律制度，重点分析目前我国第一部有关职业教育校企合作方面的法规——《宁波市职业教育校企合作促进条例》，从国际的、历史的视角来总结职业教育校企合作法律制度经验，探讨我国职业教育校企合作相关法律制度存在的问题。我国民国时期的职业教育校企合作称为建教合作，其有完善的相关法律制度作支撑，特别是对于学生在企业实习有非常详细的规定。改革开放以来，我国职业教育校企合作逐步通过颁布政策文本加以规范，但存在很多方面的问题：一是没有形成法律制度保障的职业教育校企合作模式；二是缺乏完整的职业教育校企合作法律制度体系；三是职业教育校企合作基础性问题界定不清；四是缺少职业教育校企合作法律制度的扶持措施；五是校企合作中学生权益无法得到保障；六是企业在职业教育校企合作中的责权利需进一步明确；七是现有法律缺少法律责任与法律制裁；八是没有严格职业资格证书制度、就业准入制度；九是职业教育法律制度执法监督不完善，十是没有建立职业教育校企合作法律救济制度。

最终提出从形成我国特色的法律制度保障的职业教育校企合作模式、构建完整的职业教育校企合作法律制度体系、界定职业教育校企合作立法中校企合作的概念、界定职业教育校企合作主体、确定职业教育校企合作立法法律范畴及法律位阶、明晰我国职业教育校企合作法律制度的扶持措施、明确我国职业教育校企合作的形式及利益主体的权利和义务、确保职业教育校企合作法律制度内容保障受教育者权益、确定职业教育校企合作法律的法律责任及法律制裁、完善职业资格证书制度、严格就业准入制度、健全职业教育校企合作法律制度监督体系、建立职业教育校企合作救济制度等方面思考如何建设我国职业教育校企合作法律制度体系。认为我国应形成纵向上包括职业教育基本法、单行法律（修订职业教育法、制定职业教育校企合作促进法）、校企合作相关行政法规、职业教育校企合作部门规章、地方性职业教育校企合作促进条例和规章、职业教育校企合作相关法律法规，横向上涵盖配套法规、实施细则及各行业校企合作法规的内容全面、层级清晰的职业教育校企合作法律制度体系。

目　录

导　论

研究教育问题不能就教育论教育，同样，职业教育研究也最忌就职业教育论职业教育。“职业教育从根本上说在于满足社会对人才的多样化、多层次需求，因此，研究职业教育要从社会、经济多角度来看待职业教育，要从历史的、发展的视角来看待职业教育，要从世界的视角来看待职业教育。”[1] 只有通过历史研究、比较研究，考察职业教育及职业教育法律制度发展的过程，分析其存在的问题，并结合本国的实际加以借鉴与创新，其价值才能被确认并得以体现。

一、问题的提出及研究意义

经济的快速发展，技术工人的缺失，使得职业教育日益得到国家的关注与重视，这是职业教育发展面临的大好机遇，但同时职业教育目前面临着生源质量差，招生难，速度规模发展过快等一系列问题，这也决定了职业教育同样进入了最困难的发展期。在这种背景下，本研究将关注点放在了职业教育方面，特别是职业教育核心的校企合作方面，试图从其法律制度建设的角度来探讨，以期能为职业教育校企合作法律制度体系的构建提供理论依据，为职业教育的校企合作提供保障和依据，最终达到促进国家职业教育健康稳定发展之目的。

（一）问题的提出

从历史的角度来看，经济发达国家的职业教育的发展与经济发展是齐头并进的。

[1]　翟海魂.发达国家职业技术教育历史演进[M].上海：上海教育出版社，2008：4.

经济发达国家都有着健全的职业教育运行机制为其发展提供技能人才支撑，其职业教育尤其注重职业教育法律制度体系建设。我国职业教育起步较晚，发展质量不高，职业教育理论研究和相关体系建设相对薄弱，这都需要从现实查找问题，结合历史的、国际的经验去发现解决方法，使我国职业教育能在人力资源开发上发挥更大的作用，为社会经济发展服务。

1. 社会经济的发展需要职业教育的发展，需要完善的校企合作法律制度作保障

社会经济的发展，既需要高层次的创新人才，更需要大批有文化、有知识、能够将先进科技转化为现实生产力的高素质普通劳动者，而普通劳动者的素质必须通过教育特别是与经济发展息息相关的职业教育来提高，因此，职业教育在经济腾飞和社会发展中起着重要的作用。近些年我们国家非常重视发展职业教育，先后出台了一系列政策措施，职业教育有了一定的发展，但在发展中还存在很多问题。主要体现在目前生产一线的劳动者素质偏低和技能型人才紧缺问题十分突出，现有技术工人不仅总量不足，而且多数是初级工，技师和高级技师比例比较小。国家非常缺乏既懂技术又会操作的技能人才，而专门培养高素质技能人才的职业学校招生却非常困难，形成这种局面的原因是多方面的，但校企结合不足导致的学生培养质量不高，是其中一个很重要的原因，而校企结合不足的根源来源于缺乏政策的支持和法律的保障。

2. 职业教育的发展需要校企结合，法律制度是其依据

普通教育注重陈述性知识的学习，强调“是什么”的知识；职业教育是为生产和服务一线培养技能工人的，则更注重程序性知识的学习，强调“怎么做”的知识，培养的过程需要校企合作。企业是职业教育人才培养与人才吸纳的机构，是职业教育发展与提高的关键因素之一。企业真正参与到职业教育中，才能促进职业教育与社会的联系，满足社会发展的需求，使人才的培养具备更大的适用性和灵活性，同时能有效地缓解职业院校办学经费不足的问题，减轻学生就业压力。反过来，如果企业缺乏参与职业学校教育的积极性，就会使得人才培养无法满足企业的需求，使职业学校从专业设置到课程讲授、实习实训都具有一定的盲目性，最终职业院校培养的学生无法达到社会及企业用人的标准，而导致学生就业困难，直至职业院校招生困难，形成职业院校发展的恶性循环。

由于职业学校教育是为社会经济发展服务，其与普通教育对人才的培养有很大的区别，其人才培养目标、模式、专业设置与企业及服务部门的用人标准有高度的对接性，需要有深入稳定的校企合作保证学习者面向社会的高度适用性。另外，职业教育是为企业生产服务一线提供技能人才的，企业是使用职业教育培养的人才的主要用户，企业虽然支付了一定的人力资本，但也需要支付一定的社会资本，实现自身的社会责任，需要通过与职业院校合作而变相支付带有一定公益性质的职业教育人才培养的部分教育费用，从而提高职业院校办学的质量和整个社会对职业教育的关注度。

目前我国职业教育校企合作在借鉴国外职业教育发展的基础上，有着越来越多的形式，但很多校企合作都没有真正深入展开，培养的人才往往不能满足社会对技能工人的需求，我国职业教育所强调的校企结合已逐步沦为企业到学校获得廉价劳动力的浅层次合作，背离了职业学校校企合作培养技术人才的初衷。职业教育校企合作还没形成适合自身发展的模式，还缺乏相关的法律制度对其进行保障，企业真正参与职业教育的积极性不高。因此，必须考虑将学校与企业的利益需求结合起来寻求共赢，形成适合我国职业教育发展的校企合作模式，改变我国职业教育发展的现状，为社会经济和产业的发展培养其所需要的技术人才。

3. 职业教育的校企合作需要加强法制建设，需要法律的保障

我国 1996 年 5 月通过了《中华人民共和国职业教育法》，标志着职业教育有了自身的专项法律，迄今已近二十年。但我国职业教育的法律制度建设还处在成长阶段。从总体上看，目前的相关法律制度呈现着许多方面的问题：一是职业教育法律体系尚未形成；二是职业教育现有的法律制度多从宏观上进行指导协调，条款内容原则性规定多，缺乏具体适用的条款；三是缺乏具体法律责任及制裁，操作性不强；四是缺乏有效监督，且就业准入制度没有真正执行；五是还没有任何职业教育法的实施细则与配套法，致使这部职业教育法贯彻执行起来效力大打折扣。

而教育部和国务院颁发的发展职业教育的相关法律制度，如 1999 年的《关于深化教育改革全面推进素质教育的决定》，2002 年、2004 年和 2005 年先后颁布的《国务院关于进一步推进职业教育发展的决定》《教育部等七部门关于进一步加强职业教育工作的若干意见》和《国务院关于大力发展职业教育的决定》，在一定程度上推动了职业教育的快速发展，但由于缺乏强制性，导致实施的低效力和随意性。

（二）研究意义

本研究有助于从多角度、多领域探索如何发展职业教育，由此拓宽职业教育研究的领域，有助于我们借鉴国外先进的职业教育理论，在实践中探索性地发展适用于我国的职业教育理论，从而不断完善我国职业教育的理论体系。

1. 职业教育校企合作法律制度的研究有利于职业教育校企合作的深入

我国目前的职业教育校企合作不断学习国外经验，取得了较大的发展，但校企合作在某种程度上，处于学校与企业自由联系沟通的一种状态。由于缺乏政策支持和法律保障，企业在校企合作中的贡献得不到社会认可，加之教育收益的滞后性，企业在短期内无法看到参与合作所得到的回报，致使企业不愿参与到职业教育的校企合作中去。

我国职业教育校企合作法律制度体系没有形成，现有的《中华人民共和国职业教育法》主要是对职业院校的规定，虽然也有相应条款涉及企业行业的参与，但多从宏观层面来界定，没有形成具体可行的操作规定。发达国家非常重视从法律层面规范职业教育的校企合作，例如，职业教育最为成功的德国，有着非常完善的职业教育法律法规，关于职业教育的法律多达几十种，对法律主体的企业、职业院校的责任和义务做出了明确具体的规定。其《联邦职业技术教育法》和我国《职业教育法》中的办学主体是不一样的，德国《联邦职业技术教育法》中的办学主体有企业与学校两个，其办学主体是双元的，用法律形式来规定“双元制”职业教育校企合作模式，保障职业教育的校企合作，此法是德国职业教育的基本法，在国际上被认为是最严密、最详细的职业教育法律。1996 年我国通过并实施的《中华人民共和国职业教育法》，这是我国目前唯一一部规范职业教育的专门法律，而缺乏相应的职业教育校企合作的相关法律，更缺乏配套法规、实施细则及地方职业教育实施条例。因此，研究完善职业教育校企合作法律制度建设，有利于用法律的保障促进职业学校与企业的合作。

2. 职业教育校企合作法律制度研究有利于为我国职业教育相关法律制度的完善提供理论依据

当前，国家对职业教育的发展有了更多的关注，对职业教育从体系构建、人才培养模式、校企合作办学形式、双师型师资队伍建设等都有很多研究，但职业教育法律制度层面的系统化研究成果还比较欠缺。本研究从与职业教育人才培养相关性很大的校企合作入手，首先研究国外典型的职业教育校企合作法律制度，其次研究我国自民国时期以来职业教育校企合作相关法律制度，最后提出修订《中华人民共和国职业教育法》，制定《职业教育校企合作促进条例》，构建职业教育校企合作法律制度体系，通过法律制度建设保障我国职业教育校企合作的深度开展。职业教育校企合作相关法律制度的制定应明确政府、企业、学校在合作中的责权利，强调对参与校企合作的企业的政策优惠，以及规定合作中企业、学校所应负的法律责任。这一系列研究设想的实现能从理论层面为职业教育校企合作的法律制度体系的构建提供依据。

3. 职业教育校企合作法律制度建设研究有利于提高企业和社会参与职业教育的积极性

本研究围绕职业教育校企合作法律制度建设研究，着力于校企合作与职业教育发展的实践关系，提出明确并协调职业教育中两个核心主体的责权利，通过法律的规范，使企业提高参与职业学校教育的积极性，增加职业学校的经费来源，减小职业学校人才培养与市场需求的距离，使得学校的专业设置、课程安排具有一定的指向性；通过法律的规范，使职业学校的教师从脱离实际的理论教学中走出来，不断接受来自企业新技术、新产品的更新知识，以满足学校与产业共同发展的需要；通过法律的规范，使职业学校能利用企业生产设备进行实习训练以减少有限的经费开支，改善职业学校的实习培训条件；通过法律的规范，有效利用企业内具备一定理论素养、操作技能突出的技师作为师资，培养出真正具备较强操作技能、符合企业需要的人才，适应市场的需求及发展变化，实现职业教育的发展。

目前，我国的职业准入制度还不完善，客观上不仅影响了社会对职业教育的认可，还影响了学生报考职业学校的积极性。虽然我国已实行了职业资格证书制度，但还没有从法律意义上严格保证该制度的实施，很多技术岗位的工人其实并没有相应的职业资格证书。目前，职业资格证书的发证机关是劳动部门，职业资格证书的实施教育的机关是职业教育部门，也就是说具体实施职业教育的不发证，发证的部门不实施具体的职业教育，这种管理模式从理论上说在一定程度上能保证职业资格证书的质量，但因为就业准入制度没有严格执行，并且职业资格培训的质量不高，最终职业资格证书的含金量也不高。因此，职业教育校企合作法律制度建设的研究，能促使职业教育校企合作的规范发展，可以使职业学校学生有更好的就业前景，增加学生报考职业学校的信心。

4. 职业教育校企合作法律制度研究有利于进一步厘清校企之间的责权利

我国现行的职业教育法律制度对于校企合作各方的责权利及合作的方式、内容等关键问题均没有明确的规范。随着职业教育越来越被社会所关注，出现越来越多的对职业教育的比较研究，这些研究和实践证明，职业教育必须实行校企合作。本研究通过对湖北省职业教育研究机构负责人，部分中等、高等职业院校负责人及部分企业人力资源部门负责人的访谈，发现由于校企合作缺乏制度保障，企业没有主动参与职业教育的意识，缺乏参与职业教育的积极性，职业教育的校企合作往往是职业院校“一头热”，企业是缺乏兴趣的，企业接受学生的实习也多是为了获取廉价劳动力，其中一个重要的原因就是企业在校企合作中的责权利不明确，企业无法获悉其在校企合作中能得到什么，也不清楚如何参与合作。因此，需要从历史的、国际的视角，研究现行职业教育校企合作法律制度，比较研究职业教育校企合作发展得比较成熟的国家的法律制度，完善我国职业教育校企合作法律制度体系，来界定校企之间的责权利，为职业教育校企合作的深入施行提供法律保证。

二、研究的核心问题

本研究涉及职业教育、职业教育校企合作、职业教育校企合作法律制度等几个核心问题，只有将这些核心问题的概念界定清楚，才能更好地掌握研究主题，理清研究思路。

（一）职业教育

关于职业教育的概念，不同时代、不同人物站在不同角度有着不同的理解，杜威在《民主主义与教育》的第二十三章“教育与职业”中认为，职业教育就是为从事职业工作做准备的教育。我国职业教育研究的先驱人物黄炎培在《实施实业教学要览》中给职业教育下的定义是：“凡用教育方法，使人人获得生活的供给及乐趣，一面尽其对群众之义务，此教育名曰职业教育。”职业教育在《中国大百科全书·教育》中的定义是：“给予学生从事某种职业或生产劳动所必须的知识和技能的教育”，“为适应经济社会发展的需要和个人就业的要求，对受过一定教育的人进行职业素养特别是职业能力的培养和训练，为其提供从事某种职业所需要的实践经验的一种教育”。

关于职业教育的概念，国际上也有不同的提法。在西方，“职业教育”称为“vocational education”，指我国传统意义上中等职业教育培养的“技术工人”；高一层次的“技术教育”称为“technical education”，指我国传统意义上高等职业教育培养的“技术员”；再高一层次的“专业教育”称为“professional education”，指我国传统意义上地方本科院校培养的“工程师或高级专业技术人员”。

《中华人民共和国教育法》中界定职业教育是对受教育者施以从事某种职业所必需的知识、技能的训练，因此职业教育亦称职业技术教育或实业教育。职业教育是与基础教育、高等教育和成人教育地位平行的四大教育板块之一。

（二）职业教育校企合作

职业教育校企合作概念有广义和狭义之分。广义的校企合作是指职业教育部门与产业部门或行业机构、职业学校与企业或其他职业教育机构共同举办职业教育的一种教育模式，包括与行业、企业合作培养职业教育人才、对企业员工进行在岗进修培训，包括联合技术改造、产品研发、科技攻关和科技创新等所有形式和类型的合作。狭义的校企合作是学校与企业建立的一种合作模式。在本研究中，“职业教育中的校企法律制度研究”主要界定为狭义的校企合作，即指企业与我国职业教育中进行学历性职业教育类学校的深度合作，学历性职业教育类学校可分为初等职业学校、中等职业学校和高等职业学校。

在职业教育校企合作中，职业教育有其自身属性，一是具有中介性，职业教育是教育与职业之间沟通的渠道；二是职业教育具有市场性，职业教育是教育系统中与经济联系最紧密的产业，职业教育具有教育性、产业性双重特性，其与市场经济的有机融合，主要是通过人才供需关系的平衡协调来实现职业教育的产业化运作的。

1. 职业教育校企合作中校企关系的形成

经济的发展迫切需要专业技能人才，企业的成长离不开学校的支持，企业的壮大亦会反哺学校的发展。校企合作符合职业教育发展的内在规律，符合技能人才培养的要求，有利于促进职业教育健康持续发展。同时，校企合作符合企业培养人才的内在需求，有利于企业实施人才战略，利于企业的发展壮大，这种“双赢”模式会逐步成为我国职业教育发展的常态模式。

当今社会，提出教育的发展要与社会生活相结合，而作为直接为社会生产一线提供技术人才的职业教育更是需要与社会、与行业企业结合，职业教育发展规律就是要求职业教育与社会经济发展直接联系，这种联系对职业教育的发展起着至关重要的作用。

（1）从人力资本理论看职业教育校企合作中的校企关系。

社会生产力中最重要的组成部分是劳动力，劳动者的素质需要通过后天的教育和训练形成。古代社会，教育和训练是在生产过程中进行的。随着经济的发展，生产劳动活动日益复杂化、知识化，使得教育特别是职业教育逐渐成为了劳动力生产和再生产的重要手段。舒尔茨在《人力资本的投资》中指出，教育作为经济发展的源泉，其作用是远远超过被看作实际价值的建筑物、设施、库存物资等物力资本的。

舒尔茨的人力资本理论提出，在影响经济发展诸因素中，人的因素是最关键的，是重于物的因素，经济发展主要取决于人通过后天教育的整体素质的提高，而不是自然资源的丰瘠或资本的多寡。认为人力资本体现在劳动者的知识程度、技术水平、工作能力以及健康状况几个方面，是这些方面价值的总和，是一种资本类型，人力资本是当今时代促进国民经济增长的主要原因。人力资本与土地、资本等实体性要素一样，是通过投资而形成的，在社会生产中同样具有重要的作用。在人力资本的形成过程中，投资是非常关键的，表现在接受各种教育。依据舒尔茨的计算，人力资本投资与其他方面的投资比较起来，是一种投资回报率很高的投资。

从人力资本理论看，人力资本推动经济的发展，而人力资本是需要投资的，这反映在职业教育校企合作法律关系中的学校和企业之间，可以得出这样的结论，学校通过教育为企业提供促进企业持续发展的人力资本，企业反过来为学校人力资本的培养提供部分资源，这样一种持续的合作会为学校与企业的发展带来双赢局面。

（2）从资源依赖理论看职业教育校企合作中的校企关系。

“1967 年，汤普森提出一个综合性的组织的权力—依赖模式，他指出，一个组织对另一个组织的依赖与这个组织对它所依赖的那个组织能够提供的资源或服务的需要成正比，而与可替代的其他组织提供相同的资源或服务的能力成反比例。”“资源依赖理论的一个重要特点是依赖可以是相互的，正如一个组织依赖于另一个组织，两个组织也可以同时地相互依赖。当一个组织的依赖大于另外一个组织时，权力变得不平等。”[1]

资源依赖理论认为任何组织都不可能完全拥有所需要的一切资源，由于环境的不确定性和缺乏足够的资源，组织可能会追求更多的资源，以保障自己的利益。组织还会同它所处环境内的控制着所需求资源的其他组织化的实体之间进行互动，导致组织对资源的依赖性，因为这种依赖性，组织会试图支配他们的环境。资源依赖理论强调组织的生存需要周围环境满足其对资源的需求，需要与周围环境中的因素互相协作，这些因素往往包含其他的组织。没有组织是自给的，都要与环境进行交换。

[1] 马迎贤. 资源依赖理论的发展和贡献评析[J]. 甘肃社会科学，2005(01)：116-119.

从资源依赖理论可以看出，企业关心生存，企业的生存和发展需要资源，而某些资源企业是不能生产的，企业就必须与它所依赖的环境中的某些其他组织互动，与其他组织产生依赖关系。职业教育校企合作法律关系中的学校与企业，都关心生存与发展，都需要从环境中追求发展需要的更多资源，其中学校需要企业为其提供资金、场地、捐赠、技术和社会资源等自身欠缺的资源，企业需要学校为其提供人力资本、技术改造和创新等自身欠缺的资源，学校的发展与企业的发展是息息相关的。学校与企业信息、资源共享，学校利用企业提供设备、技术，企业利用学校提供人才及日常技术扶持，使学校和企业的设备、技术、人才实现优势互补，节约教育与企业成本。因此，在这种追求稀缺资源的过程中，学校与企业会进行互动，进行交换，达成最终的合作。这种合作的层次越深，他们之间交换资源的成本就越小，双方都能取得更大的收益。从资源依赖理论看，职业教育校企合作法律制度建设中的校企关系因为利益的最大化，会选择学校与企业的深度合作。

2. 职业教育校企合作中校企关系的类型和模式

职业教育校企关系大体有三种类型。第一是以学校为主的校企关系。以学校为培养基地，学校处于教育行政部门管理之下，在全国范围内进行专业设置、制定课程计划，专业教育大多是通用型的，学生主要在学校接受理论知识与技能培训，然后到用人部门上岗。第二是以企业为主的校企关系。这种类型主要由企业承担办学责任，学生接受普通基础教育后，直接到企业就业，接受企业的各种职业技术培训，然后上岗。第三是学校和企业协同主体的校企关系，即由学校和企业共同完成职业技术培训。学生具有双重身份，在学校是学生，在企业，是学徒，在学校里以学生的身份接受理论基础教育，同时又以学徒的身份在企业接受技能培训。

国际上成功的职业教育校企合作模式主要有以下几种：一种是德国的双元制模式，通过法律的制定保障职业教育的两个主体，对企业与学校两个主体的责任和义务有清晰的界定，规定由企业和学校共同承担准职业人培养的任务，教学在学校和企业两个地点进行，但以企业实践为主，实践教学与理论教学的比例约为 7：3，对学生的考试分平时考试和国家考试，国家考试由州统一组织进行，平时考试由任课教师负责；二是澳大利亚的技术与继续教育（TAFE），这种模式在全澳大利亚通用，面向生产一线，培养高级技术应用型人才、管理人才和操作型的技能人才，建立了上下贯通的立交桥式职业教育体系；三是北美的能力本位模式，这种模式将职业学校的学生能力结构分为三种，一般能力、群集职业能力和岗位职业能力，学生的培养以获得岗位操作职业能力为目标，以一般能力、群集职业能力为基础；四是瑞士的三元制模式，在双元制的基础上增加了一元，即职业培训中心，是一种跨企业的职业基本能力的入门培训机构，是行业协会开办的。四种合作模式的一个共同特征就是强调企业参与，认为职业教育发展的最佳途径就是校企合作，只有通过校企合作，才能解决职业教育发展中存在的种种问题。

目前中国职业教育校企合作的主要形式为：

（1）订单式。人才培养实质是学校和用人单位根据企业的实际需要，共同制定人才培养方案，并由学校组织实施的一种人才培养新模式。由用人单位根据其对不同规格的人才需求提出订单，跟学校签订培养协议，然后由学校按照用人单位提出的要求进行人才培养，目的是提高人才培养的有效性和针对性。这种合作模式的不足之处就是，学校缺乏主动权，培养数量、培养时间完全根据企业需要，这是一种初级的合作模式，一般在中职院校运用得比较多。

（2）校企联合式。是由学校与企业共同办班的一种合作形式。双方共同出资，由企业提供实习基地、设备、原料，企业参与研究与制定培养目标、教学计划、教学内容和培养方式，指派专业人员参与学校的专业教学，企业师傅走进学校给学生授课，同时学校对企业员工进行理论知识培训，提高员工的素质。在这种培养模式下，企业与学校是办学的伙伴，校企双方成为利益共同体。

（3）工学交替式。校企双方订立协议，整个学习过程分离为学习和企业工作交替进行的过程，企业作为学生的实习基地，学生第一年在校内学习文化、基础理论模块课程，第二三学年学习专业模块课程，实行工学交替制，一边学习一边工作。

（4）校企股份合作。企业以设备、场地、技术、师资、资金等多种形式向职业学校注入股份，进行合作办学，企业对职业学校承担决策、计划、组织、协调等管理职能，企业以主人的身份直接参与办学的过程，分享办学效益，使学校与企业捆绑在一起形成一个利益共同体，企业通过参与办学与学校共同培养人才。

（5）产学合作式。是由企业直接进驻学校，将企业的一部分生产线建在校园内，通过实际生产，让学生在学校参与生产过程的一种人才培养方式。产学合作式最重要的是师生可以通过观摩和师傅的指导，学习企业生产最前沿的知识与技能。这种合作形式既可以解决企业场地不足的问题，同时也可以解决学校实习实训设备不足的问题，做到企业与学校资源共享。

3. 职业教育校企合作与普通教育校企合作的区别

职业教育的校企合作与普通教育的校企合作有着极大的区别，普通教育与企业的校企合作主要体现在学校与企业在科技创新、成果转化等层面上的合作；职业教育与企业的校企合作体现在职业院校基本功能的培养层面，其合作对于职业教育来说是必需的，是根本的。

（1）知识的分类区分职业教育与普通教育的差别。

按现代认知心理学的理解，知识有广义与狭义之分。广义的知识可以分为两类，即陈述性知识和程序性知识。陈述性知识指个人有意识地提取线索，因而能直接陈述的知识，是关于“是什么”、“为什么”的知识；程序性知识是个人没有意识提取线索，只能借助某种作业形式间接推论其存在的知识，程序性知识是一套办事的操作步骤，是关于“怎么办”的知识。无论从内涵或是从外延来看，程序性知识与技能同义。职业学校以技能学习为主的学习性质决定了学校必须与企业合作，学校所能提供的是陈述性知识的学习，而职校学生必须习得的程序性知识需要在实践中进行，需要在“做中学”，是与直接的一线的工作任务相结合的。

（2）教育目的的不同决定职业教育校企合作与普通教育校企合作的区别。

职业教育的目的是培养应用人才和具有一定文化水平和专业知识技能的劳动者，普通教育所要求的认知内容不以应用为目的，重在认识过程本身，是在认识过程中发现规律，将规律系统化、理论化。与普通教育相比，职业教育侧重于实践技能和实际工作能力的培养，其培养过程离不开企业资源，需要企业为其提供技能人才培养所需的机器设备、专业实践教师、实训场地，并最终为企业提供符合岗位需求和具备能进一步发展的职业能力的技能人才。

（3）办学方式的差异形成职业教育校企合作与普通教育校企合作的区别。

普通教育办学主体与办学形式相对单一，有较强的计划性，教学内容更关注学术教育，其次才关注社会的需求，其办学过程的监控主要来自于政府，通过政府制定的考评方式决定普通教育是否成功；职业教育办学参与主体多元化，有较强的市场性，教学内容更专注于社会经济变化的需要，其考评依赖于市场竞争和行业企业的评价。“与学术教育相对照，职业教育的内容与课程源自不同职业，与做好某一项工作的具体要求有关，而不是某一学科的学术分析。它列出了具体的技巧和能力，而非数学、科学或者历史等学科中教授判断、理解、想象。在职业教育过程中，学术的卓越让位于实用性。”[1] 普通教育的校企合作在这个层面上，与职业教育的校企合作也是有着本质的区别的。

（三）职业教育校企合作法律制度

职业教育校企合作法律制度涵义研究，需先界定法律制度的概念，在概念清晰的基础上，进一步分析职业教育校企合作法律制度的内涵。

1. 法律制度

曾庆敏主编的《精编法学辞典》（2000 年 12 月版）认为，法律制度通常在两种意义上使用：（1）一国或某一历史时期全部法律和制度的总称；（2）调整某一类社会关系的法律规范的统称，如选举制度、合同制度。根据“一国或某一历史时期全部法律和制度的总称”的解释，可知我国现行法律制度包括全国人大制定的法律，省级人大、省会城市人大制定的地方法规，国务院制定的行政法规，国务院各部委制定的国务院部门规章，国务院批准省、自治区、直辖市、城市政府制定的地方政府规章。形式体现为法律、行政法规、部门规章、地方性法规和规章、相关法律法规。

2. 职业教育校企合作法律制度

查阅相关文献对“法律制度”概念的分析，发现此类文献虽以“法律制度研究”为主题，却基本没有对此概念的相关分析，而且也没有发现以“法律制度”为专题进行研究的文献，只有各种辞典对“法律制度”概念的简单界定。参考《会计法律制度实用手册》，通过其对会计法律制度的解析，可以分析本研究中的职业教育校企合作法律制度，是指国家权力机关和行政机关制定的，关于职业教育校企合作的法律、法规、规章和规范性文件的总称。职业教育校企合作法律制度是调整校企合作的法律规范。职业教育校企合作法律制度中的校企合作主体在此界定为我国职业教育中进行学历性职业教育的学校与企业，客体为职业教育内容。职业教育校企合作法律制度制定的内容包括职业学校、企业在职业教育活动中依据法律所享有的权利和义务，权利指职业学校、企业依据法律规范享有的某种权能或利益，表现为职业学校、企业可以做出一定的行为，也可以要求他人做出或不做出一定的行为；义务指职业学校、企业依据法律规定必须承担和履行的某种责任，表现为职业学校、企业必须怎样行为和不得怎样行为两种方式。

---

[1] [英]琳达·克拉克.职业教育：国际策略、发展与制度[M].翟海魂，译.北京：外语教学与研究出版社，2011：137.

为了调整和规范校企合作的各种关系，国家需制定一系列职业教育校企合作法律制度。职业教育校企合作法律制度应包括职业教育校企合作法律、职业教育校企合作行政法规、职业教育校企合作规章、职业教育校企合作地方性法规、职业教育校企合作相关法律法规。职业教育校企合作法律是由最高国家权力机关全国人大及其常委会制定的，分为职业教育校企合作基本法和职业教育校企合作单行法，如职业教育校企合作基本法为《中华人民共和国教育法》和《中华人民共和国劳动法》，职业教育校企合作单行法为《中华人民共和国职业教育法》或本研究建议制定的《职业教育校企合作促进条例》；职业教育校企合作行政法规是由最高国家行政机关国务院根据宪法和教育法律而创制的对职业教育事业实施行政管理的规范性文件；职业教育校企合作规章是中央和地方有关国家行政机关制定颁布的调整职业教育关系的规定、办法、细则、规程、意见、大纲、标准等规范性文件，国务院各部委，特别是国家教育主管部门教育部制定的称为国务院部门规章，省、自治区、直辖市及经国务院批准城市的人民政府所发布的称为地方政府规章；职业教育校企合作地方性法规，是省、自治区、直辖市或经国务院批准的较大城市的人大及其常委会，根据本行政区域的具体情况和实际需要，在与教育法律、法规不相抵触的前提下，制定的职业教育校企合作地方性法律制度，是一定的地方国家权力机关所制定的有关教育的条例、规定、办法等规范性文件。

通过对职业教育校企合作法律制度涵义的分析，可将其分为职业教育校企合作基本法、职业教育校企合作单行法、职业教育校企合作行政法规、职业教育校企合作部门规章、职业教育校企合作地方性法规和规章、职业教育校企合作相关法律法规六个层次。

三、研究现状

职业教育的校企合作是职业教育人才培养质量提高的根本保证，职业教育校企合作法律制度的建设是职业教育校企合作的保障。职业教育中的校企合作法律制度研究不仅涉及教育学，还涉及法学、经济学，而怎样通过对国内外校企合作相关法律制度建设的研究，来明确如何构建我国的职业教育校企合作法律制度体系，是本研究的目的。现就国内外有关职业教育校企合作中相关法律制度的研究进行梳理。

（一）国内研究现状

我国关于职业教育法制的著作自上世纪 90 年代以来开始逐步出现，1992 年袁衍喜、张维平著《当代美国教育改革与教育立法》，1994 年郝维谦、李连宁编《各国教育法制的比较研究》，分析了发达国家职业教育立法的体制及变革。1997 年李蔺田、王萍的《中国职业技术教育史》，2008 年翟海魂的《发达国家职业技术教育历史演进》，阐述了几个发达国家职业教育发展的历史演进，详细分析了中国及发达国家各时期对职业教育有重大影响的法律法规，对于职业教育法制建设研究都是不可或缺的资料。2010 年彭爽著《中国近代职业教育法律制度研究》，通过纵横研究，较系统地勾画出中国近代职业教育法律制度的全景。此外还有近期出版的和震著的《职业教育政策研究》，石伟平、匡瑛著的《比较职业教育》，及十几篇关于各国职业教育立法的硕士论文，都为我国职业教育法律制度建设的研究提供了有用的素材。

我国于 1996 年颁布了《中华人民共和国职业教育法》，从文献检索情况来看，在 1996 年之前，极少有对于我国职业教育法律制度的研究，自《中华人民共和国职业教育法》颁布之后，特别是 2000 年以来，对于“职业教育法律制度”的探讨和比较的研究成果逐渐增多，但还是不足，迄今专门以“职业教育立法”为标识的论文只有 50 多篇，而其中对职业教育校企合作法律制度的专门研究更是寥寥无几，检索研究“职业教育校企合作法律立法”的文献则只有 10 篇。

1. 对国外职业教育校企合作法律制度的比较研究

在中国，对于职业教育法律制度的研究在近二三十年才逐步展开，其中主要是对于其他发达国家职业教育校企合作法律制度的借鉴研究，其内容主要包括几方面：有关职业教育校企合作立法概况的研究；有关职业教育校企合作经费来源立法的研究；有关职业教育校企合作法律制度建设的研究；有关职业资格和证书制度的研究。

（1）有关职业教育校企合作立法概况的研究。

此类研究重点从宏观层面研究职业教育有关校企合作的法律制度，探讨几个发达国家职业教育校企合作法律制度发展演变的概况，以及对于我国职业教育校企合作法律制度建设的启示。其文献大多是从分析我国职业教育校企合作法律制度建设的必要性的角度进行，而对于具体应该怎样建设我国职业教育校企合作法律制度，应该考虑哪些方面的内容等却没有系统的研究。但从各国职业教育校企合作法律制度建设的发展状况看，都非常强调通过法律制度来保障企业在职业教育发展中的主体地位。

强调职业教育校企合作法律制度建设的必要性。姜大源在《职业教育立法的跨界思考——基于德国经验的反思》一文中，论及德国作为世界上职业教育实施典范的国家实行的是“双元制”模式，其关键在于构建了一个通过法律制度来规范的校企合作的模式。认为职业教育是一种跨越了职业与教育、企业与学校、工作与学习界域的教育类型，要规范并保障这种“跨界”教育，就必须同时遵循职业和教育规律。由此，职业教育的实施模式，必须打破在企业里办培训或者在学校里办教育的思维，形成跨界的多角度思维。王晖在《职业教育立法的国际经验考察及启示》中提到，在职业教育立法中应构建企业参与的职业教育网络。姜群英、雷世平在《职业教育校企合作立法的思考》中谈到我国需要校企合作制度的法制化，以调动企业参与职业教育校企合作提高技能人才培养质量的积极性。雷小波在《从联邦德国职业教育立法引发的思考》中列举了德国二战后颁布的主要职业教育法律制度，提出通过立法促进企业的参与。

强调职业教育校企合作立法企业方面的责任和义务。姜大源、石丽艳、李卉、王红林、王晖、刘育锋等，分别分析了德国、美国、英国、澳大利亚几个国家职业教育校企合作相关法律制度中，企业对于职业教育的责任和所承担的义务。

强调职业教育校企合作，企业的责任和义务不仅仅体现在职业教育立法中，还需要相关部门立法来支撑。如石丽艳、李卉在《德美职业教育立法的比较与借鉴》一文中阐述，“德国 1869 年颁布的《企业章程》明确了企业参与职业教育的责任和义务，1965 年的《手工业条例》，从手工业行业的角度规定了企业在职业教育培训中的地位，1972 年《企业基本法》规范了企业参与职业教育的形式，1960 年的《青年劳动保护法》,规定了青年在接受职业培训过程中所享有的保障。美国 1862 年《莫雷尔法案》中联邦以增地的形式，支持各州开办大学实施农工教育，标志着高等职业教育校企结合的开始,《合作训练法案》鼓励企业参与职业教育”[1]。再如王红林在《英国职业教育立法的特点及其启示》中提到，“英国的《就业与训练法》对英国职业教育与劳动市场之间的关系进行了有效的协调；1964 年英国颁布实施的《产业训练法》对职业培训控制协调机构的设置、职业培训的财政制度以及职业培训的设施等都作出了明确的法律规定；1890 年政府颁布的《地方税收法》，允许各地方政府

[1] 石丽艳，李卉.德美职业教育立法的比较与借鉴[J].教育与职业，2011(11):169-170.

从某些物品税收中提成发展职业教育”。[1]

职业教育法直接明确企业对于职业教育的责任。如姜大源的《职业教育立法的跨界思考——基于德国经验的反思》，石丽艳、李卉的《德美职业教育立法的比较与借鉴》及王晖的《职业教育立法的国际经验考察及启示》等一系列文章都阐述了德国《职业教育法》用法律的形式规范了职业教育“双元制”模式，确定了企业在职业教育发展中的主体地位；刘育锋在《论澳大利亚职教法对我国职业教育法修订的借鉴意义》一文中论述了澳大利亚的职业教育立法确定了行业企业参与职业教育的方式方法，不仅从制度层面，还从实际操作层面进行了界定，规定了雇主参与职业教育的方式及雇主对于学徒的责任和义务。

（2）有关职业教育校企合作经费来源立法的研究（企业方面）。

通过分析相关文献，可以总结各国职业教育校企合作经费来源的立法大概有三种：

第一种，所有企业缴纳职业教育经费，参与职业教育校企合作的企业按不同标准得到一定的返还。张惠梅、王红林分析了德国、英国企业参与职业教育的经费补偿及补偿经费的来源。德国《职业教育促进法》规定德国所有国营和私营企业，必须向国家缴纳一定数量的职业教育基金，国家再依据培训的职业、培训的年限、培训的规模、培训企业所处区域等，按照基金发放的一定标准，面向培训企业和跨企业培训中心统一分配和发放该基金，不同的职业教育培训企业所获经费因此存在很大差别。“一般情况下，企业可获得占其净培训费用 50%-80% 的培训补助，当所培训的职业符合发展趋势时，企业可获得 100% 的培训补助。如英国在 1964 年颁布的《产业训练法》中规定，国家通过征收培训税对参与产业训练的企业主给予经费资助”。[2]

第二种，由雇主分担职业培训费用。张惠梅在《我国与发达国家职业教育立法的差异性研究》中提到，法国的《雇主分担基本职业技术培训费用法》是其主要职业教育法之一。“1991 年，法国《职业培训与就业法》中规定，超过 10 人的企业至少要拿出该年工资总额的 1.4% 作为在职人员的培训经费”。[3]

第三种，经费来源于企业内部培训经费。陈梦迁在《发达国家职业教育立法基

[1] 王红林.英国职业教育立法的特点及其启示[J].产业与科技论坛，2008(12)：245-246.

[2] 张惠梅.我国与发达国家职业教育立法的差异性研究[J].职教论坛，2007(07)：46-47.

[3] 张惠梅.我国与发达国家职业教育立法的差异性研究[J].职教论坛，2007(07)：46-47.

本原则研究》中提到，日本的企业职业教育培训（针对大型企业）从公共职业教育培训（针对中小型企业）体系中分裂出来，其发展得到日本行业企业的认可和支持，在许多方面都超过了公共职业教育训练，企业内部培训经费是企业职业教育培训的主要来源，政府的资助仅是一种补充。

（3）有关职业教育校企合作法律制度建设的研究。

对于职业教育校企合作法律制度建设的研究更多地着眼于德国的“双元制”模式，在中国知网中检索，以“双元制”为关键词的论文有643篇，但以“德国职业教育立法”为关键词的文献只有4篇，其中比较详细的阐述如雷小波的《从联邦德国职业教育立法引发的思考》(2002)，其在文中从德国《职业教育法》、《青少年劳动保护法》、《职业培训条例》、《框架教学计划》等法律制度对德国的双元制模式进行了分析，认为德国的职业教育通过立法确定了企业在职业教育中的主体责任，在其一系列法律制度中对学生与企业合同的签订、合同签订的具体内容、企业对培养学生的责任、学生的身份、培训年限、培训课时分配、培养目标、培训内容和考试要求等都有统一规定，保证了毕业生能满足社会及企业用工需求，能有效解决学生的就业，促进社会经济发展。

其他的发达国家也注重职业教育校企合作法律制度的建设，在中国知网中检索，以“美国职业教育立法”为关键词的文献有13篇。赵敏在其硕士论文中阐述了美国职业教育立法的历程，将美国职业教育发展分为了四个阶段，对四个阶段的立法进行分析。王萍在文章《美国职业教育立法演变及其启示》中梳理了美国职业教育立法的沿革。高慧在《美国职业教育立法及其对我国职业教育的启示》中提到，1963年美国颁布的《职业技术教育法》规定了美国职业教育校企开展合作教育模式，要求社区学院的学生用一部分时间参加学校学习，一部分时间到企业工作，学习时间可集中，也可分散，二者交替轮换。“美国1982年的《合作训练法案》明确规定，职业训练计划由州制定，职业训练课程由学校和企业共同参与制定、修改及实施。1983年的《就业培训合作法》将职业培训的权力下放给私人企业，联邦只起协调指导和资助作用。1994年《从学校到工作机会法》规定，企业负责延伸的学习活动，如提供合作教育学习课程，向高中学生提供实习职位，以及提供实践工作指导，学校和企业必须共同创造合作关系，建立就业及学校之间的沟通。”[1]

[1] 高慧.美国职业教育立法及其对我国职业教育的启示[J].湖南工业大学学报(社会科学版),2010(02):134-136.

（4）有关职业资格证书制度的研究。

发达国家的职业资格制度都有完备的法律制度体系作保障。近年，对于职业资格证书制度的研究非常多。李敏谊、杜敏、张国云分别在其文中论述了英国、澳大利亚、德国职业资格证书制度发展的历史，总结了其共同特征，指出了发展趋势；吴秀杰在其文中详细分析了澳大利亚职业资格的框架及特点；陈梦迁在《发达国家职业教育立法基本原则研究》一文中谈到，"德国以《联邦职业技术教育法》为基本法，以不同行业的《职业培训条例》和《考试条例》为内容依据，确定各职业的职业资格认证内容和方式；日本在建立产业、行业立法的同时，特别注意规定职业资格规范；英国在职业资格标准制定、职业资格证书考核组织及考评人员管理方面都有严格的制度与规章，英国国家职业资格委员会主持制定了《证书机构共同协议》和《英国国家职业资格规范与指导》；美国不同的职业资格有着不同的职业单项法规。这些法律法规明确规定了职业名称的定义，需达到的专业行为，注册资格的标准、条件，政府及行业主管的职责，专业性学会及其专门工作机构的成员资格、任期、补贴与开支等。同时还明确雇主责任、代雇单位的责任等。"[1]

英国、澳大利亚的职业资格证书与普通教育学位文凭证书等值互换。邹羽、吴秀杰等分别在文中以表格的形式表现了英国、澳大利亚职业资格证书与普通文凭的等值互换。吴雪萍、汪鑫在《发达国家实施职业资格证书制度的经验及启示》一文中提及，英国职业资格证书与普通教育学位文凭在地位上具有等值互换的关系，搭建了教育立交桥体系，全国约 90% 的工作岗位都实行了职业资格证书制度；澳大利亚规定只有获得职业资格证书才能到相应的技术工作岗位就业。

2. 对我国民国时期职业教育校企合作法律制度的研究

民国时期职业教育立法研究的相关文献比较少，主要有彭爽著的《中国近代职业教育法律制度研究》，杨景振的硕士论文《民国时期职业教育法制研究》，苏钢的硕士论文《民国时期职业教育立法研究》，徐歌阳的硕士论文《民国时期职业教育法制分析》以及曲铁华、苏钢等的三篇论文，这些文献系统地对民国时期职业教育的立法历史进行研究，其基本框架都是在阐述民国时期职业教育法律制度概况的基础上，分析那个时期职业教育法律制度的特色和对当时职业教育发展所起的作用及对当代职业教育法律制度建设的启示。

张晓东在《民国时期建教合作职业教育研究》中对民国时期职业教育校企合

[1] 陈梦迁.发达国家职业教育立法基本原则研究[J].职业技术教育,2007(28):84-88.

作立法进行梳理，论及民国时期的职业教育校企合作称为“建教合作”，通过民国十三年制定的《实业学校宜与当地实业界切实联络以利进行案》、民国二十五年颁布的《职业学校与建设机关协作大纲》、民国二十八年颁布的《各省市实施分区辅导职业学校办法大纲》、民国二十七年通过的《中央建教合作委员会组织规程》、民国三十一年颁布的《农林建教合作实施办法大纲》等一系列法律条文来界定，但在实施中存在一些问题，对我国现代职业教育校企合作立法有着一定的借鉴意义。在彭爽、苏刚等撰写的文章中，都对民国时期的职业教育校企合作从实业教育发展到建教合作的一系列法律制度进行了分析解读。

3. 对我国台湾地区职业教育校企合作法律制度的研究

台湾职业教育校企合作法律制度的研究文献不多，分析其相关文献，可以发现从两个方面体现了台湾职业教育校企合作法律关系的特点：(1) 对于企业参与的立法。余焕模在《台湾职业训练政策与立法之概说》中提到“1983年11月,完成《职业训练法》的立法程序，该法立法的主要目的是建立职业训练制度，促使企业界参与职业训练，确立技能价值观念”[1]；(2) 对于职业资格制度的关注。刘春生、谢勇旗在《台湾职业教育的特色及启示》中提到“建立严格的证照制度，台湾职业证照分三级，即丙级、乙级、甲级。它是通过职业证照鉴定考试取得的，对学生的升学、就业或就业后的续薪、升迁都会有所帮助。《职业训练法》规定，在加薪和录用技术人才时，丙、乙、甲三级证照分别等同于职校、专科、技术学院毕业等级。在这些政策的鼓励下，台湾各职业学校及学生个人都非常重视职业证照，在毕业时，不仅要取得毕业资格证书，也希望通过自己的努力取得不同等级的职业证照”。[2]

4. 对我国大陆地区职业教育校企合作法律制度的研究

在中国知网以“职业教育校企合作立法”为核心词搜索，搜索到一篇硕士论文以及《职业教育校企合作立法的具体问题探究》、《职业教育校企合作立法的思考》、《职业教育校企合作立法难题初探》等三篇文章,在百度以“职业教育校企合作立法”为核心词搜索，目前仅搜索到《宁波市职业教育校企合作立法之启示》一篇文献。通过搜索，可以知道，在近几年，国家才逐步意识到职业教育校企合作法律制度建设的必要性，关于此项专题的研究也刚开始起步，使得这项研究有了很大的探讨空间。这些文献主要从以下几个方面研究我国职业教育校企合作法律制度。

[1] 余焕模.台湾职业训练政策与立法之概说[J].职业教育研究,1994(06):26-27.

[2] 刘春生,谢勇旗.台湾职业教育的特色及启示[J].职业技术教育,2003(28):28-31.

（1）对现行中国部分有关法律制度进行解读，分析现状。田蕾在硕士论文《我国职业教育校企合作法律法规研究》中对我国部分相关法律对职业教育校企合作的规定进行了探析。《职业教育校企合作立法难题初探》一文从国家层面、地方层面对我国部分法律制度涉及职业教育校企合作的条款进行了简要的分析，从其研究的角度总结我国职业教育校企合作立法中的难点问题。

（2）对职业教育校企合作法律制度责任主体分析的提出。罗仕俐提出校企合作立法涉及的部门众多，对其法律制度建设需要耗费巨大的精力，是一项长期进行的系统工程。在《职业教育校企合作立法的思考》一文中，也提出需要规范职业教育校企合作众多责任主体的责任和义务，协调其之间的利益关系。

（3）提出职业教育校企合作法律制度建设的初步构想和措施。《职业教育校企合作立法的具体问题探究》一文提出调动企业参与校企合作的积极性，需从促进职业教育校企合作的财政支出政策、税收政策、信贷政策以及政府职能部门的公共服务保障等方面立法，给予职业教育校企合作激励和扶持。《职业教育校企合作立法的思考》一文提出校企合作不是普通教育意义上的产学研，是指学校和企业合作主要实施人才培养的制度，双方是共赢发展。

（4）对于我国首部职业教育校企合作专门法律制度的解析。《宁波市职业教育校企合作立法之启示》一文就对我国首部地方性法规《宁波市职业教育校企合作促进条例》进行了分析，该条例从法律位阶来看是属于地方性法规，但其开创了我国职业教育校企合作立法的先河，对职业教育校企合作的意义是深远的，文章从其立法背景、立法特点对其条款进行解读，从研究的视角总结经验。

（二）国外研究现状

职业教育校企合作法律制度的研究和完善，在主要发达国家尤其是德国已经取得了很大的成功，对德国制造业的发展起到了巨大的推动作用。其他国家也都形成了适合本国国情的、保障本国校企合作模式施行的职业教育法律法规制度，基本完成了对职业教育校企合作法律制度的研究。通过 Google 搜索，可以看出国外的研究因为各国职业教育立法已趋于成熟，基本是对于立法历史脉络的梳理，而较少对于某项专题的研究。分析国外研究文献，发现欧洲、亚洲国家，包括美国的相关文献多是对德国职业教育通过立法确定及保障的双元制校企合作模式的研究。

1. 对德国法律保障的校企合作模式——双元制系统的研究

《德国职业教育视角》一文对于职业教育双元系统有较全面的解析，联邦教育研究部(BMBF)在分析双元系统的基本要素中，强调参加双元制系统的企业必须符合国家设定的标准，从七个方面阐述了企业参与职业教育的原因，以及参与企业会依据自身不同的规模，有着不同的参与职业教育的形式。分析了在双元制系统中，企业参与校企合作所需担负的责任，及在校企合作过程中，企业参与职业教育的费用及收益以及联邦政府的投入。此篇研究比较详尽、客观地探讨了双元制系统，对于研究探讨形成我国法律制度保障的职业教育校企合作模式提供了有价值的借鉴。Culpepper 从两方面阐述了双元制系统可以在欧洲广泛实施的原因及不可能很好实施的原因，在众多原因中，最重要的一点是双元系统的实施是因为企业能看到它参与其中的利益和回报。在该文中还分析了双元制系统在中国无法实行的原因，是因为中国廉价劳动力及劳动用工的流动性使得企业缺乏参与双元制系统的兴趣。

2. 对法律保障的美国、日本校企合作模式的研究

美国与日本职业教育都基本以高等教育为主，其职业人才培养基本都在高等职业院校实施，此类文献主要是对美国、日本高等职业教育的研究。乔希·霍利（Josh Hawley）在其文章中指出，美国的职业教育人才主要来源于社区学院，校企合作体现为合作教育模式，而日本更强调企业内培训，有实力的大公司一般都由自己办学，无力办学的小型企业则采取与政府、其他企业或职业培训学校合作的方式对员工进行职业培训。日本的经济奇迹主要靠的是企业职业培训，而不是公办职业学校，是一种企业内的职业教育。

3. 对美国职业教育校企合作立法的研究

菲利克斯·劳耐尔（Felix Rauner）在其书中论及美国重要的职业教育立法及其所涵盖的主要内容，包括 1862 年《莫雷尔法案》、1963 年《职业技术教育法》、1982 年的《合作训练法案》、1998 年《劳动力投入法案》、1984 年的《珀金斯职业技术教育法》、1990 年新的《珀金斯职业技术教育法》和《实用科技教育法案》、1998 年修订的《珀金斯职业应用技术教育法》。斯科特（Scott）在书中详细解读了 1982 的《合作训练法案》。斯通和里维斯（Stone，Lewis）在文中阐述了联邦通过制定法律和提供资金来支持职业教育。斯瑞通（Threeton）在《2006 年珀金斯职业技术教育法案和其中教职员工的角色及责任》一文中专门论述了 2006 年的《珀金斯职业技术教育改进法案》。

4. 对职业教育校企合作中职业资格证书制度的研究

《政策历史进程视角》(《A Historical Policy Perspective. Occasional Paper》)论述了澳大利亚职业教育校企合作政策的演变，其通过法律的制定逐渐将职业教育、培训和就业整合到一起，达到完善职业资格证书制度的目的。《澳大利亚职业教育与培训体系现行指导》(《Current Directions in Australia's Vocational Educational and Training System》)阐述了澳大利亚职业教育与培训体系，指出职业资格证书制度的完善是实现职业教育与培训的主要途径。《联邦德国年轻人从学校到工作期间的物质和社会标准》(《The Material and Social Standing of Young People During Transition from School to Work in the Federal Republic of Germany》)一文中阐述了对职业资格标准的制定及职业资格证书制度的建设。

5. 对韩国、马来西亚、新加坡的“人力资源开发”体系的研究

《职业培训与企业合作——亚洲视角》(《Linking Vocational Training with the Enterprises-Asian Perspectives》)一书中，论及人力资源开发体系的核心就是经费问题。政府通过税收政策调节企业参与到体系中，其作用就是通过税收等优惠形式不断刺激企业对员工的培训，即政府从企业收取一定比例的费用，然后容许企业提取这些费用在自己企业内部进行培训。在这几个国家，政府在决定企业职业培训方面起着重要的作用，其通过制定政策决定企业花费在“人力资源开发”中的费用将是多少。

6. 对职业教育校企合作经费来源的研究

《联邦德国年轻人从学校到工作期间的物质和社会标准》(《The Material and Social Standing of Young People During Transition from School to Work in the Federal Republic of Germany》)一文中阐述了德国通过制定一系列法律来筹措职业教育经费，使培训企业能获取培训基金。《继续教育和技能系统改革》(《Further Education and Skills System Reform》)论述了英国职业教育经费筹措的多种形式，经费主要来源于政府与企业。《职业教育与培训的国家策略草案》(《Shaping Our Future-Draft National Strategy for Vocational Education and Training》)论述了澳大利亚实施职业资格证书教育的 TAFE 学院（澳大利亚职业教育的主要形式）获取经费的途径。

本研究在系统分析国外现有研究成果现状的基础上，意识到对于国外研究的借鉴，最理想的模式就是直接研究各国的相关立法，从各国立法中分析相关条款，以寻找可行的现实依据，完善本研究。

（三）国内外文献评析

综合各种对职业教育立法的研究，具体而言，现有的国内外研究成果主要表现在以下几个方面：

（1）通过对现有文献的综合分析，可以看出现有文献主要是对德国、美国、日本、澳大利亚等职业教育发展得比较成功的国家的职业教育相关立法进行概述，试图探求企业与职业教育之间的关系，通过研究确定了企业在职业教育发展中所起的重要作用，为本研究提供了深入研究的基础。

（2）通过比较研究，为本研究在校企合作法律制度体系构建中，对多方责任主体的均衡、经费来源等方面的研究提供借鉴。如可以对德国的一系列研究进行总结，德国的职业教育基本法《联邦职业技术教育法》对职业教育两个责任主体，即职业学校的办学条件、企业的培训任务提出了具体的要求。德国还有与之配套的一系列的法律制度，来规范校企合作责任主体的责任和义务，均衡责任主体的利益，并对合作经费的解决作了相应的规定。这为本研究提供了一定的素材。

（3）从对职业资格和证书制度的研究，可以得出，本研究也需要关注这方面的立法研究，使政府发挥宏观调控职能，从立法到监督来完善职业资格证书制度和就业准入制度，真正实行“无训不上岗，无证不就业”的就业制度，加深企业与职业院校的联系，为本研究多角度地探索职业教育校企合作法律制度提供了线索。

（4）现有文献更多的是阐述各国职业教育立法的进程及特色，分析对我国职业教育立法的启示，强调我国进行职业教育法制建设的必要性，而比较欠缺系统、具体地就职业教育法律制度条款及校企合作之间法律制度体系建设的研究分析，这使本研究找到了进一步探讨的空间。

（5）从研究视角来看，所有的研究侧重于从教育学的角度来进行，忽视了法学的视点。职业教育法律制度建设这一命题本身就涉及了教育学和法学，甚至是经济学领域。因此，对它的研究不应该是“纯教育学”的，而应该从多种视角出发，要突出这项研究的跨学科性质。从研究的深度看，由于国内研究起步较晚，许多问题还处在原始研究阶段，表现为事实性的描述多，深层次的分析少。从研究成果来看，以企业在职业教育中承担的重要地位为研究对象的成果较多，但以系统的职业教育校企合作法律制度建设为研究对象的就非常少。

（6）综合文献的分析，本研究认为我国在相应的配套法律的完善和实施细则的制定方面也有所欠缺，职业教育校企合作的涉及面广，涉及部门众多，利益关系相对复杂，因此本研究力图围绕校企合作，分析其实施中存在的制度缺陷，为构建完整的职业教育校企合作法律制度体系提供理论支撑，以使职业教育校企合作真正落到实处。

四、研究的创新点

本研究通过分析国内外的职业教育校企合作法律制度，提出构建完整的职业教育校企合作法律制度体系，为我国职业教育法的修订奠定理论基础，为我国职业教育校企合作立法方面的研究提供新视角。本研究的主体涉及学校和企业两个主要方面，也涉及政府及相关职能部门等其他方面。研究的视角表现为两个不同的领域：一方面是教育学的学科内容；一方面是法学的学科内容，同时涉及经济学相关理论知识。

（一）运用博弈论，分析职业教育校企合作关系中政府、学校、企业的利益均衡，提出政府通过制定法律制度来协调校企双方的合作

在职业教育校企合作中，首先分析的是学校与企业在合作中的潜在利益。学校与企业良好合作的前提是，双方都能看到各自参与其中的利益和回报，学校的利益是显现的，而企业因为廉价劳动力、劳动用工的流动性，往往缺乏参与校企合作的兴趣，在考虑其收益最大化的情况下，企业更关心降低成本、获取收益，而不是对社会的责任及不可预期的未来的技术人才的需求，这使得政府在校企合作中必须扮演重要的角色。本研究运用博弈理论中的“囚徒困境”博弈模型，列出政府与企业博弈的支付矩阵，结论是政府选择政策支持、企业选择与学校合作是帕累托最优的，偏离这个选择的任何其他模式都至少可能导致一方的情况处于劣势，政府不支持、企业不合作是任一方的占优战略，而政府支持、企业合作是一个占优战略均衡。从而得出职业教育校企合作是必然的，而政府在其中扮演着至关重要的角色，其通过制定法律制度来协调均衡校企双方的合作。

（二）对发达国家法律制度保障的职业教育校企合作模式进行分析，提出我国法律制度保障的职业教育校企合作模式

我国目前职业教育校企合作模式有很多种形式，强调的是校企合作，但缺乏一定的法律依据，也没有形成自己的特色。我国职业教育近年来一直比较推崇德国的双元制职业教育校企合作模式，学习这种模式最主要的就是从立法方面对其进行保证，只有完善法律制度，才能使之真正得以施行。通过本研究的分析，可以看出双元制模式在一些方面也存在不足，其他国家的运用法律制度保障的职业教育校企合作模式也都各有所长及欠缺。我国的法律制度建设应该以双元制模式为基础，借鉴世界上其他几种职业教育校企合作典型模式的优势，结合我国实际情况，形成有中国特色的法律制度保障的职业教育校企合作模式，此模式可以称为合同模式。

该模式强调校企深度结合，但又不丢掉职业教育的教育属性，其结合主要体现在通过法律制度规范学校与企业签订合同，保证学生、专业老师到企业实习，企业为学校提供实习场地、设备及派遣有经验的实训老师等方面，而学校同时为学生提供普通文化课程和专业理论课程，普通文化课程应具备浅显性、广泛性、生活性的原则，专业理论课应与专业实践课紧密结合，同步进行，在相关技能掌握的前提下，拓宽岗位能力的培养，发展职业岗位群能力的培养。

（三）构建了职业教育校企合作法律制度体系的具体框架

本研究构建了纵向上包括职业教育校企合作基本法、职业教育校企合作单行法律、职业教育校企合作行政法规、职业教育校企合作部门规章、地方性职业教育校企合作促进条例，横向上涵盖职业教育校企合作配套法规、实施细则、各行业校企合作法规、职业资格证书制度、就业准入制度的职业教育校企合作法律制度体系的框架。职业教育校企合作相关法律制度的具体内容应包括：政府对职业教育校企合作立法的扶持措施，政府及相关职能部门的主导责任内容，行业组织的引导与协调责任内容，企业的主体责任内容，职业院校的主体责任内容，校企合作合同的订立、履行、变更和终止标准，实习生发生意外伤害保障条款，法律责任及法律制裁等。

（四）探讨了我国职业教育校企合作立法的基础性问题，提出一些有创造性的对策

从职业教育校企合作内涵、校企合作立法主体、校企合作立法法律范畴、校企

合作立法法律位阶入手，分析我国职业教育校企合作立法的基础性问题。职业教育校企合作立法，职业院校的主体责任是毋庸置疑的，应将立法主体重点放在企业的责任方面；校企合作立法当属于公法范畴，应当形成政府指导、管理、监督企业履行职业教育职责，企业与职业院校分担职业教育责任，共同培养技能人才的方式。为了使校企合作立法真正具备法律效力，能为各方主体在校企合作的实施过程中提供指导，其法律位阶应属单行法，在此基础上，再制定其他配套法、实施细则及地方相应立法。

第一章
职业教育校企合作法律制度建设的理论基础

目前，我国职业教育中学校与企业的合作日益加深，相应政策也逐步出台，但缺乏落实相应政策的具体措施，没有相应的激励机制，企业在与职业教育合作中的贡献缺乏社会认可，企业在合作中的付出得不到预期回报，致使企业没有参与职业教育的积极性，因此职业教育学校与企业的合作需要有完善的政策法律作保证。这首先需要研究职业教育学校与企业间的合作关系，而第一步就是寻找一定的理论框架作为依据。

从国内外学者对职业教育中校企合作关系的研究来看，目前没有形成系统的理论体系，但通过对相关文献的查阅分析，可以从以下几个理论视角来进行探讨。

第一节　共生理论

“共生”指互相利用对方的特性和自己的特性共同生活相依为命的现象。它是两个或多个生物，在生理上相互依存达到平衡的状态，而不是一方依赖另一方的关系。共生的本质是协商与合作。“共生（Symbiosis），源于希腊语‘Sumbioein’，意为共同生活在一起，‘共生’作为一个生态学上的概念，首先由德国真菌学家德贝里 (Anton de Bary) 在 1879 年提出并定义为不同种属生物生活在一起，进行物质交换、能量传递。他还明确指出寄生是一种共生，但认为短期的联系不是共生关系。”[1]

“前苏联的生物学家 Faminstsim、Kozo-Polianski 和 Korskii 等人对共生之结果的研究，德国的保罗 · 布克纳对内共生的研究，威尔逊的社会—生物共生理论等一系列研究，共同奠定了共生理论的基础。”[2]

共生理论和方法在 20 世纪中叶以来开始应用于人类学、社会学、经济学、管理学、建筑学甚至政治学的领域。“生物共生研究发展到现在，不仅成为生物学的基本工具之一，而且作为一种视野独特、逻辑严谨的方法论，在其他领域得到广泛应用。其核心是‘双赢’和‘共存’。”[3]

“1998 年，我国管理工程博士袁纯清将生物学中的共生现象拓展为经济学中的‘共生理论’，并建立了经济学领域共生分析的理论框架，运用共生理论研究小型经济，提出共生不仅是一种生物现象，也是一种社会现象。”[4]

“2002 年 6 月，胡守均教授的著作《走向共生》出版，标志着共生理论在国内开始拓展到社会学的研究领域中。他认为，共生是以人人平等为前提，人与人之间基本关系存在互补性和利益冲突，斗争—妥协是共生的方式，法律是共生的度，社会发展是共生关系的改善和共生的公平公正原则的结果。”[5]

一、共生理论在职业教育校企合作中的体现

共生理论用于职业教育，可以指职业院校和企业之间，在同一共生环境中通过交互式作用实现和谐发展，达到学校和企业的共同可持续发展，或者说达到市场人才供需之间的生态平衡，法律是其共生的度。

（一）学校发展对共生的需求

职业教育兼具教育属性与职业属性，职业教育的发展离不开提供职业岗位的企业，企业为职业教育人才培养提供实习实训场地、实践指导及就业岗位，是职业教

[1] 倪亚洲.基于共生理论的重庆山地规模住区发展研究[D]. 重庆：重庆大学，2012：13.

[2] 杨博文，黄恒振. 共生理论：组织演化研究的新基础[J]. 电子科技大学学报，2010(12)：29-32.

[3] 袁年兴，许宪隆. 民族共生理论：散杂居民族关系及目标范示研究[J]. 青海民族研究，2009(01)：119-124.

[4] 黄敏. 基于共生理论的利益相关者管理研究[D]. 昆明：云南大学，2011：6.

[5] 倪亚洲.基于共生理论的重庆山地规模住区发展研究[D].重庆：重庆大学，2012：13.

育发展与提高的保障之一。职业教育与企业的协同合作是提高职业教育质量的根本措施之一。

（二）企业发展对共生的需求

企业随着社会经济的发展，产品需要不断升级、创新，需要引进新技术、新工艺、新材料、新设备，这都要求企业必须拥有高素质的劳动者和技能型人才，人才是企业发展的根本动力。而培养高素质技能人才必须通过教育特别是职业教育，企业的持续发展离不开职业教育的共同发展。

二、职业教育校企共生要素

"按照社会学的研究，共生理论的共生由三个基本要素即共生单元（U）、共生模式（M）和共生环境（E）构成，它们之间的相互作用构成共生系统。"[1] 在共生理论中，学校与企业是共生共存、和谐发展的，是互惠互利、协同发展的。

（一）校企共生单元

校企共生单元是形成校企共生的基本物质条件。在此主要包括技能人才的供给者职业院校，职业学校分为初中等和高等职业学校，其中职业高中、技工学校、中专等学校教育属于中等职业学校；还包括技能人才的需求者——各种企业。

（二）校企共生模式

校企共生模式是指校企共生单元相互结合的不同的形式。通过共生模式，共生单元之间相互协作、优势互补，共生效益。校企共生模式在我国主要包括"订单式""校企联合式""工学交替制""校企股份合作式""集团化"等。

（三）校企共生环境

校企共生单元以外所有因素的总和构成校企共生环境。校企共生环境是一个复杂的系统，包括校企共生系统所处的政策法律环境、教育大环境、经济环境、社会人文传统、国际环境等，对于校企共生环境的分析需要多方面因素综合分析。

[1] 倪亚洲.基于共生理论的重庆山地规模住区发展研究[D].重庆：重庆大学，2012：33.

三、职业教育校企共生发展中存在的问题

依据共生理论来分析职业教育学校与企业合作发展中的问题，可以发现，影响学校与企业持续协同发展的关键问题就是共生关系的缺失。

（一）校企共生模式不完善

我国校企共生模式效率有待进一步提升。职业教育校企合作，能够为学校学生提供生产、服务第一线所应用的最新技术、最新工艺，配备工业企业的最新机器、最新生产线及生产一线的技术专家、操作能手；同时能够为企业供给发展中需要的高质量技能人才。我国现有的校企共生模式虽然借鉴了国际上成功的校企合作模式，但在具体实施中缺乏深度合作，缺乏法律制度的保障，以致合作流于表面形式。

（二）缺乏激励的校企共生环境

我国校企合作的法律环境还不够完善，校企合作的良性发展既要求拥有完善的、能激发企业参与职业教育积极性的法律法规体系，也要求实行严格的执法以制裁违反职业准入制度等违法行为。目前这两方面都很不完善，难以真正起到保障校企合作的作用，使许多企业由于考虑自身利益而施行的校企结合、工学结合，大多流于企业到学校获得廉价劳动力的浅层次合作，已改变了职业院校工学结合培养技术人才的初衷，校企合作还处在初级阶段。因此，必须考虑将学校与企业的利益结合起来成为一体，成为共生。

第二节　战略联盟理论

“战略联盟(strategic alliance)的概念最早是由美国DEC公司总裁简·霍普兰德(J. Hop land)和管理学家罗杰·奈格尔(R. Nigel)提出的。根据经济合作与发展组织的定义，战略联盟是旨在增强参加联盟的各企业的竞争策略而形成的各独立企业之间基于商业契约的合作。自20世纪80年代起，随着经济一体化及企业国际化经营的发展，

企业之间打破了在科学技术领域几乎没有合作关系的格局，其战略联盟快速发展。”[1]但目前对于战略联盟概念的界定，学术界还存在很大的分歧。从本研究出发，可以界定为两个及以上的组织为了实现各自的最终目标而达成的一种长期的合作关系。

依据战略联盟的本义，以及后来发展的大学、企业、政府之间的知识战略联盟，职业教育学校与企业的联盟也可定义为技术联盟，知识包含技术，因此也可称之为知识联盟。

一、职业教育校企战略联盟理论的内涵

战略联盟理论从组织学习理论来解释，认为新知识，特别是新技术是很难在市场上买到的，新知识、新技术的习得，可以通过和具有经验的企业结盟来实现。

（一）职业教育院校与企业联盟的本质

从教育的角度出发，把职业院校与企业视为两个联盟的组织，职业院校的学生通过到企业实习，以达到“做中学”、“用中学”之目的，实现人才培养及新技术吸收的目标，从而增强企业竞争优势，改善企业整体经营效率。

（二）不同维度知识的学习决定了校企联盟

波兰尼将人类的知识分为显性知识和不可言明的知识两类，显性知识是那些系统的可以用语言传播的知识，可以通过书本、技术规范、设备使用说明获得；不可言明的知识是那些无法用语言表述的，但存在于个体行为中，只能通过某一行动的操作来传达相关的信息，其只能通过观察、模仿和实践经验才能获得。校企联盟的核心就在于学习联盟伙伴的不可言明的知识。由于不可言明知识的传授是一个相对复杂的过程，而校企联盟是学生通过师傅的操作来转移不可言明知识的有效途径。

（三）校企联盟是职业教育发展的根本

从职业教育角度出发，通过学习过程使得学生更接近企业的各项工作，来积累企业人才资产或技术资产也可成为企业选择联盟而不是市场交易的一个重要原因。职业教育学习通过学校途径可获得编码化知识，而其核心的经验性知识学习，只有企业才持续拥有，只能通过学校与企业加强合作来促进学习者对经验性知识的吸收，使之与编码化知识一道内化成学习者的一种竞争力，才能最终促使职业教育健康发展。

[1] 曹曼. 基于知识联盟理论的国际科技合作研究[J]. 中国行政管理，2008(03)：59-61.

二、职业教育学校与企业战略联盟的特点

各种战略联盟都有其自身特点，职业教育学校与企业的战略联盟有着与企业战略联盟、知识战略联盟不一样的特点，其更强调知识战略联盟中技术联盟方面。

（一）知识性和创造性

学校与企业的联盟过程也是知识的学习及创造过程，学校与企业在这种联盟中共享的是经验性知识及新技术的运用，在这种共享中，不断激发联盟双方从各自的角度出发，在学习中进行创新。

（二）紧密性

学校与企业的合作是具有紧密性、长期性特点的，学校与企业合作的性质要求联盟双方有亲密的合作伙伴关系。只有企业与职业学校紧密的合作，才能促进职业教育与社会联系，使其紧跟社会需求，具备更大的灵活性，而企业又是使用职业教育培养的人才的主要用户，这都决定了学校与企业合作不可分割。

（三）互利性

联盟的基础是各方利益最大化。校企合作能有效地缓解学校办学经费不足的问题，使职业学校专业设置和培养目标与企业用工标准有高度对应性，减轻学校毕业生就业压力，降低学校办学风险，而企业能不断获得高质量的人力资本支持，校企双方都可以从合作中获益。

（四）投入产出的模糊性

联盟不是简单的物质资产联盟，对其投入产出很难做出精确的评估。教育产品收益的滞后性，及教育产品质量的不确定性，使得学校无法得出明确的投入产出。人才的流动性及教育产品质量可考评的延时性，也使得企业无法衡量其在此合作中的投入产出。

三、职业教育学校与企业战略联盟的关键因素

影响职业教育学校与企业联盟的因素包括政治的、经济的、社会文化的、传统意识等，而其中最为关键的因素主要体现在以下两个方面。

（一）政策、法律、管理制度

政策和法律规范具有制约、导向、调控、分配的功能，其制定将在很大程度上影响联盟的运行。通过政策法律的规范，使企业提高参与职业学校教育的积极性，增加职业学校的经费来源，减小职业学校人才培养与市场需求的距离，使得学校的专业设置、课程安排具有一定的指向性；通过政策法律的规范，使职业学校的教师从脱离实际的理论教学中走出来，不断接受来自企业新技术、新产品的更新知识，以满足学校与产业共同发展的需要；通过政策法律的规范，使职业学校能利用企业生产设备进行实习训练以减少有限的经费开支，改善职业学校的实习培训条件；通过政策法律的规范，有效利用企业内具备一定理论素养、操作技能突出的技师作为师资，培养出真正具备较强操作技能、符合企业需要、适应市场的需求及发展变化的人才，为企业提供持续的、高品质的人力资源。

（二）成本与收益

若联盟成本过高,成本与收益不成比例,联盟即会逐步瓦解。联盟各方愿景一致，追求共同利益最大化，而各独立个体同样会有各自的诉求，可能在不同程度上损伤集体利益。当联盟各方通过联盟博弈获得比联盟前更多的收益，且不影响各方的利益时，往往会选择加强联盟。

在职业教育学校与企业联盟中，企业提供资金、技术，促使学校培养高质高量的技术人才；学校提供知识资源、后备技术人才，促使企业降低市场竞争压力，获得人才支持，增加利润；而政府的支持，政策法规的制定，使得学校和企业在这种联盟中能够获得双赢，促进地方经济发展，为政府作贡献，最终实现学校、企业、政府的三赢。

第三节　博弈论

“博弈即一些个人、组织或其他组织，面对一定的环境条件，在一定的规则下，同时或先后，一次或多次，从各自允许选择的行为或策略中进行选择并加以实施，各自取得相应结果的过程。”[1] 博弈论（Game Theory），亦名“对策论”“赛局理论”，博弈论是两方在平等的对局中各自利用对方的策略变换自己的对抗策略，达到取胜

[1]　陈雪莲.基于博弈论的人力资源管理问题的研究[D].广州:广东工业大学,2007:6.

的目的。博弈论考虑双方个体的预测行为和实际行为，并研究它们的优化策略。

“1944 年，美国数学家冯·诺伊曼与经济学家奥斯卡·摩根斯坦所出版的《博弈论与经济行为》一书，是博弈论作为一门学科而确立的标志，该书汇集了当时几乎所有的博弈论研究成果，将其理论框架首次完整而清晰地表述出来。它详尽地讨论了二人零和博弈，并对合作博弈作了深入探讨。”“20 世纪 50 年代，博弈论取得了突破性的成长。纳什为非合作博弈的一般理论奠定了基础，提出了博弈论中最为重要的概念——纳什均衡，开辟了一个全新的研究领域。在这个阶段，不但非合作博弈理论发展起来，而且合作博弈理论也得到进一步发展。”[1]

如今，博弈论对其他学科的研究产生很大的影响，博弈论逐渐运用到越来越广泛的领域。本研究将博弈论的基本理论运用到职业教育校企合作的分析中，探寻职业教育校企合作的最佳方式。

一、职业院校与企业合作之间的利益关系

职业院校与企业之间本是相互促进的关系，但由于现实原因，使得企业缺乏参与职业学校合作的热情，梳理职业学校与企业的利益关系，可以看出政府在其中扮演着不可或缺的重要角色。

（一）学校和企业之间利益上的冲突

从理性的角度来看，企业是不愿意提供实习场地和岗位用于职业学校学生进行学习的，在考虑其收益最大化的情况下，企业会更多考虑自身的收益，而不是对社会的责任及不可预期的未来技术人才的需求。对于学校来说，希望获得企业的支持，无论是用于训练学生的新设备、资金、技术师傅，还是实习岗位，在这种过程中，学校期望通过合作为培养人才提供良好的实践环境，提高学生的实践能力，从而提高学生的就业率以增强学校的竞争力以及整个职业教育的竞争力，但同时可能无法直接物质补偿企业参与职业教育的花费及收益。

（二）政府关联学校与企业之间的利益

学校与企业的良好的合作中，最重要的一点是企业应能看到它参与其中的利益和回报，而中国因为廉价劳动力及劳动用工的流动性使得企业很少有校企合作的兴

[1] 侯经川.基于博弈论的国家竞争力评价体系研究[M].北京:北京图书馆出版社,2005:56.

趣。这就使得政府的参与显得尤为重要，主要体现在法律政策的制定上，保证企业在此合作中的责任与权利。如果政府在没有显现利益的驱使下，缺乏对企业参与合作的政策支持及税收减免，企业就会只顾自身利益，不会真正投入到职业教育的校企合作中。

二、政府与企业、学校在职业教育校企合作关系中的博弈分析

职业教育校企合作不仅涉及职业院校与企业，政府在其中扮演着非常重要的角色，在这种合作中，不仅仅是学校与企业的博弈，还必然牵扯到政府在其中的利益。在三方博弈中，职业学校的收益是肯定的，真正的博弈存在于政府与企业之间。而政府与企业的博弈有几种可能性，政府政策支持职业学校与企业合作；政府政策不支持职业学校与企业合作；企业选择与职业学校合作；企业不选择与职业学校合作。

根据博弈论中塔克给出的占优战略均衡的一个著名例子——“囚徒困境”（prisoner's dilemma）博弈模型，本研究列出了政府与企业博弈的支付矩阵。A 是政府政策支持所花费费用（包括税收减免、政策优惠所带来的政府收益的减少）；B1 是政府有政策支持情况下政府的期望收益（包括提高职业教育质量所带来的企业获益而导致的税收的增加、社会发展、社会就业、正外部效应）；B2 是政府无政策支持情况下政府的期望收益；E1 是企业选择与学校合作带来的期望收益；E2 是企业选择不与学校合作所取得的期望收益。

表1–1　政府与企业博弈矩阵表

政府 企业	支持	不支持
合作	（B1–A，E1）	（B2，E1）
不合作	（B1–A，E2）	（B2，E2）

由此可以得出：

（1）对政府来说，选择支持与不支持主要取决于政府如何衡量 B1–A 与 B2 的多寡，即政府更看重哪一方面的诉求，是有政策支持情况下政府的期望收益减去政府政策支持所花费的费用，还是政府无政策支持情况下政府的期望收益；对企业来说，选择合作与不合作主要取决于 E1、E2 的大小，哪种选择所带来的期望收益大，企业就会选择哪种模式。

（2）政府对于企业最终创造的税收及正外部效应是无法确定的，企业也不知道校企合作培养的学生质量究竟如何，且对人才流动性的考虑，这都是不完全信息博弈。

（3）政府选择无政策支持是最优的，同样，根据对称性，企业也会选择不合作，其结果可能致使双方都无进一步发展的空间。但是，倘若政府选择政策支持，企业选择与学校合作，双方都获得持续发展的前景。因此，政府选择政策支持，企业选择与学校合作是帕累托最优的，偏离这个选择的任何其他模式都至少可能导致一方的情况处于劣势。不支持、不合作是任一方的占优战略，而支持、合作是一个占优战略均衡。

以共生理论、战略联盟理论与博弈论为切入点，通过对职业教育校企合作的分析，可以得出，职业教育校企合作是必然的，而政府在其中扮演着至关重要的角色，其通过制定政策法律来协调均衡校企双方的合作，保证双方合作实施的紧密性、长期性和稳定性。

第二章
职业教育校企合作法律制度的国际比较

职业教育校企合作是当今各发达国家职业教育的主要形式，而职业教育校企合作的法制化是世界职业教育的发展趋势，目前德国、美国、日本等国的实践已经证明了在职业教育发展中校企合作的重要性，所以，认真研究国外职业教育发展的动态，从中找到一些规律性的、前瞻性的、理念性的东西，对探索我国职业教育的发展之路，在实践上会有深远的意义。本研究分析几个职业教育健康发展的国家的校企合作的法制化进程，通过总结他们的成功经验，找出其中的共性，从而借鉴和学习。

第一节 德国职业教育校企合作法律制度分析

德国的职业教育为德国的经济健康发展培养和训练了大批劳动力，长期以来德国一直把高技能人才的摇篮——职业教育作为立国富民的秘密武器，德国制造的成功也归功于高水平的职业教育以及给予技术工人们的高水平待遇。

德国的职业教育是世界职业教育中最为成功的范例之一，其职业教育校企合作模式为双元制职业教育模式，德国在职业教育的法律制定中充分表现了大陆法系的特色，构建了以《联邦职业技术教育法》为基本法，囊括《企业基本法》《劳动促进法》《青少年劳动保护法》等职业教育法律，《手工业条例》《工商企业实训教师资格条例》《职业培训条例》《考试条例》等规章和各州的相关法律在内的职业教育法律体系，对双元制模式下的企业资格、经费来源、管理制度、培养目标、学制长短、专业设置、课程安排、教师资格、考试办法等，提出了明确的、操作性强的要求，同时还设立一套职业教育实施监督系统，完善双元制职业教育模式的管理和运行。

一、德国职业教育校企合作——双元制模式

双元制模式强调的就是校企合作，通过以法律的形式确定职业教育的两个主体，即学校和企业。学习者具有双重身份，既是学生，又是学徒，学生与企业签订培训合同，同时又是职业学校的学生，既在企业接受职业技能和相应知识的培训，在企业的实践教学占 70%，又在职业学校接受专业理论和普通文化知识的教育，在职业学校的理论实践教学占 30%，学校教育与企业培训的办学费用分别由各级政府与企业全额负责，双元制模式的师资分为企业的实践指导教师和职业学校的理论教师，企业的实践指导教师由企业提供，一般是完成“双元制”职业培训后具有五年以上职业实践的“师傅学校”的毕业生，或者是经“双元制”培训后具有两年以上职业实践的“专科学校”的毕业生，职业学校的理论教师是经过四年专业学习及两年师范学习，再经过教学实习并通过二次国家考试的大学毕业生。

“双元制模式有以下特征 ;（1）该培训体系的组织结构是双元的，由按市场规律活动的私人经济培训组织（企业）及其自我管理机构行会和通过制定法律法规来规范市场的国家共同构成 ;（2）私人企业作为最重要的培训场所对培训起决定性作用。双元制职业学校是国家教育体系里专门设置的职业教育学校，在国家义务教育的框架里实施职业教育。青少年在学校的身份是学生，在企业中是特殊身份的雇员——受培训者 ;（3）培训内容首先由企业和企业的利益集团组织，如行会来决定。总的培训条例的制定由企业行会、工会以及国家管理机关人员按照法定程序决定 ;（4）“双元制”的培训费用一般来说由企业自己承担，用于培训的费用可以作为企业成本在纳税时扣除，国家承担职业学校的费用 ;（5）传统的手工业培训的两大原则——职业化原则和自我管理原则仍在“双元制”培训中体现得非常明显。”[1]

“构成双元制的两个决定性的因素，一是根据自由市场经济规则构成的培训体

[1] 徐朔. 国际职业教育的基本模式及国别比较[J]. 外国教育研究，2005(08)：68.

系；二是国家颁布的职业教育法框架下的国家干预，包括统一的培训职业名称、培训内容、考核标准、职业教育研究和预测等。”[1]

双元制模式将企业与学校、理论知识与实践技能紧密结合起来，以职业活动为核心，同生产紧密结合。这样的模式就会更强调对立法的要求，以保障合作双方的权益。

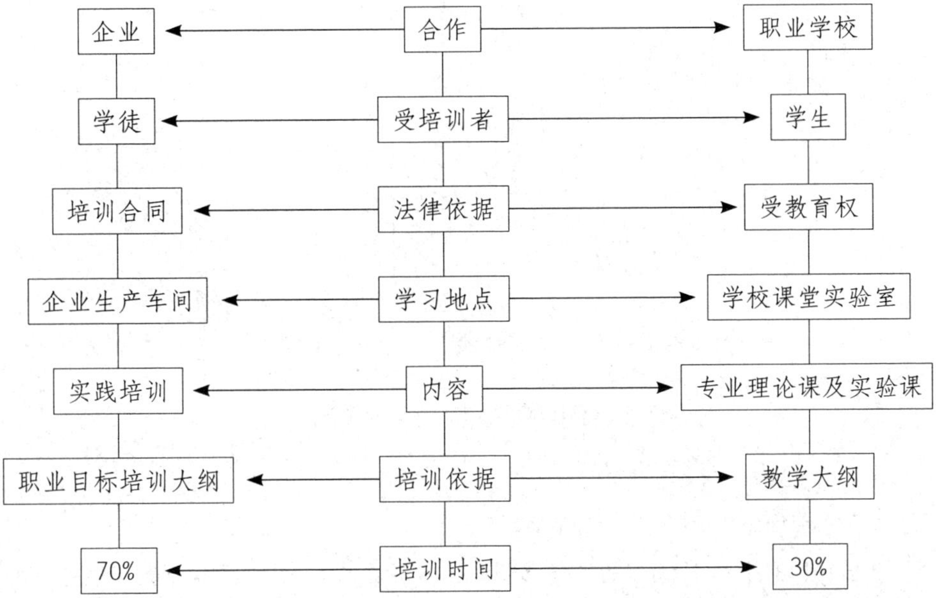

图2-1 德国职业教育双元制模式图

双元制模式是德国职业教育的核心，是当今世界职业教育校企合作的一个典范，为德国经济的发展培养了大批高素质的专业技术工人，使德国的制造业一直处于世界领先水平。

二、双元制模式下的德国职业教育校企合作相关法律制度剖析

德国职业教育实行的是双元制模式，强调以校企合作为核心，在双元制模式下，德国职业教育校企合作法律关系的主体——学校与企业，是以企业为中心的。德国职业教育的法律基本都涉及学校与企业的责权利，下面对德国从 1969 年颁布《联邦职业技术教育法》至今的校企合作相关法律用简单的图表进行排列，然后对各个

[1] 徐朔. 国际职业教育的基本模式及国别比较[J]. 外国教育研究，2005(08)：68.

相关法律的内容及其对德国职业教育发展的影响进行梳理分析。

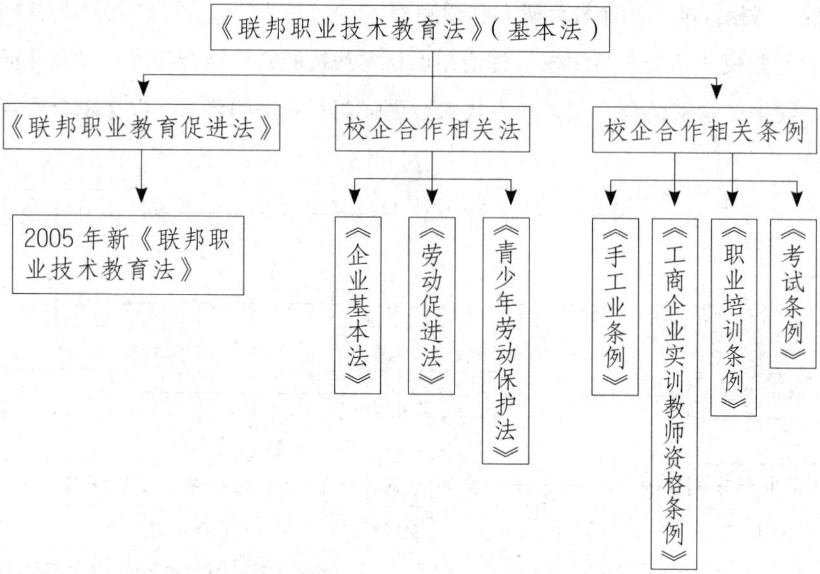

图2-2 德国职业教育校企合作法律制度概图

（一）基本法

1969 年 8 月 14 日颁布的《联邦职业技术教育法》，是德国职业教育最基本的法令，1981 年、2005 年，德国先后对该法进行了合并和修订，此法对德国的职业教育及校企合作做了较全面和原则性的规定。《联邦职业技术教育法》最重要的贡献在于确立了双元制职业教育的法律地位，使双元制成为德国职业技术教育的重要形式，为各州的职业教育确立了广泛而统一的法律基础，为职业教育的校企合作提供了保障。该法规定，职业教育包括初始职业教育、职业继续教育和职业改行培训（或称职业转业训练），内容包括职业培训合同的签订、企业实施职业教育的资格、职业教育实施方及受教育者双方的责任和义务、受教育者享受培训津贴的权利、职业教育场所的必备条件、考试要求、考试证书的等值、违法行为及惩罚等，其中对学徒的文化及专业理论学习时间、学徒享有的休假时间、学徒的报酬比例等做出了非常具体的规定。依据《联邦职业技术教育法》，职业教育的学习者具有两种身份，既是学生，又是学徒。作为学徒，在培训前须与企业签订培训合同，才能到职业学校接受职业教育，企业对其的培训都必须遵守该法中规定的全国统一的规章条例。

以职教基本法为依据，1981年，制定了《联邦职业教育促进法》，1982年开始实施，该法是对《联邦职业技术教育法》的补充和完善，为职业教育规划、职业教育统计和联邦职业教育研究提供了法律基础，明确联邦职业教育研究所成立及其目标、权利和义务、工作任务等，认为职业教育应成为公共事业的责任和义务，保证职业教育在质量和数量上的稳定持续的发展。《联邦职业教育促进法》规定德国所有国营和私营企业，必须向国家缴纳一定数量的职业教育基金，国家再依据培训的职业、培训的年限、培训的规模、培训企业所处区域等，按照基金发放的一定标准，面向培训企业和跨企业培训中心统一分配和发放该基金，不同的职业教育培训企业所获培训经费因此存在很大差别。“一般情况下，企业可获得占其净培训费用50%—80%的培训补助，当所培训的职业符合发展趋势时，企业可获得100%的培训补助。”[1]

（二）校企合作相关法

《企业基本法》于1972年通过，主要内容是对企业的职业教育作出的相关规定，明确界定了企业在职业教育校企合作中应有的权利和义务；企业、企业管理委员会应连同负责职业教育的部门和机构共同担负促进学徒职业教育的任务，在企业内的职业教育问题上给予建议、咨询和顾问；同时，该法明确指出职业教育技能人才的培养是学校与企业双方的共同诉求，参与培训企业对职业教育负有完全责任，不允许把培训学徒当作单纯劳动力使用。该法规定，在德国的任何一个企业、商会、个体经营者或者工商界的法人单位都必须参加本地相应的行会。行会行使对培训企业的资格审定及运行监督的职责。在行业协会的监督下，企业与学校一起承担职业教育的责任。

1969年颁布的《劳动促进法》规定了职业教育以及职业教育不同的形式，通过各种职业培训，使就业者达到较高技术水平，从而改善就业结构，促进经济发展；规定企业至少应有5名工人代表参与职业教育的实施，企业对学徒的培训必须达到规定的培训标准，同时还颁布了统一的培训标准；该法对失业人员的培训、经费、培训机构、咨询服务做出规定，对在职进修人员的收入、待遇及提供的帮助等问题也做出了具体的规定。法律明确企业委员会需共同商定企业职业教育的实施、设备、所采取的相关措施以及参加跨企业培训中心的时间安排，并且如果企业能为经过培训的失业人员提供一个工作岗位，国家将向企业支付最多为12个月的“熟悉工作

[1] 张惠梅.我国与发达国家职业教育立法的差异性研究[J].职教论坛，2007(07)：46-47.

补贴”。

《青少年劳动保护法》于1960年通过，1976年又通过其修订法案。《青少年劳动保护法》对正接受职业培训的青年（把18岁以下接受职业教育的学习者置于法律调整范围）从工作时间、报酬、休假等方面作了特殊的保护规定，通过立法保障了青少年在享有法律规定18岁以下完成职业义务教育的权利的同时，还有接受职业培训的权利。同时，在法律中还规定青少年在获得国家承认的培训职业的培训结业证书后，同中学毕业生一样也可以进一步学习深造，并且通过满师考试的满师培训生有机会进入高校继续学习。1976年修订的《青少年劳动保护法》规定了企业在职业教育中的主体责任，企业必须保证青年人在规定时间内完成法定职业教育培训，依照《联邦职业技术教育法》中对企业培训合同条款的详细规定，在青年人完成职业培训期间，企业要支付学徒一定比例的报酬。

（三）校企合作相关条例

《手工业条例》于1965年颁布，《条例》是对在《联邦职业技术教育法》中未作规定的手工业行业的职业培训的专门规定，在规定雇主应保证对在企业接受职业培训的学员提供一定比例时间到职业学校学习的同时，对手工业行业的职业培训也作了详尽而具体的规定，规定了培训企业资格、培养目标、培训内容、培训时间、培训企业与受培训学员的责任和义务、考试内容、考试与培训的监督等。另外规定了手工业经营的资格，在《手工业条例》附件A中收录了125种手工业行业，规定经营这些行业要有相应的资格证件或特批证件。

1972年颁布的《工商企业实训教师资格条例》，是由联邦劳动和社会秩序部通过，根据《联邦职业技术教育法》第21条规定而制定的，它明确了企业职工委员会和企业在职业教育上的义务，对“双元制”职业教育中实践培训的师资问题作了具体的规定，规定了工商企业实训教师的基本资格条件、资格考试规则要求、职责范围、具体工作任务等。

《职业培训条例》是企业实习培训课程的设置依据，《职业培训条例》是由联邦教育与科学部制定的各类职业培训在全国范围内的统一标准和内容，企业职业培训必须严格按照条例所规定的标准和内容进行。在德国，所有职业类型都由德国的工商协会依据产业结构变化、新技术的变更进行调整和制定，并定期向社会公布。双元制职业教育中的学校和企业只能进行专业课程的实施，是无权自行设置新专业的。

目前规定的职业大类大约 93 种，对应的职业（专业）大约有 371 个。《职业培训条例》对每一种职业培训都有严格的规定，对国家承认的培训职业从职业名称、职业描述、培训大纲、培训计划、培训时限、考试要求（中间考、结业考）等各个方面进行了规定，并从原则上规定不允许未进行正规的职业培训的人员直接从事职业工作。《职业培训条例》规定了统一的考核机制，规定每一职业考核必须达到的最低标准，规定考核由行业协会组成的考试委员会负责实施，企业和学校无权自行决定对学生进行考试。学生必须参加相关职业大类的统一考试，取得相关职业资格证书后才能在相应的职业岗位上岗工作，成为企业的正式员工。

"《考试条例》由各个行业协会根据《联邦职业技术教育法》制定，行业协会按条例规定的考试标准和内容组织实施考试。《考试条例》经州最高主管当局批准，对考试资格、考试安排、评价标准、考试证书颁发、违反考试条例的后果及补考作出规定。规定由行业协会跨地区或通过命题委员会制定或选定的考题，只要是命题委员会制定或选定的，就必须予以接受。联邦职业教育研究所主管委员会颁布《考试条例》的准则。"[1]《考试条例》规定每个职业考试的最低标准，将考试分为中间考试和结业考试两种，中间考试是在学习一年半的时间考试，结业考试在学习结束后按全国统一要求在统一时间内进行，成绩分别占总成绩的 40% 和 60%。考试由考评委员会主持进行，考评委员会成员包括学校代表、雇主及雇员代表三方，学校代表、雇主代表与雇员代表人数各占 1/3。学生在行业协会的监督下进行两次考试，经考评委员会审核同意后发给结业证书和职业资格证书。这种教考分离的考核办法和严格统一的管理机制，有利于教学质量的保障。

三、德国职业教育法律监督

"德国的立法体制主要是联邦与州（德国共有十六个联邦州）的分权。德国实行三权分立体制，即立法权、行政权和司法权分别由三个不同的机关行使。德国的国家立法权主要集中在联邦，而行政权和司法权大部分由各州行使。以《基本法》为依据形成的德国立法体制，强调立法权应当服从基本法秩序，行政权和司法权受法律和正义的制约。在联邦与州的立法权限划分上，可以分为联邦的专有立法权、联邦和州共同享有的立法职权和州的立法职权。在法律体系的位阶关系上，联邦法律超越于各州法律之上。但根据排他性和竞争性立法的基本原则，如果基本法未授予

[1] 鄂甜.德国职业教育考试新模式研究 [D].天津：天津大学，2008：5.

联邦立法权，那么立法权属于各州。德国《基本法》规定，立法权由议会行使。联邦德国议会实行两院制——参议院和议院。议会下院为联邦议院 (Bundestag)，由选民选举产生，2013 年第 17 届议院共 620 个议席，联邦议院每四年选举一次，选举采用两票制。每个选民拥有两张选票，第一张用于选举候选区内的候选人，全国分 299 个选区，每个选区选一名议员，选区的候选人均以个人而非政党身份出现，所有候选人中票数最高的当选；第二张用于选择政党，各州分别统计各政党所得的第二票票数，采用比例代表制，按照法律规定的比例原则分配各政党的议席。联邦议院会议的召开时间是开放的。由联邦元老会商议每次的会议时间和议程，然后通知议院成员、参议院及联邦政府。如果没有异议，日期即确定。议院成员有权申请更改会议时间，但必须在会议前一天的 18 点前向主席团递交申请。联邦议院主要职权是制定和通过法律，监督法律的执行，选举和撤换联邦总理，参与选举联邦总统，参与选举联邦宪法法院和联邦高等法院的法官，批准联邦政府同外国签订国际条约，对联邦总统蓄意损害《基本法》或其他联邦法律的行为进行弹劾等。上院为联邦参议院 (Bundesrat)，按各州人口比例由各州政府指派 3–6 名州政府成员组成 (通常是各州的总理、财政部长、内政部长、司法部长、州驻联邦全权代表或同参议员所讨论的议题相关的部的部长作为本州的代表担任联邦参议院议员)，共 69 名议员，无固定任期。换句话说，联邦参议院实际上是各州政府派驻联邦的联合机构，每个参议院成员都是各州政府在参议院的代表。各州政府通过联邦参议院，参与联邦的立法和行政事务，对联邦立法和行政起辅助和牵制作用。联邦参议院在联邦与州以及各州之间起平衡和协调作用。联邦参议院并不具有联邦议院那样的完全立法权。参议院每年至多召开 12 次常规会议。具体的集会时间一般参照联邦议院工作日程中确定的日期。其主要职权是提案权 (其提案须经联邦政府提交联邦议院)，并对联邦议院通过的法案有审议权，对涉及修改基本法以及涉及各州行政和财政的法案或联邦政府颁布包含上述内容的条例拥有否决权，仲裁联邦政府与某一州的纠纷或冲突，批准联邦政府对某一州采取强制性措施，参与宣布立法紧急状态，参与选举联邦宪法法院和联邦高等法院法官，参与批准联邦政府同外国签订国际条约，对联邦总统蓄意损害联邦法律的行为提出弹劾，参与对预算、国库和债务的监督等。”[1]

[1] 江奇. 德国职业教育校企合作机制研究[D]. 西安:陕西师范大学,2014:51.

四、德国职业教育校企合作法律制度的借鉴

德国的职业教育法律体系非常完善，不仅针对性强，而且层次完整。其职业教育校企合作法律制度由一个基本法、若干个单行法和相关行政法规及配套法规组成。不论是以基本法形式，还是以其他形式出现的职业教育法规，都对德国职业教育的校企合作进行了操作性强的规范，促进了德国职业教育的健康发展。

（一）对职业教育主体的确定

德国以立法的形式确定了企业与学校是职业教育的两个主体，但不是所有企业都能参与到校企合作中，法律规定参与职业教育的企业必须具备一定资格，通过资质认证才能开展职业教育，与学校一起合作进行职业教育人才培养。职业学校由各州教育部管理，遵循《州学校法》；企业与学校都遵循《联邦职业技术教育法》，企业同时遵循《职业培训条例》，由联邦教育部管理。学员有两个身份，学习在两个地方进行，学习内容也是两种，其中学徒在企业的职业培训占主要部分，达到整个职业学习的70%，而职业学校的文化课程及专业理论课程占30%。

（二）对合同关系的详细阐述

《联邦职业技术教育法》第二部分第二节第一小节确立了职业教育关系，阐述了职业培训合同、培训合同的签署及无效协议。规定培训合同至少包含："职业教育的形式、内容和时间安排及职业教育目标；职业教育的起始时间和学制；教育机构外企业的相关措施；津贴支付与金额；休假期限；解除职业教育合同的条件；以通用形式指明适用于该职业教育培训关系的工资合同、企业和学校的公务协议。"[1]

（三）对受教育者的保障

《联邦职业技术教育法》第二部分第二节第二小节用很短的几句话阐述了受教育者的义务；第三小节、第四小节用较长的篇幅规定了教育提供者的义务，从脱产的方式、证书发放、津贴的支付等方面对教育提供者的义务进行了详细的界定。教育提供者的义务为："致力于向受教育者传授实现教育目标所必要的职业行动能力，按照教育目的所要求的实施形式，有计划地从时间和内容上系统安排并实施职业教育，使教育目标在预定的教育时间内得以完成；亲自进行或明确委托企业教师进行

[1] 姜大源.德国联邦职业教育法译者序[J].中国职业技术教育，2012(10)：71-88.

教育；免费为受教育者提供参加职业教育及中期考试和结业考试所必需的教育用品，特别是工具和材料，即便这些考试在职业教育关系结束之后进行；督促受教育者去职业学校学习及填写在职业教育的范围内所要求的教育证明，并对其进行检查；致力于促进受教育者的个性发展，使其在道德和身体方面不受损害。”[1]《联邦职业技术教育法》第三小节还从津贴、假期等多个方面对受教育者的权益进行了保障。

（四）对双方责权利的详细规定

德国的职业教育校企合作法律对校企合作参与双方——企业与学校的责权利有明确的规定，特别是对教育提供者的责权利有着详尽的规范。根据《联邦职业技术教育法》，职业教育企业培训必须遵守该法第11条中对企业培训合同签订的全国统一的规定，须在培训前与学徒签订培训合同，在《联邦职业技术教育法》中对合同的形式、内容及企业的责任和义务、学徒在企业的学习保障等都有非常详细的规定。职业教育学习者与企业签订培训合同，就有了第一个身份，即企业的学徒，同时还具有另一种身份，即职业学校的学生。学徒选择培训职业必须依据《职业培训条例》中所收录的全国统一的、国家承认的职业，职业教育企业对学徒的职业教育培训也必须按照《职业培训条例》对职业培训大纲、职业培养目标、职业培训内容、职业培训时限和考试要求等的统一规定进行。学生的培训期一般为三年，在此期间，企业依据《联邦职业技术教育法》的规定要支付给培训学生一定比例的酬劳，安排节假日休息以及到职业学校接受义务教育。除了基本法外，还有《青少年劳动保护法》等相关法规保障学习者的权益。

（五）对违法行为的界定及处罚

《联邦职业技术教育法》第六部分为处罚条款，详细阐述了违反规则的行为，包括违反了哪几款哪几条，并具体阐明了违反规则的罚金，内容非常具体，具有操作性。“如违反第11条第1款第1句，以及与此相关的第11条第4款的规定，没有、没有正确地、没有完整地、没有按照规定方式或没有及时将合同的重要内容或合同的重要改动写成文本；违反第11条第3款规定，以及与此相关的第4款的规定，没有或没有及时出具签字合同文本；违反第14条第2款规定，向受教育者安排不符合教育目的的工作；违反第15条的规定，没有为受教育者提供所需时间；对第1

[1] 姜大源.德国联邦职业教育法译者序[J].中国职业技术教育,2012(10):71-88.

款第 3 至第 6 点违反规定的情况可处以最多 5000 欧元罚金，其他违纪情况可处以最多 1000 欧元罚款，以示惩戒。”[1]

德国职业教育通过法律制度保障双元制校企合作模式，规范企业参与职业教育，为我国校企合作提供了很好的借鉴，但这种模式也存在一些问题，一是职业教育人才培养过分依赖企业可能会使职业教育缺失其教育属性。企业参与培养人才关注更多的是对企业的适用性，对学习者作为一个公民的人文素质的培养就会有所欠缺。二是经济波动因素对双元制职教模式会产生较大的影响。双元制模式规定学生与企业签订合同，学习者既是学生又是学徒，在这种情况下，经济的波动可能给企业带来的影响也会直接影响学习者，直接影响职业教育。三是双元制课程不利于学生职业发展能力的养成。企业的参与对人才培养往往根据企业自身发展的需要，根据具体岗位的需要，有着高度的针对性，不利于学生职业发展能力的养成，一旦因为经济的原因或出现其他种种情况，这些学生离开现有的岗位，将会面临重新就业的困境。

第二节　美国职业教育校企合作法律制度分析

美国教育立法最典型的特征是分权制，教育立法不仅归州所有，也归联邦所有，判例法是美国教育法的主要表现形式。在立法中，各州享有独立的立法权，联邦主要运用法律制度及教育经费对教育进行宏观调控，实现对教育的干预，联邦还会因为适时的需要来制定相关法律制度。在职业教育校企合作法律制度方面，联邦制定了《职业技术教育法》《从学校到工作机会法》等全国性的法律；各州根据各州的经济发展状况、产业需求及各州教育实际情况，出台州一级的职业教育法。在职业教育法制体系中，联邦和州的教育立法不是处于层级的关系，而是并行的，具备判例法的特点，联邦教育法基本属于拨款法案，州教育法非常全面系统，是对教育各方面的基本规定，联邦和州的教育立法在实践中则主要体现为一种合作关系。美国

[1]　姜大源.德国联邦职业教育法译者序[J].中国职业技术教育，2012(10):71-88.

已经颁布的职业教育法律以全国性的法律为指导，结合各州颁布的法律，以满足各时期各阶段对不同法律的需求，适时修改与废除，从而构成了比较完善的美国职业教育法律体系。

一、美国职业教育校企合作——合作教育模式

合作教育模式是工作经历与学校学习结合在一起的一种模式，是校内学习和校外工作结合，学校与社会紧密合作，与双元制模式的不同在于合作教育模式是以学校为主，而双元制模式是以企业为主。这种模式下学生的身份是单一的，与双元制模式中学生的身份是不一样的，其仅仅是职业学校的学生，到企业是进行实习或实践训练，学生以接受学校教育为主，按几种方式轮流或交替到企业进行技能培训。一种是把同专业同年级的学生分成两部分，一部分在校学习，一部分在企业接受实训，过一段时间再进行轮换；一种是学生一年内到企业实习一段时间，其他在学校学习；一种是学生基本在企业工作，利用工作之余进行学习，通过学校学习将理论与实践结合起来。

"美国国家合作教育委员会对合作教育的基本界定是：合作教育是把课堂学习与通过相关领域中生产性的工作经验学习结合起来的一种结构性教育策略，学生工作的领域是与其学业或职业目标相关的。合作教育通过把理论与实践结合起来提供渐进的经验。合作教育是学生、教育机构和雇主间的一种伙伴关系，参与的各方有自己特定的责任。"[1]

"合作教育计划的基本要求有以下几个主要内容：(1) 合作教育作为一种教育战略得到学校的正式确认。(2) 把以特定形式和程序进行的多样化的工作经历与学习结合到一起的结构。(3) 工作经历包括合适的学习环境和生产性的工作。(4) 学生在受雇佣前应接受培训并精心准备，在进行合作教育的过程中应该接受指导并能进行咨询。(5) 在学生档案记录中应有合作教育经历的正式认可。(6) 在学校、雇主和学生之间有正式合同，主要涉及对工作描述和新的学习机会；特定的最小工作期限；在受雇佣期间在学校正式注册；学生工作接受学校监督和雇主管理；学生被雇主确认为合作教育雇员；由学生、学校、雇主作出评估，并且有学生在指导下做出的反应；学生工作获得报酬。(7) 用于雇主和学校进行质量评估的规定以及工作

[1] 徐平. 美国合作教育的基本模式[J]. 外国教育研究，2003(08)：1.

经历和课程之间的相关性。（8）计划设计要使学生、雇主和学校受益最大化。”[1]

二、合作教育模式下的美国职业教育校企合作相关法律制度剖析

美国1862年颁布《莫雷尔法案》，联邦通过拨地的形式支持农工教育，完善了大学的职能，是高等教育史上里程碑式的举动，促进了美国高等职业教育的发展。1917年的《史密斯—休斯法》奠定了美国职业教育制度的基础；1937年的《乔治—迪恩法》提出，为学校与企业主合办职业教育拨款；1963年的《职业技术教育法》将特殊群体以及弱势群体纳入职业教育范畴，保障其受教育的权利，强调职业教育没有对实施对象的限制，扩大了职业教育的范围，打破职业对个体的局限要求，美国职业教育使社会各个层面的个体都能享受教育给自身带来的巨大影响，美国职业教育真正做到面向人人，为人人服务；1974年的《生计教育法》，规定将学校教育与受教育者未来意图从事的职业联系起来，教育需为个体未来生计需求及个体发展服务；1982年通过的《合作训练法案》规定，联邦政府资助职业训练计划，各州制定职业训练计划，并参与职业培训协议与合同的签订，在职业训练课程的制定、修改及实施中强调企业的参与；1983年的《就业培训合作法》进一步强调地方私人企业的参与，在职业教育培训中，联邦与州政府以及私营企业主共同参与实施，联邦和各州的政府只起经费资助及指导协调作用；1984年《珀金斯职业技术教育法》强调美国职业教育为全社会服务；1990年《珀金斯职业技术教育法》对1984年的法案进行修订，主要体现在加快了美国职业教育现代化的进程；1994年《从学校到工作机会法》规定，学校与企业应加强合作，需创造合作关系，在这种合作中，学校与企业都担负一定的责任，企业主要通过提供合作学习课程、实习职位、实地工作指导等形式与学校合作；1994年的《2000年目标：美国教育法》，提出设立全国统一的职业技能标准，使职业教育技能培养有章可循，能健康发展。

（一）《职业技术教育法》

1963年颁布的《职业技术教育法》是二战后美国颁布的最重要的职业教育法律。该法案规定将特殊群体以及弱势群体纳入职业教育范畴，提出要研究提高职业教育的规模和质量。其最大的特点在于强调对职业教育的财政支持。该法案提出合作教育的模式，要求职业教育学校与企业要相互合作，各州应为职业教育的合作教育形

[1] 徐平. 美国合作教育的基本模式[J]. 外国教育研究，2003(08)：1.

式提供财政资助，要求职业院校的学生在参与学校学习的同时，也要参加到企业的实践工作中去，学校学习与企业实践交替轮换。1968 年，国会通过了《1968 年职业教育修正案》，增加对职业教育的经费资助，避免因没有职业准备而导致的失业，要将学术教育与技能训练和工作实习有机结合起来，使职业教育不仅成为所有教育的一个基本目标，而且成为一个终身教育的过程。《职业技术教育法》及其修正案，对美国职业教育的发展产生了深远影响。

（二）《合作训练法案》

1982 年通过的《合作训练法案》在培训政策上给予州极大的自由，规定由各州制定职业学校培训计划，企业参与职业教育培训课程的制定、修改及实施。法案要求职业学校与企业在职业教育培训中进行合作。“在该法案的影响下，公共与私人机构形成了工作关系，其中有联邦对州、对地方服务领域的资金支持，每一个受资助的机构都要利用私人工业委员会（PIC）来决定需要怎样的培训计划以及如何执行该计划。”[1]

“在认识到公共服务就业计划并不是解决社会失业问题的有效方法，只有私有工商企业才能提供具有稳定前景和收益的就业机会的前提下，1978 年《综合雇用和训练法案》修正案第七条款中已经明确规定设立‘私有工业委员会’，作为地方和州‘首要承办者’的合作伙伴参与联邦资助培训项目的设计、管理和实施，同时还要求‘私有工业委员会’必须动员更多的企业参与政府的培训计划。但是由于第 7 条款在整个拨款中仅仅占据相当小的比重，在工商业界人士看来这种努力还远远没有改变私立企业被动参与联邦各类培训计划的角色。在 1982 年法案的立法过程中，关于设立私立工商业理事会 (Private Industry Council) 的提议获得了两院的一致同意并最终体现在立法中。法案要求每一个接受联邦拨款的项目区域都必须建立一个私立工商业委员会，委员会建立后，劳工部将为其直接划拨资金，以确保委员会能够与地方政府平等自由地协商，法案的这种安排在更大程度上给予了工商业组织平等的参与权和决策权。”[2]

（三）1984 年《卡尔·D·帕金斯职业技术教育法案》

1984 年通过的《卡尔·D·帕金斯职业技术教育法案》，“支持公共和私立部门

[1] 田蕾. 我国职业教育校企合作法律法规研究[D]. 天津：天津大学，2011：13.

[2] 荣艳红. 美国联邦职业技术教育立法研究[D]. 石家庄：河北大学，2008：155.

的密切合作，通过职业教育与劳动力市场的密切衔接，提升职业技术教育的质量，最终促进个体就业目标的实现。”[1]

“《法案》特别提出建立各州职业教育理事会的问题，规定各州职业教育理事会应该由13名代表组成，其中7名代表来自私立机构，6名代表来自各州中学和中学后职业技术教育机构、生涯咨询和指导组织或弱势群体等，理事会的建立是各州获得联邦拨款的一个条件。法案要求各州在制定职业技术教育规划的时候，应该举办听证会，尽量邀请各阶层的人士参加，倾听民生民情。”[2]

（四）1990年《卡尔·D·帕金斯职业与应用技术教育法案》

“1990年《卡尔·D·帕金斯职业与应用技术教育法案》强调了在学校教育与工作世界之间建立密切联系的问题，提出了准备进入某一行业的学生必须达到的基本素质标准：应该对准备进入的行业有着丰富的经历，能够理解未来即将从事的行业所有层面的知识，包括规划、管理、财政、技术、劳工、组织、健康、安全和工作环境等情况。法案以上的规定，不仅对进入某一领域的创业者具有特殊的含义，同时对于普通的求职者来说，在了解和掌握以上知识的基础上，将会对该职业的社会意义有着更为清醒的认识，同时也更容易对未来从事的职业产生更多的责任感和使命感。法案推荐的学校和工作之间合作的活动包括青年学徒项目、体系化的工作经历、合作教育、基于学校学习和基于企业学习之间的联合等活动。以上活动的开展，将有利于学生及早建立自己的生涯身份，鼓励他们从目前的学校学习中找到方向和归属感，尤其当学生感到自己学习的是没有过时的(justintime)知识和技能，且理论知识立刻就能够解决现实中存在的问题的时候，其对于学校教育的促进作用是无限的。同时，当一个学校与受众人尊敬的雇主进行联合的时候，该联合也将在无形中为职业教育带来更多的社会地位。”[3]

（五）《从学校到工作机会法》

1994年5月，克林顿签署了《从学校到工作机会法》。该法案提出在高中阶段实施学校职业教育加企业培训计划，要求学校在提供普通学术教育的同时，教会学生进入工作岗位的具体的操作技能，完成职业教育培训的学生不仅会获得高中毕业

[1] 荣艳红. 美国联邦职业技术教育立法研究[D]. 石家庄：河北大学，2008：136.

[2] 荣艳红. 美国联邦职业技术教育立法研究[D]. 石家庄：河北大学，2008：137.

[3] 荣艳红. 美国联邦职业技术教育立法研究[D]. 石家庄：河北大学，2008：141−142.

文凭，同时还能获得行业认可的职业技能证书，该法案强调职前就业教育。在培训计划中，行业企业参与其中，负责提供合作教育学习课程，向学生提供实践岗位，以及实践工作指导。该法规定所有州都要建立一个全州范围的学校至工作的教育体系，包括三项核心组成部分，即工作学习（注重实际的工作经历，有获得报酬的工作训练）、学校学习（强调学术性和实践性的结合）及联系活动（建立合作关系）。该法案将美国企业与学校之间的合作以法律的形式固定了下来。

"首先，为所有在校学生提供参与实践项目教育训练的机会，使工作场所直接的和直观的教育成为学生学校教育经历的有机组成部分，同时，为基于工作情景学习的学生配备现场指导教师并制定相应的促进其发展的项目规划，以利于学生能够将学校的知识和工作现场的经验连接在一起。通过以上两种努力，帮助学生达到较高的学术和职业标准，使学生在拥有更广泛的生涯选择机会的基础上，选择适合于自己兴趣、目标、能力和学力的生涯目标，并最终顺利进入高技术和高工资的职业生涯或者进入4年制学院和大学继续深造；其次，建立广泛和普遍的学习与工作世界之间的联系，以便中学、中学后教育机构、私立工商业、公共事业组织、劳工组织、政府、以社区为依托的机构、父母、学生、各州与地方的教育机构、培训组织和人力资源服务机构之间更为密切的合作关系的建立，最终服务于共同目标的实现；第三，创建和进一步推动有广泛就业前景的学校与工作相互联合的教育培训活动，比如技术准备教育、生涯学园、学校与学徒合作项目、合作制教育、青年徒工项目、校办企业、工商业教育联合体等，将基于学校与基于工作场所的学习联系起来，使所有的青年人包括那些学业成绩不佳者、辍学者、残疾学生能够留在学校或返回学校追求成功。"[1]

"创建雇主、劳工、教育者、政府、依托于社区的组织、父母等共同参与法案的设计、开发和管理的机制。"[2]

（六）《2000年目标：美国教育法》

1994年美国颁布了《2000年目标法案》，确定了全国统一的职业标准，用以评估各州的职业教育，加强国家对职业教育的管理。国家设立了全国职业技能标准委员会，其工作是促进产业界推出全行业的技能标准体系，负责确认七类职业的技能

[1] 荣艳红. 美国联邦职业技术教育立法研究[D]. 石家庄：河北大学，2008：157-158.
[2] 荣艳红. 美国联邦职业技术教育立法研究[D]. 石家庄：河北大学，2008：158.

标准供学校和企业采用。

（七）1998 年《劳动力投资法案》

1998 年 8 月 7 日，克林顿总统签署了《劳动力投资法案》。“法案鼓励更多机构、人员参与到法案的监督管理结构中，特别是工商业、私立团体的合作与参与。比如法案授权在州和地方层次建立州、地方和青年理事会三个劳动力投资规划和监督机构，其中，各州劳动力投资机构中应包括来自不同机构的人员，其中必须包括政府官员、各州参众议员各一名、工商业和劳工组织、青年团体、专门从事劳动力投资活动的团体、被推选出来的公务员、残疾人代表（或者专业从事残疾人服务的机构和团体代表）；而地方劳动力投资部门的人员构成基本与州相同，但是法案尤其规定地方机构的大部分成员必须来自工商业团体，对于地方青年理事会 (youthcouncil)，法案要求该理事会成员由地方劳动力投资机构中具备青年知识的专家、青年服务机构代表、地方公共住房机构专家、符合条件的青年人的父母、工作团队成员、在青年人活动中有经验的机构代表组成。该机构的功能是设计开发一定比例的青年服务项目、推荐合格的青年项目服务提供商并对其行为进行监督、协调开展法案第 129 款授权的相关青年活动等。总之，通过以上监督管理结构的创设，扩大了社会参与面，特别是工商业、私立部门等机构代表占据很大的比重，体现了法案致力于使劳动力投资项目在本质上更加符合当地劳动力市场的需求，促进劳动力在私立工商业部门就业的倾向。”[1]

（八）1998 年《卡尔 · D · 帕金斯职业技术教育法案》

1998 年《卡尔 · D · 帕金斯职业技术教育法案》与 1990 年法案相比，“1998 年法案在继承 1990 年法案所倡导的促进学术和职业技术教育之间、中学和中学后教育机构之间、学校教育与工作之间的三大联结之外，更进一步将 1990 年法案的‘职业与应用技术教育’概念转变为‘职业技术教育’。职业和技术教育被联结成一个更完整的系列，标志着法案更加致力于使参与中学和中学后职业和技术教育项目的学生更充分地发展其学术的、职业的和技术的能力。”[2]

[1] 荣艳红. 美国联邦职业技术教育立法研究[D]. 石家庄：河北大学，2008：161-162.

[2] 荣艳红. 美国联邦职业技术教育立法研究[D]. 石家庄：河北大学，2008：144.

（九）2006 年《卡尔·D·帕金斯生涯技术教育好转法案》

2006 年 8 月 12 日布什总统签署了《卡尔·D·帕金斯生涯技术教育好转法案》，1998 年法案的核心概念“职业技术教育”已经转变成“生涯技术教育”。由于“生涯技术教育”与“职业技术教育”同样是通过一个课程系列来实现的，因此该法案也主要是从课程系列的内容、目标等几个方面来限定概念的内涵与外延的：一个课程系列，能够为个体提供连续的、严格的且具有挑战性的学术标准和相关的技术知识和技能，为个体当前或未来的继续教育和生涯发展做好准备；学习者最终不仅精通某些技术技能，同时还可以获得工商业界认可的证书、资格或学士学位；这一课程系列应该涵盖基于能力的学习，可以使个体获得学术知识、高层次的推理和问题解决能力、工作态度、一般的就业技能、技术能力和特定行业的职业技能、某一行业所有层面的知识（包括企业家个体的知识）等。与先前的法案相比，2006 年法案在概念界定方面，不仅将 1998 年法案提出的创建挑战性的学术标准变为学术和技术标准都要具备挑战性，同时要求学生获得的知识和技能的面更大更广，且最终服务的目标更长远和更高，即不仅为学生未来的继续教育服务，同时也为学生当前或未来进入高技术、高工资或者高要求的行业做好准备。因此，可以说，生涯技术教育概念的提出，整体上使美国的职业技术教育表现出了融合面更广、要求更高、灵活性更强、达到的目标更大的特征。[1]

“2006 年法案在继续先前法案立法倾向的基础上，将职业技术教育的概念进一步扩展为‘生涯继续教育’，同时鼓励地方和各州创建具有挑战性的学术和技术标准，为学生当前或未来进入高技术、高工资或者高要求的行业做好准备。同时期的人力资源立法更是强化、推进、补充了这种倾向，仅从不同时期人力资源立法名称的变换上就可以清晰地体会到这一点。”[2]

三、美国职业教育法律监督

“从立法系统内部来看，美国三权分立的政治体制以及规模庞大的院外集团，奠定了国家机关、团体等对职业技术教育立法依照法定权限和程序进行监督的基础；从立法系统外部来看，始于 1960 年，当美国联邦政府全面干预国家职业技术教育发展的机制逐步形成之后，依照法案的要求成立的职业教育评估机构、团体等也发

[1] 荣艳红. 美国联邦职业技术教育立法研究[D]. 石家庄：河北大学，2008：148.

[2] 荣艳红. 美国联邦职业技术教育立法研究[D]. 石家庄：河北大学，2008：166.

挥着对职业技术教育立法的监督作用。”[1]

“美国联邦职业教育法律监督机制体现了如下的特点，首先在立法程序上确保不同利益集团的相互监督。我们可以从时间维度上分析美国联邦职业技术教育立法程序本身所拥有的不同利益集团的监督机制。从法案的订立程序来看，正如前文所述，美国三权分立与相互制衡的政治体制，导致所有的联邦法案的订立过程无一不是美国国会、总统和最高法院相互博弈的结果，当任何一项法案的出台仅在国会就要经历 100 多个具体的步骤，要经历参众两院无数次小组委员会和专门委员会的审议，加之总统和法院的制衡，可以说包括联邦职业技术教育法案在内所有的联邦立法，其院内阶段的博弈过程本身就是一种很好的程序监督。同时，美国规模庞大、无孔不入的院外压力(利益)集团为了使立法倾向于满足自己的意愿，其主动向国会、总统和最高法院的进攻与施压的过程也是一种很好的程序监督。从法案的实施程序上来看，由于几乎所有的联邦教育法案都会采取诱致性制度变迁的机制，因此，只有得到各州和地方支持的法案，国家利益最大化的目标才可能更好地实现，而各州和地方权衡法案利弊，主动申请接受拨款的过程本身也是一种较好的监督。其次，在立法时限上确保联邦职业技术教育立法的常新机制。我们知道，由于英美法系的特点，人们往往认为立法仅起一种辅助的作用，重要的是法官能够根据现实生活的生动与复杂性重新解释法律，因此英美法系国家的立法往往以社会需求为导向，就事论事，事情解决了，法律效力也随之而中止。联邦职业技术教育立法也是如此。每一部法案均规定了明确的拨款期限，到了一定的期限，问题如果还没有很好地解决，各方就重新坐下来商议修正立法和继续拨款的问题，这种机制同时也是一种有效的监督机制。到了一定时限的法典，其在实施的几年时间之中是否达到了立法的预期目的，哪些方面存在着明显的弊端，哪些方面需要继续充实与完善，所有这些都为继续修正法案或撤销法案提供了现实的依据。再次，利用专门的职业技术教育评估机制对立法实施监督。可以说，从 1862 年《莫雷尔法案》开始，联邦职业技术教育立法的内外部监督机制就已经出现并呈现出从封闭到开放、从单一向多元、从硬性向弹性、从质性评估向质性与量化相结合的趋势发展。比如，1862 年《莫雷尔法案》规定了年报制度，要求各州建立的农工学院将每年的发展情况和所进行的改进、实验、所花费用和取得的成果以及有用的州工业和经济方面的统计资料写成年度报告，分别邮寄给其他所有按本法案规定可以得到资助的学院，同时也邮寄一

[1] 荣艳红. 美国联邦职业技术教育立法研究[D]. 石家庄：河北大学，2008：192.

份给内政部长。而1917年《史密斯—休斯法案》除了规定年报制度外，还要求各州建立高效的公众监督、管理机制，对各州职业教育的实施进行全方位的监督，以确保其机构的正常运行。1963年《职业教育法》的出台标志着联邦政府对职业技术教育全面干预与管理的开始，为了了解各州和地方对职业技术教育项目的实施效果，法案规定州和地方职业教育项目必须接受周期性的评估。其中，国家层次的评估由每5年组织一次的专业委员会实施。1976年《职业教育修正案》则明确提出了组建国家层次的职业教育评估机构(NAVE)。1984年以来，联邦职业技术教育立法的监督机制涵盖的内容更多、要求更高，比如，1990年《卡尔·D·帕金斯职业与应用技术教育法案》规定，评估系统主要根据学生的各项收获(包括学术成就)来评估项目实施效果，这一系统至少应该评估四方面的内容，职业技能、就业技术、学生在校保有率、进入更高一级院校学习或进入军事机构或直接就业的人员比率；同时评估系统还赋予了各州和地方最大的弹性，以便它们能够根据当地情况对项目指标进行适当的调整等。”[1]

四、美国职业教育校企合作法律制度的借鉴

美国职业教育立法注重适应社会发展而不断改革，美国职业教育法案通常是对以前的职业教育法案的修订，前一次法案是后一次法案的前提和基础，后一次法案往往又是对前一次法案的补充和修正。美国职业教育有关校企合作法律制度的内容丰富，涉及职业教育参与各方的权利义务。

(一)以社会需求立法

美国的实用主义情结也体现在美国的职业教育中,《威斯康星法案》就是典型的以实用主义思想确立高等职业教育发展的法案，是为工人、农民、制造商的生产、生活实际而制定的。同样，美国的所有职业教育立法都体现了其典型的实用主义思想，其立法是为了解决现实问题，是为满足不同的社会需求制定不同的法律制度，通过发展职业教育来解决社会矛盾,促进经济发展。二战后,为了解决退伍军人就业，促进社会经济快速发展，每隔几年就有一部职业教育法案出台，如为了适应教育的终身化与大众化，制定了《合作训练法案》和《生计教育法》;《珀金斯职业技术教育法》也是为解决社会上存在的矛盾而进行的立法。

[1] 荣艳红.美国联邦职业技术教育立法研究[D].石家庄:河北大学,2008:192-194.

（二）强调经费支持

德国从法律上确定了企业参与职业教育的地位，而美国职业教育中，企业依然没有成为参与主体，其参与主体为联邦政府、各州、职业教育学校、社区学院及综合高中，学校根据市场需求自主办学，虽然参与职业教育的力量不同，作用的发挥各有千秋，但国家主要通过法律进行宏观调控，以经费为杠杆调控各方力量的参与，特别是企业的参与，为职业教育的发展提供强有力的保障。美国 1963 年《职业技术教育法》，1968 年、1972 年修订案，1990 年《珀金斯职业技术教育法》都大幅度增加了对职业教育的拨款。1990 年法案规定，联邦政府每年向各州提供 16 亿美元的职业教育专项经费。

（三）及时修正完善

美国经常对已有的法规进行及时修订，以适应社会需求的变化。1963 年通过的《职业技术教育法》，在 1968、1972、1976 年先后做过修订，并于 1984 年被《珀金斯职业技术教育法》所替代，1990 年新《珀金斯职业技术教育法》又修订了 1984 年的《珀金斯职业技术教育法》，到 1998 年又出台了新修订的《珀金斯职业技术教育法》，至 2006 年《珀金斯职业技术教育改进法案》出台，这部法律又是对 1998 年的《珀金斯职业技术教育法》进行的调整。而“1990 年《珀金斯职业技术教育法》注重工作与学校的密切联系，由此引发了美国职业教育理念与性质的重大转变——学校职业教育到工作训练，并催生了与校企合作关系极为密切的一部法律——《从学校到工作机会法》的出台，法案的最终目的就是使所有的高中学生顺利实现从学校到工作的过渡，把学术学习和职业学习相结合，使所有学生都有完成某个职业或专业学习的机会”。[1]

（四）内容具体明确

美国职业教育立法条款具有浓厚的实用主义色彩，每一部法律的出台都是为了解决当时面临的社会矛盾，满足社会发展的需求，因此每一部法律对需要解决的问题都有着详尽的条款解释，每一部法律的内容都非常明确具体。在美国的职业教育立法中，各种职业都有着不同的法规，法规内容十分详尽，使职业教育的实施具有很强的可操作性。

[1] 田蕾.我国职业教育校企合作法律法规研究[D]. 天津：天津大学，2011：14.

通过梳理美国职业教育校企合作法律制度，可以看出其法律制度关注企业的参与，企业与学校之间的合作教育在相关法律中得以规定。美国职业教育校企合作的合作教育模式将学校理论课程与在企业的实践实习结合在一起，学校通过与企业合作可以促进学校从实际出发调整专业，改变课程设置，完善教学内容，可以更契合经济发展的需要，从而使得培养的人才更能满足社会的需要。但这种模式也存在一些问题。一是企业参与积极性没有双元制模式中的企业高。这种模式没有以立法的形式确定企业参与职业教育的主体地位，企业在过多考虑自身利益且劳动者流动性较高的基础上，就可能相对缺乏与学校深度合作的兴趣，这就需要通过立法更多地规定企业在参与校企合作中能享受到的优惠政策，以吸引企业的参与。二是职业教育师资力量相对薄弱。这种模式中的学生通常一半以上的时间待在学校，因为设备的换代及技术的更新，学校的教师与企业的技术人员在实践经验方面是有一定的差距的，学生可能缺乏有经验的实训教师来指导。

第三节　日本职业教育校企合作法律制度分析

日本的经济奇迹主要靠的是企业职业培训，企业内的职业教育，成为推动日本经济发展、产业振兴的强大动力。对于日本职业教育有关校企合作法律制度的分析，可以看出日本的职业教育校企合作更多的是强调企业内部的培训，当然这是以日本企业用工的低流动性为基础的。

一、日本职业教育校企合作——企业内培训模式

日本职业教育的最大特点，在于其发达的企业内职业教育，日本企业内培训模式是在企业与雇佣员工签订的工作合同的框架内实施，没有全国统一的职业教育标准。这一模式的形成是基于日本长期以来实行的以终身雇佣制为主的就业形式，同时也是基于职业能力是在工作中逐步形成的观念。企业内培训是为企业培训所需要的技能人才，为企业补充后备力量，其培训的实施是直接对接企业的某个岗位，其

教学内容有着高度的针对性，企业承担职业教育的经费。

“日本企业实行的是家族式的长期雇佣制度，要求员工全身心地融入公司整体。日本的就业体系的基石是长期雇佣、元老原则、对公司的绝对忠诚和维护工作小组中的和谐。日本企业的雇员一般可划分在两个圈子中，内圈是企业的核心员工，他们拥有各类特权，工资水平和升迁机会大，而外圈则是部分时间制雇员、外借工、临时工等。大企业的核心雇员不是在自由劳动力市场上招募，而是通过企业和学校保持联系从学校（主要是高中或大学）招募并在企业里进一步培训。通常情况下超越企业的、以职业领域划分的职业劳动和培训标准被单个企业劳动组织结构和培训结构所取代。”[1]

二、企业内培训模式下的日本职业教育校企合作相关法律制度剖析

二战结束后，日本职业教育法律将“拿来主义”与“借鉴创新”成功结合起来，出台了一系列有利于日本工业发展的职业教育法律——以基本法与相关法相结合，建立起较完善的职业教育法律体系，其职业教育的成功以及借鉴创新的模式对同是亚洲国家的中国具有较强的借鉴意义。

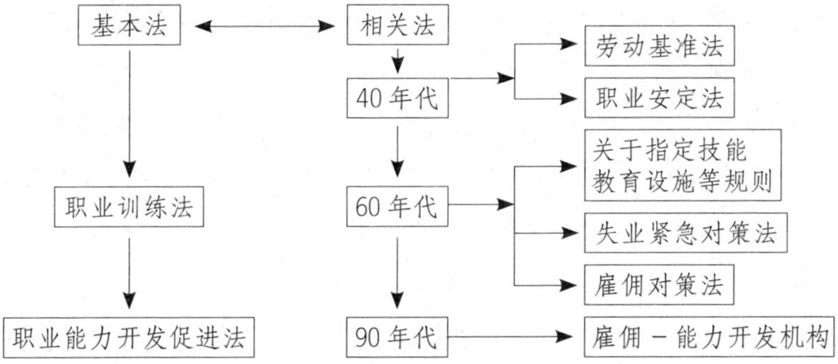

图2-3　日本职业教育校企合作法律制度概图

（1）1947年，日本颁布《教育基本法》，第七条提出将职业训练作为教育内容，国家应鼓励和广泛提倡在工作场所以及社会的其他机构所进行的教育。

（2）1947年颁布的《劳动基准法》对职业岗位的基本标准和职业训练的目的等做出了规定，“该法案明确提出，用人单位必须根据自身发展的需要对从业人员进行长期培训，其中涉及的培训资格与方法、合同期限与劳动时间等都必须遵守相关

[1] 徐朔. 国际职业教育的基本模式及国别比较[J]. 外国教育研究，2005(08)：67.

规章制度”[1]；同年颁布了《职业安定法》，规定为了使就业人员能够具备从事相关职业的技能，需对就业人员进行职业教育，使其获得职业所需的知识和接受技能培训，以满足职业岗位就业的要求。该法规定除政府举办的职业培训机构以外，其他组织通过审核也可以创办以赢利为目的的职业培训机构，放宽了对职业培训机构的限制，但对职业培训机构的资格作了限定。

（3）在《劳动基准法》和《职业安定法》的基础上，1958年日本颁布职业教育的基本法——《职业训练法》，规定应培训就业人员进入职业岗位需要的相关技能，提高就业人员的操作技能水平，满足社会岗位需求；规定了政府和企业对培训的责任，并强调指出，只有按法律规定的要求进行培训，才能够得到国家的认可并享受资助；对于职业训练的类型、职业训练认定、技能鉴定及具体实施办法都作了详细的规定；规定了培训企业的资格、企业培训的劳动时间和劳动强度。《职业训练法》标志日本企业职业培训制度的形成，其是以企业的终身雇佣制度为前提的。

此法的最终目的是“促进职业的安定和提高工人的地位，同时促进经济乃至社会的发展”，同时从法律上确定了国家公共职业训练机构，它们是：职业训练大学、职业训练学校、职业训练短期大学、技能开发中心和残疾人职业训练学校。此外，在职业训练的类型、职业训练认定、技能鉴定及其具体实施办法方面，《职业训练法》都作了详细的规定。[2]

（4）以《职业训练法》为依据，日本制定了一系列其他有关职业教育校企合作的法规，有1962年的《关于指定技能教育设施等规则》及1966年的《雇佣对策法》等。

（5）1969日本颁布了新的《职业训练法》，明确了职业培训与职业学校建立校企合作关系的法律强制性，把企业内培训机构与社会上职业训练所的培训标准统一起来，明确了公共职业培训和企业内职业培训的分工，对职业培训学员的资格、培训科目、培训时间及技能鉴定等都作出了规定，规定企业培训必须与学校建立合作关系。

“新《职业训练法》有三个目标：第一，为了培养操作和智力兼备的新型职业工人，要分阶段、有系统地进行终身职业训练；第二，改善技能鉴定的内容，整顿、扩大其实施体制；第三，为了提高技能工人的社会、经济地位，要采取具有实效的各种

[1] 樊丽文. 职业教育校企合作中学生实习法律制度研究[D]. 天津：天津理工大学，2014:26.

[2] 王君丽. 日本现代职业教育立法研究[D]. 天津：天津大学，2007:20.

措施。”[1]

（6）日本1985年公布了《职业能力开发促进法》，取代了《职业训练法》。新的《职业能力开发促进法》对原有基本法作了巨大改变，从法律名称到法律条款都与过去有较大的改变，强调企业内教育的重要性。同年公布了《职业能力开发促进法实施细则》，将职业培训实施分成养成培训、进修培训及能力再开发培训三个阶段。该实施细则详细规定了职业资格的种类、各职业所应具备的职业能力、各职业对应的训练科目、培训教师资格条件等。它的目的在于突破传统狭义的职业培训的范围，强调了职业教育培训的几个方面：一是促进职业能力的开发，职业能力开发就是以职业生涯训练为主的人才培育，为完成不同企业、不同岗位的工作所必要的职业能力；二是企业内职业教育培训（针对大型企业），认为企业内培训能更好地在终身教育理念中发挥作用，使职业培训依据各职业岗位持续发展；三是公共职业教育培训（针对中小型企业），将公共职业教育培训与企业内教育培训结合起来，使其更能满足职业教育培训的不同要求；四是对地方设立的职业教育培训设备的折旧费的补助由原来的负担金形式改为交付金形式。

三、日本职业教育法律监督

日本职业教育立法须经日本国会（立法机关）通过，“日本国会具有八种权限：制定及修订法律的权力、国家预算和决算权力、提议修改宪法的权力、监督内阁的权力、审议批准同国外缔结条约的权力、设置法官弹劾法院的权力、国政调查权、对国民提议的请愿的审查权。日本国会两院行使的立法权是平等的，所以两院议员都有职业教育发展的提案权，可以“自由”地提出自己想要提出的有关职业教育的议案。但是，如果涉及经费支出的议案，则要由众议院提出，由于职业教育立法的议案，往往需要经费来支持其教育事业的发展，所以其议案一般要先由众议院提出并审议表决批准后再移交参议院。”[2] 日本还设置议事法制局，政党的事务局，国立国会图书馆的调查、立法考察局及议院的委员会调查室等机构来协助议员提案，满足立法对高度专门知识的需要。

“日本的职业教育立法体系中除了有以‘法’冠名的诸多法律外，还有许多与教育法律相配套的其他规章、命令，这些规章和命令是由内阁下属的行政机构或地

[1] 王君丽．日本现代职业教育立法研究[D]．天津：天津大学，2007：20.

[2] 王君丽．日本现代职业教育立法研究[D]．天津：天津大学，2007：11.

方行政机关发布，依其制定主体不同而有不同的称呼。命令与议会通过的法律相对应，是由国家行政机关制定的。命令依其制定主体不同而有不同的称呼，如由内阁制定的称为政令”[1]，政令是为实施宪法和法律的一种执行命令；由总理府制定的称为府令；由国务大臣发布的命令即省令，在发布职业教育规定的相关命令时是由文部大臣发布文部省令，其中政令和省令是非常重要的两项法令。“训令是上级官厅对下级官厅行使指挥权而发布的行政命令，如文部省训令是文部大臣或文化厅长对其所属的各局、部、直属机关、国立学校、审议会及市属机关等发布的执行职务方面的一种命令”[2]。条例是地方行政机关根据其自治权经地方议会（日本的地方议会是一院制）制定的自主法，是在不违背国家法令的前提下就本地区的具体事项等作出规定。

“按照立法的程序，日本职业教育立法的程序与其他的法律立法相同，通常分为提案、审议、表决以及公布四个阶段。”[3]

四、日本职业教育校企合作法律制度的借鉴

日本的历史就是一部借鉴和学习外国经验的历史。近代日本通过“明治维新”借鉴和学习西方发达国家职业教育的经验和教训，将自身的文化和组织结构提高到发达国家的水平。近代日本对欧美职业教育的学习和借鉴大致呈现出一个由“移植与模仿”到“消化与自立”，再到“吸收与创新”的逐渐成熟的过程。

（一）强调企业职业培训的立法

日本强调用立法的形式保障对劳动者进行职业技术培训的实施，确保劳动者能力的提高。1947 年颁布《劳动基准法》和《职业安定法》；1958 年颁布《职业训练法》，规定了政府和企业对培训的责任，标志日本企业职业培训制度的形成；20 世纪 60 年代颁布《关于指定技能教育设施等规则》《失业紧急对策法》和《雇佣对策法》；1960 年颁布的新《职业训练法》，标志日本企业职业教育培训制度的形成；1985 年颁布的《职业能力开发促进法》，强调企业职业教育培训的重要性。日本职业教育培训重点是以学校教育的毕业生为对象，使学习者将理论与实践结合起来，掌握职业岗位所要求的技能和知识。“《职业训练法》总则第三条第 3 款规定，职业训练必

[1] 王君丽. 日本现代职业教育立法研究[D]. 天津：天津大学，2007：11.
[2] 王璐菲. 中日职业教育立法的比较研究[D]. 长春：长春理工大学，2014：12.
[3] 王君丽. 日本现代职业教育立法研究[D]. 天津：天津大学，2007：12.

须避免同《学校教育法》所规定的学校教育重复，二者必须密切配合进行，普通学校的教育主要重基础知识的掌握，而职业培训的重点在于教授基本的职业技能，两者相互联系又各有分工。”[1]

（二）借鉴与创新

二战后，在美国的改造下，日本教育向西方现代教育模式发展，日本的近代教育制度也同样是学习和移植的欧美的教育制度，主要移植了美国的教育制度。如美国为了适应形势的变化及社会的需求，经常对已有的法规进行及时修订，二战后，日本的职业教育立法不断处于修订调整中，每一次立法和修订都是为了满足社会发展及解决社会问题的需要，适时修订立法同样也成为日本职业教育立法的一大特色。如日本的《职业训练法》1958年首次颁布，1969年修订，1985年由《职业能力开发促进法》取代，同年还公布了《职业能力开发促进法实施细则》。日本几乎所有的重要的职业教育法律都经历了多次的修订与调整,这体现了其善于借鉴的一方面。

日本职业教育立法是在借鉴与创新中并存发展的，其职业教育不仅是一部借鉴发达国家的借鉴史，而且也是一个自身不断创新的过程。日本职业教育立法从借鉴移植中发展起来，在职业教育法制方面不断创新，逐步形成自身特色，也逐步为其他各国效仿和学习。

（三）法规内容具体

日本职业教育立法内容具体，法规罚责具体，如日本颁布的《职业训练法》对职业培训企业所具备的资格、职业培训的具体形式、职业培训学生在企业实习的劳动时间和劳动强度等都作了相关的规定；日本现行的《职业能力开发促进法》及同年公布的《职业能力开发促进法实施细则》，详细规定了职业资格的种类、各职业所应具备的职业能力、各职业对应的训练科目、培训教师资格要求等。

表2-1　1969年《职业训练法》中对训练标准的规定[2]

职业训练种类	训练课程	训练课内容	训练时间与学时
培训训练	普通训练课程	培养熟练技能工人的素质	I类2年（3200）学时 II类1年（1600）学时
	专业训练课程	培养高级技能工人	2年（3200）学时

[1]　罗朝猛. 日本职业教育立法的嬗变及其特色[J]. 职业教育研究，2006(06)：156-158.

[2]　王丽君. 日本现代职业教育立法研究[D]. 天津：天津大学，2007：36.

续表

职业训练种类	训练课程	训练课内容	训练时间与学时
提高训练	I级技能士训练课程	教授符合I级技能士标准的知识	1-6个月（150学时以上）函授制为一年
	II级技能士训练课程	教授符合II级技能士标准的知识	
	提高技能训练课程	提高现有技能	（12学时以上）
	监督者训练课程	提高监督者的能力	5-11日（10-40）学时
能力再开发训练	改换职业训练课程	培养技能工人的素质	6个月（800）学时
指导员训练	长期指导员训练课程	培养职业训练指导员	4年
	短期指导员训练课程	培养职业训练指导员	6个月（900学时）
	指导员进修课程	提高职业训练指导员的资格和质量	（12学时以上）

从日本职业教育校企合作相关法律制度来看，日本一系列法律制度强调了企业内培训，将企业内培训作为日本职业教育的一种主要模式进行规范，使日本的职业教育在结合本国用工实际情况的基础上，形成了自身的特色，为职业教育发展寻找到一种新的模式。但这种模式也存在很大的弊端。企业内培训模式是以日本终身雇佣制为前提的，随着时代的发展变迁，经济的进步，终身雇佣制逐步被打破，这种模式将面临发展的危机；另外企业内培训基于具体的岗位需求进行教学，不利于个体自身的发展，当个体职业岗位变迁，由于个体原来所受的狭窄的职业培训，个体将缺乏持续发展的能力。

第四节　英国与澳大利亚职业资格证书制度分析

职业资格证书是由国家统一编制各行业从业人员应达到的各职业岗位准入标准，通过政府认定的考评机构对从业人员的技能水平按标准要求进行考核和评价，对达到相应职业准入标准的合格者授予由劳动保障部统一印制的国家职业资格证书。职业资格证书的获取，离不开校企合作的培养。英国和澳大利亚近年来非常重视职业资格证书制度的完善，强调职业资格证书与普通教育学位文凭等值互换，为职业资格证书的发展和完善提供了极大的空间，成为各国研究和学习的典范。现对英国和澳大利亚的职业资格证书制度进行分析研究，在借鉴其经验的基础上结合我国的职业资格证书制度运行的实际情况，来完善我国的职业资格证书制度。

一、职业资格证书模式

职业资格证书以职业资格标准来评价学习者的职业知识与技能，来实现职业教育与普通教育的等值贯通，为学习者的进一步发展提供机会，从而保证从业人员的素质，促进经济的有序发展。企业界则作为市场的需求方，通过参与职业资格标准的制定，参与质量监控，参与证书颁发，来保证获得职业资格证书的学习者能够满足职业岗位对技能的要求。职业资格证书的实施必须以校企合作为基础，职业资格证书往往以市场需求来开发，是为了适应劳动力市场的需要，职业资格证书的实施必须促使行业组织参与职业资格证书制度标准的制定、实施的管理、考评的监督，根据市场需求设置职业资格证书种类，开发相应的职业课程。可以看出职业资格证书制度从某种意义上来说，是职业教育校企合作立法的一个层面。

英国的职业资格证书制度主要通过 BTEC 模式来实施。“BTEC 是由英国两大职业评估机构商业教育委员会与技术教育委员会合并而成。BTEC 是英国重要的资格开发与办证机构，颁发的证书有两类：TEC（工艺技术教育证书）和 BEC（商业教育证书）。BTEC 的课程标准要求适用于世界各个国家，任何一门课程无论是在英国还是在其他国家，所包含的科目单元及所取得的学习结果都是一样的，学生得到的都是具有国家标准的、普遍被接受和认可的资格。”[1]BTEC 注重通用能力的培养，是使学生获得有利于职业发展的教育。

澳大利亚职业资格证书制度主要通过 TAFE 模式来实施。“澳大利亚 TAFE 学院的投资和运作资金都直接来自政府的全额拨款，学生在澳大利亚任何一所 TAFE 学院都能享受同样模式和标准的教学。”“TAFE 是上下贯通的立交桥式的职业教育体系。TAFE 学院既招收高中毕业生，也招收普通大学毕业生，甚至研究生毕业者也可进入学院学习，通过在 TAFE 的学习获得相应的职业技术等级证书。同样，TAFE 毕业的学生在获得职业资格证书后也可进入普通大学继续学习，以获取普通教育的文凭。”[2]“TAFE 证书在澳大利亚各州通行，只有取得 TAFE 证书或文凭，才能从事

[1] 许云昭.超越差距——中外职业教育比较研究[M].湖南：湖南教育出版社.2009(01):208.

[2] 许云昭.超越差距——中外职业教育比较研究[M].湖南：湖南教育出版社.2009(01):160.

相关职业的技术性工作，证书是就业求职的必备条件。”[1]

二、英国职业资格证书制度

1985 年，英国政府发表了《年轻人的教育和培训》白皮书，规定职业需有一套全国通用的、统一的资格标准；1986 年发表了《共同工作：教育和培训》白皮书，建议成立国家职业资格委员会，并制定职业资格标准；1991 年，教育科学部和就业部提出消除学术资格和职业资格之间的距离；2009 年，颁布《学徒制、技能、儿童和学习法案》，提出要给予所有能力合格的年轻人在工作中接受培训的权利，满足英国经济和社会需求。

英国的国家职业资格证书制度，以企业为重心，促进教育培训与企业生产实践相结合。英国不仅从标准制定到考核组织以及考评人员管理都有严格的制度与规章，而且国家职业资格委员会还制定了《证书机构共同协议》和《英国国家职业资格规范与指导》用来规范职业资格证书制度的实施。

英国的职业资格证书包括国家职业资格证书和普通国家职业资格证书。国家职业资格证书和普通国家职业资格证书与普通教育文凭能对等互换，全国约 90% 的工作岗位都实行了就业准入，要求必须具有职业资格证书制度。

（一）国家职业资格证书（National Vocational Qualification，NVQ）

国家职业资格委员会和产业指导机构负责制定国家职业资格标准，经政府批准授权的评估中心独立进行考评评估，各相关行业的授予机构负责国家职业资格证书各职业课程的设置和证书的颁发。产业指导机构是代表行业企业利益的非政府民间机构，由产业界的代表组成。国家职业资格证书的实施，使培养的人才能达到满足生产和岗位技能实际需要的职业资格要求，将职业教育与行业企业具体岗位结合起来，将理论知识与工作实践要求结合起来。英国的国家职业资格证书分为 5 个等级，不同的等级有不同的标准，并与普通教育证书等值贯通，形成一套完整的上下贯通的立交桥式的职业资格标准体系。

[1] 许云昭.超越差距——中外职业教育比较研究[M].湖南：湖南教育出版社.2009(01)：161.

表2-2 英国国家职业资格证书的五级制[1]

NVQs	标　准	相应职务	相应学历
5级	具有广泛的，通常是不可预见的条件下独立运用基本原理和复杂技术的能力，负有极大的个人自主权，经常对他人的工作和重要资源分配负有重大责任，并具有个人独立分析、决断、计划、规划、实施和评估工作结果的能力	高级工程师和工程师，中、高级管理人员	与职业相关的研究生毕业资格，硕士文凭
4级	具有在广泛领域从事技术复杂、专业性强、条件多变的工作活动的能力，负有很大的个人责任和自主权，通常需要对他人的工作和资源的分配负责	工程师，高级技术员，高级技工，中级管理人员	与职业相关的大学专本科毕业资格，学士文凭
3级	具有在广泛领域从事各种复杂多变的、非常规的工作活动的能力。负有相当的责任和自主权，经常需要对他人的工作进行监督和指导	技术员，技工，初级管理人员	普通教育A级（即获大学入学资格）
2级	具有较大范围和变化条件下从事一些复杂的、非常规的工作活动的能力，负有一定的责任和自主权，并能与工作中其他的成员进行合作	熟练工	普通教育O级（即获中学毕业资格水平）
1级	具有在一定范围内从事常规的、可预测的工作活动的能力	半熟练工	中学在学水平

国家职业资格证书具有5个等级，5个等级的标准按职业就业岗位的职责要求划分为若干能力单元，每个能力单元又划分为若干元素，每个元素又包括岗位适用范围、岗位对知识和技能的要求及考评指导。非常具体地描述了不同等级岗位的职责，确定个人为达到一定级别的岗位所应具备的能力和知识水平标准，并详细规定了完成具体职业就业岗位中某一项具体任务所包括的操作能力标准。

国家职业资格证书的考评是由评估中心进行，评估中心可以是学校或培训、咨询机构，也可以是一个企业，是经国家授权的。国家职业资格的评定过程为：

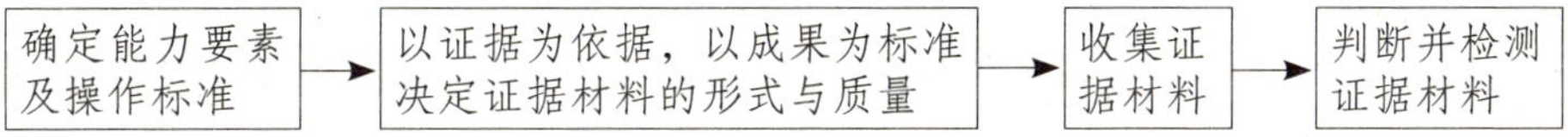

图2-4　国家职业资格评定过程

各相关行业的授予机构负责国家职业资格证书各职业课程的设置和证书的颁发。证书的颁发须符合国家职业资格委员会和产业指导机构制定的国家职业资格标准，由授予机构组建的评估中心的评估员与督考员监控整个评估过程。

（二）普通国家职业资格证书（General National Vocational Qualification，GNVQ）

普通国家职业资格证书分成三个等级：基础级、中级和高级。基础级学制通常

[1] 何源.英国国家职业资格证书制度及其启示[J].中国职业技术教育，2002(22):55-56.

为全日制一年，获得证书后可就业或继续学习中级普通国家职业资格证书；中级学制通常为全日制一年，获得证书后可就业或继续学习高级普通国家职业资格证书；高级学制通常为全日制二年，获得高级国家职业资格证书后既可就业也可继续接受高等教育。

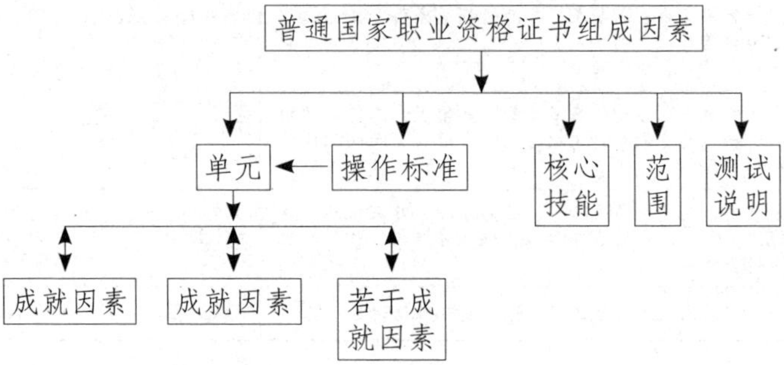

图2-5 普通国家职业资格证书组成图

普通国家职业资格证书主要把握了操作标准、证据采集、背景条件和工作情景。

（三）国家职业资格证书制度与普通国家职业资格证书制度的区别

普通国家职业资格证书制度是在国家职业资格证书制度基础上的进一步发展，其更强调职业教育和普通教育的沟通。国家职业资格证书是一种针对劳动者的基本执业能力与资格的证明，强调要以雇主需求为导向，其具体标准主要由企业的领导机构制定，是为具体的就业岗位服务的；普通国家职业资格证书则不局限于职业教育，目的是使有需要的青年人都有接受职业教育和获得更高水平职业资格的机会，同时有接受高等教育的机会，学生能灵活选择升学和就业，针对更宽泛的教育和为学生提供具有普遍性的职业准备，其具体标准由国家职业资格委员会和其授予机构制定，更强调通用性，适用范围更广泛。

表2-3 国家职业资格与普通国家职业资格的区别[1]

项目	国家职业资格（NVQ）	普通国家职业资格（GNVQ）
学习场所	工作岗位为主	全日制为主（少量时间在社会）
职业范围	约400多个职业	职业非确定性（20个专业）
标准要求	核心技能+专业技能	核心技能为主，辅以专业技能
考核内容	实际操作为主	基本操作与深层知识

[1] 郭伟萍. 英国职业资格证书制度的研究[D]. 天津：天津大学，2005：29.

续表

项目	国家职业资格（NVQ）	普通国家职业资格（GNVQ）
考核方式	工作现场实际操作为主	学校考试

NVQ	GNVQ
为职业胜任所制定的国家标准	为拓宽基础的职业教育提供的国家标准
标准由企业的领导机构制定， 标准指向特定的职业功能	标准由GNVQ和授予机构制定， 标准指向广泛的职业领域
胜任的评价	成就的评价
同一水平的不同单元在规模和量上有差异	同一水平的不同单元在规模和量上等同
每个职业领域都有许多授予机构	授予机构的数量有限

英国职业资格制度产业界参与职业资格标准的开发制定及资格证书考核评估的各个环节，使获得资格证书的学生更容易达到职业岗位的实际需求，使职业教育培养的技能人才能满足企业用工的需求，促进社会经济的发展。

三、澳大利亚职业资格证书制度

澳大利亚在 1995 年颁布实施了国家资格认证框架等系列法规，是澳大利亚教育与培训资格认证的统一的国家政策，建立了全国统一的资格认证框架，涵盖了高等教育、职业教育和培训学校，使中学教育、高等职业教育和普通高等教育之间形成了上下相互沟通互换的整个教育内的立交桥体系，从而打破了一直以来职业教育与普通教育之间的分割局面。在框架中，要求具有相关工作经历，对于进入社会的人，要获得相应的资格认证可以用相关工作经历来抵消部分课程；对于学生，要获得相应的资格证书要求学习校企合作的实践课程，使得校企合作成为职业教育的必然模式。

（一）澳大利亚国家资格认证框架体系

澳大利亚国家资格认证框架体系涵盖了所有的教育类型和义务教育后所有的教育证书、文凭和学位，包括 1–4 级中学教育证书、文凭证书、副学士学位高级文凭证书、学士学位、研究生证书、研究生文凭、硕士学位、博士学位共 12 个等级，每一级证书有不同的技术标准但互相衔接，其中职业教育与培训证书共分为八个等级，即一级证书、二级证书、三级证书、四级证书、文凭、高级文凭、研究生证书、研究生文凭。在澳大利亚职业资格框架内，各级证书和文凭之间的转换关系全国认可，不受培训机构或地域的限制，获得证书或文凭的学生，即获得在澳大利亚就业的资格，可以进入劳动力市场找工作，可以进入高等学校继续学习，证书和文凭为全国的大学所承认，并可折算一定的学分。

表2-4　澳大利亚资格认证基本框架[1]

学校部门资格	职业教育与培训部门资格	高等教育部门资格
		博士学位
		硕士学位
	职业教育与培训研究生学位	研究生文凭
	职业教育与培训研究生证书	研究生证书
		学士学位
	副学士学位、高级文凭证书	副学士学位、高级文凭证书
	文凭证书	文凭证书
	四级资格证书高级	
	三级资格证书	
中学教育证书	二级资格证书	
	一级资格证书	

（二）澳大利亚职业教育校企合作相关政策

1974 年，澳大利颁布了具有里程碑意义的《坎甘报告》，澳大利亚职业教育 TAFE 模式出现，澳大利亚的从业者必须具备相应的 TAFE 证书，使得 70% 以上的澳大利亚人都就读过 TAFE 学院，使职业教育成为澳大利亚人就业的必要准备，行业企业也成为职业教育的消费者，充分调动了企业的积极性。《坎甘报告》将学历教育与岗位培训相结合，使职业教育地位得以提升，使行业企业能真正地参与到职业教育中。

“1988 年《就业、教育和培训 1988 年法案》对学生实习机会的获得进行了规定，即雇主需要提供设施，遵循培训计划，对学徒进行培训。”[2]

1990 年澳大利亚颁布了《培训保障法》，“规定每年销售收入在 22.6 万澳元及以上的行业企业，须取其预算总额的 1.5% 用于员工培训，否则就向澳大利亚税收办公室上缴同等数量的罚款。”[3]，该法案“对收入达到一定额度的私营企业主具体承

[1]　吴秀杰. 澳大利亚职业资格证书制度的特点及启示[J]. 成都航空职业技术学院学报，2010(09)：14-17.

[2]　樊丽文. 职业教育校企合作中学生实习法律制度研究[D]. 天津：天津理工大学，2014：28.

[3]　秦丽娟. 澳大利亚职业教育校企合作保障机制研究[D]. 重庆：西南大学，2013：26

担的职工职业教育与培训费用进行了具体规定，并对没有达到费用最低要求的企业主进行财政性惩罚，即用于职工培训的工资预算如果没有达到法案规定的百分比。对其员工进行资格培训，在各年度的财政预算里，凡是这项费用未达到最低要求的雇主，必须依法向国家职业教育有关机构缴纳相应差额，同时，职业学校教师在企业接受培训的相关费用由企业承担。”[1]

“2003 年澳大利亚颁布了《塑造我们的未来——澳大利亚职业教育和培训 2004—2010 国家战略》，指出澳大利亚职业教育与培训的重要参与者包括培训提供者(注册培训机构)、职业教育与培训的学员、职业技术教育和培训与雇佣之间的中介机构以及行业企业，其中行业企业通过雇主和工人代表在职业教育和培训中发挥关键要素的作用。提出要增强行业企业在预期技能需求以及提高生产和服务来满足这种需求的过程中的作用。行业通过对有关当下新兴的及未来行业和职业技能需求的尖端研究，提供综合性的建议；行业企业提供的技能标准和其他产品必须反映新兴的技能需求以及就业能力、语言、识字、算术和跨文化技能；产品和服务的开发和完善必须能快速满足行业不断变化的需求。还提出了职业技术教育与培训的关键绩效指标，其中一个指标就是雇主的吸纳水平以及雇主对职业教育满足劳动力技能需求方面的满意度。”[2]

“2005 年澳大利亚教育、科学与培训部颁布了《技能立国——澳大利亚职业技术教育与培训发展的新理念》的报告，在报告中，教育、科学与培训部与‘关键利益相关者’(即商业、工业、培训提供者和其他政府部门)探讨了关于职业教育与培训的新理念。TAFE 董事会在对该文件的讨论评价中指出澳大利亚现行的职业技术教育与培训体系是行业企业带动的，并且历经多年改革。行业企业通过在澳大利亚国家培训局以及许多委员的角色，对现有培训系统的性质和运作方式起到了决定性作用。”[3]

“2010 年发布的《澳大利亚未来职业教育与培训发展方向》中，明确了职业教育校企合作的可行性与必要性，即一方面要提升劳动力的职业技能，另一方面也要保证企业能够运用并拓展这些能力，最终实现个人、企业和社会共赢。”[4]

[1] 樊丽文. 职业教育校企合作中学生实习法律制度研究[D]. 天津：天津理工大学，2014：28.
[2] 秦丽娟. 澳大利亚职业教育校企合作保障机制研究[D]. 重庆：西南大学，2013：27.
[3] 秦丽娟. 澳大利亚职业教育校企合作保障机制研究[D]. 重庆：西南大学，2013：27.
[4] 樊丽文. 职业教育校企合作中学生实习法律制度研究[D]. 天津：天津理工大学，2014：28.

四、英国与澳大利亚职业资格证书制度启示

英国和澳大利亚实施的职业资格制度证书制度满足了企业对一线技能工人和服务人员的需求，同时也适应了受教育者的需要，推动了职业教育的规范发展，为国家的建设发展提供了各个层次的高质量的技术人才。两国职业资格证书制度最本质的共同因素是都建立了一套完善而严密的法律保障体系，通过法律法规明确规定了政府、行业的职责，企业的、职业教育机构的责任和义务，界定了职业资格认证的名称、注册条件、认证标准、证书评估考核等。其职业资格证书制度立法体现在以下几方面。

（一）普通教育与职业教育等值

英国的职业资格证书制度既有明确的分工也有完整的体系，通过证书互认的形式把普通教育与职业教育有机地衔接起来，使之具有对等关系。澳大利亚职业资格证书制度在高中阶段加入职业教育课程，学生在高中阶段与技术和继续教育学院（TAFE）都可获得等值的一级、二级证书，大学与技术和继续教育学院（TAFE）也都颁发不同层次等值的文凭和高级文凭，证书和文凭可折算一定的学分，搭建了高中、高等职业教育、普通高等教育之间的“立交桥”，促使各层次不同形式的教育相互沟通。确保了普通教育与职业教育的等值贯通，保证了职业教育的可持续发展。

表2-5　英国普通教育与职业教育等值职业资格认证体系[1]

国家普通职业资格证书（GNVQs）	国家职业资格证书（NVQs）	普通教育系列
初级	NVQs1	
中级	NVQs2	高中
高级	NVQs3	大专
	NVQs4	本科
	NVQs5	

（二）衔接中等职业技术教育与高等职业技术教育

英国和澳大利亚的职业资格证书设立了多个等级及操作的标准。英国职业资格证书包括国家职业资格证书和普通国家职业资格证书，国家职业资格证书分为5个等级，设置了相应的五个级别的标准；普通国家职业资格证书分为3个等级，设置

[1]　邹羽.英国BETC制度对中国职业资格证书制度改革的启示[J].职教论坛,2005(05):60-62.

了相应的三个级别的标准。澳大利亚国家职业资格证书设置了 1–4 级中学教育证书、文凭证书、副学士学位高级文凭证书、学士学位、研究生证书、研究生文凭、硕士学位、博士学位共 12 个等级，设置了相应的技术标准且证书之间互通衔接贯通。其中职业教育与培训证书分为一级证书、二级证书、三级证书、四级证书、文凭、高级文凭、研究生证书、研究生文凭共八个等级。

两国职业资格框架中每个等级资格证书在内容上都由低至高相互衔接。如澳大利亚普通教育的中学教育证书与职业教育培训部门的二级资格证书等值；职业教育培训部门提供的文凭证书相当于高等教育的文凭证书，获得文凭证书，既可以就业，又可以继续学习，是进入高等教育的起点证书。

两国的共同特点是允许学员从一种资格向更高一级资格学习，当学员获得一种证书或文凭后，可以选择继续学习不同教育类型更高一级的文凭或证书，有助于他们职业技能的发展和个人的终身发展。

（三）确立标准，质量严格

英国和澳大利亚职业资格证书制度，由熟悉社会岗位需要的各行会组织制定职业资格种类及标准，设置职业资格培训课程，编制考试大纲，使职业教育的实施者能依据职业资格证书考评的具体标准及岗位能力具体要求进行教学，接受培训的学习者能有针对性地学习，并通过职业资格证书的考核获取行业的岗位资格证书，最终能够满足学生就业的需要及社会行业企业的需求。

英国为了保证职业资格证书的质量，建立起严格的质量监督体系。英国职业资格证书的考试方法不追求表面上的考试成绩，不限于书面的纸笔测验，采取笔试和采集证据的方法，对学生评估时考虑学生学习的全过程，评估就是一个搜集证据并判断证据的过程，评估的证据即学生以往与所学课程有关的学习经历及在企业工作的经历，评估关注的是被考核者是否掌握岗位需要的技能，在工作中的表现是否符合岗位的要求。同时还采取第三方认证规则，对参与的培训和发证机构进行长期多次评估以确保证书质量。

“澳大利亚设立了全国统一性的行业培训委员会，各州也相应设置了州的行业培训委员会，负责全国和州的各行业统一培训标准和目标，同时，还设立若干全国性的行业培训咨询组织，对各行业的就业需求进行预测和职业分析，制定职业能力标准，并为技术和继续教育学院（TAFE）和其他教育培训机构提供培训依据。为了保证证书质量，澳大利亚还对技术和继续教育学院（TAFE）每5年认证一次，对认证合格的学院，国家才拨给经费，支持其办学。”[1]

（四）强调行业、企业的参与

英国和澳大利亚从职业资格标准的制定到证书的认证考核，都强调行业与企业的参与，职业资格证书的标准、实施、考核充分考虑行业企业需求，使人才培养能够有效满足市场和就业方式变化对劳动力产生的需求变化，培养了符合行业企业各岗位能力要求的各种专业技能人才，发挥了行业企业在职业教育与培训中的作用。

例如，英国行业制定的职业标准，涵盖范围广，几乎涵盖了英国所有职业，层级也非常具体，包括从刚参加工作的新手到高级管理人员所需的所有技能和知识，形成了非常完整的国家职业资格证书体系；澳大利亚资格框架体系也同样符合行业需求，涵盖了行业职业岗位所要求的所有技能和知识。

国家职业资格证书制度，如英国的BTEC和澳大利亚的TAFE都是以立法的形式规定了统一的证书颁发机构、证书标准、课程设置、课程教材，是全国统一、通用的相关技术工作就业资格制度。这种制度的实施保证了职业教育的质量，使全国有统一的对人才的要求。但这种制度短时间内在全国统一施行有一定的难度，只能在逐步完善职业资格证书的基础上，严格就业准入，使职业教育有更大的发展空间。

[1] 李敏谊，姚云.国家职业资格证书制度的国际比较[J].大学（学术版），2010（09）：82-91.

第三章

我国职业教育校企合作法律制度建设演进及问题分析

职业教育是社会进步、经济发展的必然结果，职业教育是由最初的学徒制发展而来的，职业教育与普通教育最本质的区别在于培养人才的类型不一样，职业教育技能人才培养的要求需要职业教育必须与社会经济紧密结合起来，采用校企合作的形式。我国自民国初期的实业教育到现代职业教育，校企合作经历了无数种模式，每一种主要模式都一定有相关的法律制度来保障，本研究将民国时期至今分为几个阶段，来梳理各阶段我国职业教育校企合作的主要模式及相关法律制度，分析各阶段有关校企合作的法律制度的特色及存在的问题，为我国的职业教育校企合作法律制度建设的研究提供有价值的借鉴。

第一节　民国时期我国职业教育中校企合作法律制度

民国时期，是中国近代一个特殊的历史时期，推翻几千年的封建王朝，开创民主共和体制，这一时期，也是我国近代职业教育发展的重要时期，在中国职业教育法制建设史上占有举足轻重的地位，在近代工业化发展初期，出现了一批实业教育家，如黄炎培、陶行知、杨贤江等，同时也创立了百余部有关职业教育的法规律令。

这个时期，从我国职业教育校企合作的相关立法，可以看出职业教育校企合作分为两个重要阶段，有着不同特色的校企合作模式，一是教学过程与生产过程融为一体模式阶段。1913 年，民国第一部有关职业教育的法令《实业学校令》出台，与同时出台的《实业学校规程》共同构成了民国时期职业教育法制的基础；二是建教合作模式阶段。1932 年，国民政府公布《职业学校法》，形成了以《职业学校法》《职业学校规程》《职业学校与建设机关协作大纲》《职业学校设置顾问委员会办法》等为核心的一系列比较完备的职业教育校企合作法规。

一、教学过程与生产过程一体模式阶段职业教育校企合作法律制度

"从 1912 年中华民国成立到 1927 年北京国民政府的灭亡，是中国职业教育法律制度的成长阶段。在这一阶段，除颁布二个学制外，北京政府及教育部发布的重要职业教育法约 23 部。"[1] 清末民初，职业教育的特征是，开办某个实业就设立相应的学校。到这个阶段，职业学校逐渐从以实业为主的校企合作模式转变为以学校为主的校企合作模式，强调教学过程与生产过程融为一体。这个阶段颁布的职业教育法令制度均涉及校企合作，主要有 1913 年颁布的《实业学校令》和《实业学校规程》、1922 年颁布的《学校系统改革案》、1917 年发布的《咨各省区甲乙种工校实习工场应照普通工厂组织俾学生实地工作》、1918 年的《实业学校实习收入留归各校以充设备经费》、1919 年的《咨各省区实业学校暑假期内应令学生轮流实习或实地调查》、1918 年的《实业学生给予公费办法》等。

（一）《实业学校令》

"《实业学校令》是实业教育的母法，共 11 条，对实业教育宗旨、层次、类别、设置、经费、编制、学费等方面作了规定。"[2] "其中具体规定：实业学校以教授农工商业必须之知识技能为目的；实业学校分甲、乙两种，甲种实行完全的普通实业教育，乙种实行简易的普通实业教育，同时，二者均可根据地方需要教授特种技术；实业学校按种类分为农业、工业 、商业、商船、实业补习学校等，蚕业学校、森林学校、水产学校均可视作农业学校，艺徒学校视为乙种工业学校，也可参照工业补习学校

[1] 彭爽.中国近代职业教育法律制度研究[M].湖南：湖南人民出版社，2006：25.

[2] 彭爽.中国近代职业教育法律制度研究[M].湖南：湖南人民出版社，2006：28.

办理。”[1]“对于学生的实习规定，各实业学校的科目中均规定有‘实习’科目，对实习时间，明确规定‘须占总授业时间五分之二以上’。”[2]

（二）《实业学校规程》

《实业学校规程》共分为7章60条，“对于《实业学校令》规定的农、工、商业学校，商船学校，实业补习学校等五类实业教育机构，分章规定了名称、修业年限、授业学时、入学资格、设备设施以及预科、本科、别科、通习科目，又另设‘通则’章对各类实业学校开办时的申报项目、教员资格、校舍校具、应备表簿、学校规则等作出具体规定，最后的‘附则’一章规定了各实业学校对学科和实习科目自由规定的权利及该法规的生效日期。”[3]

（三）《咨各省区甲乙种工校实习工场应照普通工厂组织俾学生实地工作》

《咨各省区甲乙种工校实习工场应照普通工厂组织俾学生实地工作》中提到，“查实业学校工业一种，应用最广，设备最难，非备有实习工厂其操作技能莫由造就”，“嗣后无论甲乙种工业学校所有工厂应完全设立，尽可能就工厂施教，实地工作，以资练习”。[4]

（四）《咨各省区实业学校暑假期内应令学生轮流实习或实地调查》

在《咨各省区实业学校暑假期内应令学生轮流实习或实地调查》中，认为“农工商专门学校与甲乙种实业学校重在实用，与普通学校不同，学生毕业即出应社会职务，因而求能操作于平时，不可不养其耐劳之习惯，又况实习设备，一经间断，诸多不便。至农业一项，当暑期内，尤为作物发育最盛之时，因放假而无从实习，致学业不能完成了解，尤为可惜。嗣后上学实习一项，农工学校，农场工厂，应将学生轮流分组练习，或减少时间与午前午后行之。其在商业学校假期，应令学生就所在地调查商业状况及生产商品，定期报告，由教员考核。”[5]

这一阶段的职业教育校企合作的相关法令、法律内容详尽具体，涉及的范围广。因为这一阶段的模式强调教学过程与生产过程融为一体，教学是在生产中进行，所

[1] 苏刚.民国时期职业教育立法研究[D].长春：东北师范大学，2008：13.
[2] 彭爽.中国近代职业教育法律制度研究[M].湖南：湖南人民出版社，2006：242.
[3] 彭爽.中国近代职业教育法律制度研究[M].湖南：湖南人民出版社，2006：28.
[4] 彭爽.中国近代职业教育法律制度研究[M].湖南：湖南人民出版社，2006：240.
[5] 彭爽.中国近代职业教育法律制度研究[M].湖南：湖南人民出版社，2006：242.

以，特别强调通过立法对职业教育中的实习环节的各种情况进行详细的规定，具备很强的操作性。

二、建教合作模式阶段职业教育校企合作法律制度

1928 年国民政府教育部成立后，职业教育的一个显著特点是建教合作，重视用法律制度的建设来加强对职业教育建教合作模式的管理和引导，陆续通过了五十多部职业教育法律,比较重要的涉及校企合作的有:1932 年颁发的《职业学校法》和《职业学校规程》，前者是母法，后者是前者的具体化；1936 年 3 月颁发的《职业学校与建设机关协作大纲》，同年 4 月颁发的《职业学校设置顾问委员会办法》；1938 年 6 月行政院核定的《中央建教合作委员会规程》；1939 年 8 月教育部会同军政、经济、交通等部门颁发了《大学理工学院与经济交通及军备工厂合作办法》；1941 年 4 月和 7 月教育部会同农林部订定并颁布《农林技术机关与农林教育机关联系与合作大纲》和《农林建教合作初步实施办法大纲》；1941 年 8 月农林部、经济部、教育部公布《公私营工厂、矿场、农场推行职业补习教育并利用设备供给职业学校学生实习办法纲要》；1943 年教育部与农林、经济、社会等部商议，拟定《公私营工厂、矿场、农场推行职业补习教育并利用设备供给职业学校学生实习办法》；1945 年 12 月教育部颁发《工业职业学校学生利用工厂设备实习办法》。通过一系列的规定，实业机关接受职业学校学生实习成为一项法定义务。“1939 年 12 月，教育部颁发《各省市实施分区辅导职业学校办法大纲》，规定各公私立大学专科学校及生产建设军事机关，应将辅导职业学校作为主要工作之一。”[1]

（一）《职业学校法》

1932 年，国民政府颁布了《职业学校法》，共 17 条，该法是中国近代真正意义上的职业教育法律，在职业教育发展中有着重要的历史意义，具体规定了职业学校的设立原则、办学宗旨及方针、隶属关系、校长及教员资格、学生修业年限、学费问题等内容。

（二）《职业学校规程》

1933 年，国民政府教育部以 1932 年的《职业学校法》为依据公布了《职业学

[1] 彭爽.中国近代职业教育法律制度研究[M].湖南:湖南人民出版社,2006:48.

校规程》，其中确定的内容更加明确、具体，涉及的内容更广泛。“该法分 13 章共 98 条，包括总纲、设置和管理、经费、设备、编制、科别及课程、实习、训练、成绩考察及毕业、学年学期及休假日、纳费及待遇教职员、附则等章。”[1]

（三）《职业学校与建设机关协作大纲》

1936 年 3 月 26 日，国民政府教育部颁布了《职业学校与建设机关协作大纲》，“详细规定了职业学校和建设机关的各项协作事项，比如各职业学校应与实业机关商定学生实习计划及工作程序，职业学校的学生校外实习只限于高年级学生，学生校外实习由实习机关方面指定人员担任指导，实习结束时，应由实习机关指导人员将学生实习情况及成绩，分别摘要评定分数并送交学校，并入学习成绩计算。”[2]

（四）《职业学校设置顾问委员会办法》

“《职业学校设置顾问委员会办法》指明设立顾问委员会的目的，是‘谋增进训练效率，适合实际需要’；顾问委员会由学校聘请与学校同性质的农工商界专家或领袖 5 人至 7 人为委员；顾问委员会履行下列任务：关于学生服务道德及精神训练事项、关于职业学科教材的审核及选择事项、关于学生校内实习的指导及接洽事项、关于毕业生就业事项、关于其他学校设施的建议等事项。”[3]

（五）《职业学校各科科目教学概要》

“1933 年颁布的《职业学校各科科目教学概要》，对职业学校各科目实习时数作了规定，如普通农作科，每周学时 47 小时，其中实习 24 小时；腾柳竹工科，学时共 47 小时，其中实习 30 小时。”[4]

该时期颁发的一系列职业教育相关法令都强调建教合作和分区辅导，可以看出职业教育校企合作对学生的实习规定更具体，更要求实业机关参与学生的实习，并且政府还规定了实业机关参与学生实习的具体做法，法令更接近职业教育的本质，更符合职业教育实践人才培养的需求。颁发法令数量多，法令内容更具体，社会参与程度高。但这一时期的职业教育校企合作立法关注的是企业与学校在学生实习方面的合作，对于企业参与学校专业调整、课程设置等方面的合作很少涉及，职业教

[1] 彭爽.中国近代职业教育法律制度研究[M].湖南:湖南人民出版社,2006:37.

[2] 苏刚.民国时期职业教育立法研究[D].长春:东北师范大学,2008:29.

[3] 彭爽.中国近代职业教育法律制度研究[M].湖南:湖南人民出版社,2006:244.

[4] 彭爽.中国近代职业教育法律制度研究[M].湖南:湖南人民出版社,2006:245.

育校企合作形式体现得不全面，没有体现真正的深度校企合作。

第二节　新中国成立后我国职业教育中校企合作法律制度

新中国成立后我国经济社会经历了由战后重建到逐步发展的过程，各项事业百废待举，国家急需教育为社会主义建设输送和培养大批管理干部、中等技术人才以及劳动、技术后备力量，特别是重工业、国防、交通运输、轻工业、农业和商业等方面的建设人才，主要培养技能人才的职业教育正好适应和满足了经济发展的这一需求。

一、以领袖思想为纲模式阶段职业教育校企合作相关法律制度

1949年至1978年这段时期，党的教育政策制定往往依据的是党的主要领导人的教育思想，这主要包括毛泽东教育思想和刘少奇的教育思想，这段时期，本研究认为它也体现了一种职业教育校企合作的模式，即以领袖思想为纲模式。在这种模式下，我国职业教育进入以中等专业学校和技工学校为主的时期，主要的职业教育法律政策有：《关于改进中等专业教育的规定》《中等专业学校章程》《技工学校暂行办法》《工人技术学校标准章程》《关于教育工作的指示》《关于中等专业学校、技工学校办学中的几个问题的意见》《工作方法六十条》《关于1958年国民经济计划草案的报告》。

（一）毛泽东的职业教育思想和刘少奇的职业教育思想

毛泽东提出“以后学校要办工厂，工厂办学校”，“学生要勤工俭学，教师也要搞”，“一搞勤工俭学，半工半读，这样有了学问，也就是劳动者了”。[1] 在他签署的《工作方法六十条》（草案）和《关于教育工作的指示》中，都体现了“半工半读”的职业教育思想。

[1]　刘晓，蔡林.中央第一代领导集体的职业教育思想及历史贡献[J].职业技术教育，2007(34)：24-27.

刘少奇与毛泽东同样体现出“半工半读”的职业教育思想。1957年，刘少奇在阅读11月8日《参考消息》刊载的《美国大学生有三分之二半工半读》一文后提出，“中国是否可以个别试办”。1958年5月，刘少奇到天津市视察工作时指示：要试办半工半读学校，试行新的教育制度和劳动制度。5月30日，刘少奇在中共中央政治局扩大会议上的讲话中提出：“我们国家应该有两种主要的教育制度和劳动制度同时并行；一种是全日制的学校制度，一种是半工半读的学校制度；一种是8小时的劳动制度，一种是4小时工作的劳动制度。两种制度相辅而行。”6月21日，刘少奇在给时任劳动部部长马文瑞同志的信中又谈到：“学校教育同工业生产劳动相结合的方式有许多，其中有一种最高的方式，这就是学校同工厂合二为一的方式”，“比如新建的纺织厂以及其他操作技术不很复杂的工厂，这些新建工厂要招收大量的新工人，可以一律招收初中毕业生，经过半年训练，进工厂做工，实行四小时工作、四小时上课，分为六班轮换工作和学校的制度，发一半工资。”1964年8月22日，刘少奇在广西壮族自治区干部会议的讲话以《实行固定工和合同工并存的劳动制度》为题，提出：“我所说的两种劳动制度和两种学校制度是结合的。两种劳动制度的结合是工业劳动制度与农业劳动制度的结合，其与两种学校制度相互结合”，“这种半农半读、半工半读的学校，既是一种劳动制度，又是一种教育制度，同时又是一种学校制度，都是正规的。”1965年11月中共中央政治局扩大会议讨论城市半工半读教育的问题，刘少奇在讲话时说：“我们的国民教育有三种形式：一种是全日制；一种是业余教育；一种是半工半读、半农半读。”[1]

（二）《中等专业学校章程》《技工学校暂行办法》

“《中等专业学校章程》规定，学校的专业设置应以学校附近有与专业性质相同的工厂、矿山及其他的企业机关单位为依据。”[2]《技工学校暂行办法》规定，“学校规模和工种设置，主要根据生产建设需要，同时兼顾有利于组织教学、安排生产实习和保持相对稳定。技工学校师资分为文化、技术理论课教师和生产实习课教师两种。教师的来源由办学部门自行解决，教育部门予以协助。主要是从技工学校的毕业生中选择优秀者留校或送工厂在实际工作中进行培养提高后任教。”[3]

[1] 刘晓，蔡林.中央第一代领导集体的职业教育思想及历史贡献[J].职业技术教育，2007(34)：24-27.
[2] 许丽丽.建国后我国中等职业教育发展研究[D].长春：东北师范大学，2009：8.
[3] 许丽丽.建国后我国中等职业教育发展研究[D].长春：东北师范大学，2009：10.

（三）《关于教育工作的指示》

《关于教育工作的指示》提出："教育部门办学和业务部门办学并举；中央办学和地方办学并举；国家办学和厂矿、企业、农业合作社办学并举。"依据指示，许多厂矿企业单位和市县均举办中等技术学校或技工学校，这种大跃进式的发展使教育事业计划失去控制，学校出现了混乱状况。[1]

（四）《工作方法六十条》（草案）

1958 年，公布的《工作方法六十条》中第四十八、四十九、五十条规定，"一切中等技术学校和技工学校，凡是可能的，一律试办工厂或者农场，进行生产，做到自给或半自给。学生实行半工半读。在条件许可的情况下，这些学校可以多招些学生，但是不要国家增加经费。一切高等工业学校的可以进行生产的实验室和附属工场，除了保证教学和科学研究的需要以外，都应当尽可能地进行生产。此外，还可以由学生和教师同当地的工厂订立参加劳动的合同。一切农业学校除了在自己的农场进行生产，还可以同当地的农业合作社订立参加劳动的合同，并且派教师住到合作社去，使理论和实际结合。农业学校应当由合作社保送一部分合于条件的人入学。农村里的中小学，都要同当地的农业合作社订立合同，参加农、副业生产劳动。农村学生还应当利用假期、假日或者课余时间回到本村参加生产。大学校和城市里的中等学校，在可能条件下，可以由几个学校联合设立附属工厂或者作坊，也可以同工厂、工地或者服务行业订立参加劳动的合同。一切有土地的大中小学，应当设立附属农场；没有土地而邻近郊区的学校，可以到农业合作社参加劳动。"[2]

（五）《关于 1958 年国民经济计划草案的报告》

《关于 1958 年国民经济计划草案的报告》正式提出："在教育方面，今后要有步骤地实行半工半读的教育制度。"[3]

这一时期，在党的几位领导人的职业教育思想引领下，职业教育校企合作体现为半工半读形式的职业学校蓬勃发展，半工半读制度的推行范围不仅仅局限在教育领域，而是在全社会的推广，包括在城市和农村的推广。因此，这一时期的校企合

[1] 许丽丽.建国后我国中等职业教育发展研究[D].长春：东北师范大学，2009：10.

[2] 中国教育新闻网资料中心[EB/OL]. http://www.jyb.cn/info/jyzck/200909/t20090904_308038.html，2009年9月4日.

[3] 杨理连.工学结合概念内涵分析及其运行模式研究[J].天津学术文库，天津：天津人民出版社，2012：779.

作不只是职业教育的一种模式和内容，而是全社会对待教育、对待劳动的一种态度，这种态度在一定程度上推进了职业教育校企合作的发展，确定了职业学校与企业密不可分的关系。

1966年到1971年，是“文化大革命”时期，职业教育受到严重破坏，学校停办，教师流失，校舍被占用，学校设备、图书仪器损坏失落，这一时期职业教育乃至整个教育都处于发展停滞期，基本没有相关法律政策文件出台。

二、改革开放后恢复阶段职业教育校企合作相关法律制度

1978年12月，十一届三中全会把党的工作重点转移到社会主义现代化建设上来，这是职业教育发展的新机遇。1979到1990年的12年间，我国职业教育以恢复和结构调整为主要任务。在这一时期，我国职业教育还没有形成有特色的校企合作模式。

20世纪70年代末，我国职业教育结构极不合理。“1979年，我国高中阶段教育的毕业生中，有普通高中毕业生726.5万人，而职业教育仅有中专毕业生18.1万人，技工学校毕业生12万人，约占当年高中阶段的4%，由于此时我国高等学校招生规模较小，造成了千军万马过独木桥的局面，当年普通高中毕业生升学率仅有3.8%。”[1]

针对职业教育结构不合理的情况，1980年10月，国务院批转教育部、国家劳动总局《关于中等教育结构改革的报告的通知》，提出“文化大革命以前，刘少奇同志提倡两种教育制度、两种劳动制度，是符合我国国情的，对推动当时教育结构改革起了重要的作用”；“中等教育结构改革，主要是改革高中阶段的教育。要使高中阶段的教育适应社会主义现代化建设的需要，应当实行普通教育与职业、技术教育并举，全日制学校与半工半读学校、业余学校并举，国家办学与业务部门、厂矿企业、人民公社办学并举的方针”；“各地还可以利用一些适合办学的关停的工厂厂房及设备举办职业（技术）学校或作为学校的实习场所，也可留用一部分技术人员和老工人作教师或实习指导”；“各类职业（技术）学校、职业中学、农业中学要提倡半工半读、半农半读，坚持勤俭办学、勤工俭学。这方面的收入，应主要用于解决学校经费开支和办学条件，抽出一部分用于解决师生的集体福利和学生的学习费用，学校要逐步做到部分自给”。

“中共中央于1985年5月颁发《中共中央关于教育体制改革的决定》，指出当

[1] 许丽丽.建国后我国中等职业教育发展研究[D].长春：东北师范大学，2009：15.

时的职业教育不适应社会主义现代化建设需要，是我国整个教育事业最薄弱的环节，提出逐步建立一个从低级到高级，行业配套，结构合理又能与普通教育相互沟通的职业技术教育体系。”[1]

这一时期，职业教育处于恢复调整期，是职业教育重新发展的起点，相关职业教育法律政策基本是从宏观层面对职业教育学校的校企合作作出规定，没有具体的校企合作规范内容。

第三节 1991 年至今我国职业教育中校企合作法律制度

我国自 1991 年颁布《国务院关于大力发展职业技术教育的决定》起到 2010 年颁布《国家中长期教育改革和发展规划纲要 (2010–2020 年)》，出台了一系列扶持校企合作的政策法规，形成了以《职业教育法》为主体的职业教育法律体系。现对我国职业教育校企合作法律制度现状进行梳理，并加以分析。

依据前文划分的职业教育校企合作法律制度的六个层级：职业教育校企合作基本法律、职业教育校企合作单行法律、职业教育校企合作行政法规、职业教育校企合作部门规章、职业教育校企合作地方性法规和规章、职业教育校企合作相关法律法规，现将我国自 1991 年至今涉及职业教育校企合作的相关法律制度按此层级进行梳理。

在对职业教育校企合作法律制度按层级进行梳理前，首先将我国职业教育校企合作法律制度制定的依据——《中华人民共和国宪法》(以下简称为《宪法》) 中的有关规定罗列出来。宪法是国家的根本大法，在国家整个法律体系中处于核心地位，是制定法律的依据，是国家一切法律的基础和一切法律的“母法”，具有最高的法律地位、法律权威、法律效力，具有根本性、全局性、稳定性、长期性，其他任何法律法规都不能与其相抵触。在职业教育领域中宪法也同样具备最高的法律地位。职业教育相关法律法规的制定必须遵循国家宪法。《宪法》第十九条规定，国家举

[1] 许丽丽.建国后我国中等职业教育发展研究[D].长春：东北师范大学，2009：16.

办各种学校，普及初等义务教育，发展中等教育、职业教育和高等教育，并且发展学前教育。国家鼓励集体经济组织、国家企业事业组织和其他社会力量依照法律规定举办各种教育事业；第二十条，国家发展自然科学和社会科学事业，普及科学和技术知识，奖励科学研究成果和技术发明创造；第四十七条，中华人民共和国公民有进行科学研究、文学艺术创作和其他文化活动的自由。国家对于从事教育、科学、技术、文学、艺术和其他文化事业的公民的有益于人民的创造性工作，给以鼓励和帮助。

一、有关职业教育校企合作的基本法律

职业教育校企合作的基本法律是依据《宪法》制定的调整领域中带有普遍性、根本性、全局性问题的基本法则，是职业教育校企合作法律体系中的“母法”。《中华人民共和国教育法》与《中华人民共和国劳动法》应是我国职业教育校企合作的基本法律。

（一）《中华人民共和国教育法》

1995 年全国人大批准的《中华人民共和国教育法》指出，“教育必须与生产劳动相结合”；“国家鼓励企业事业组织、社会团体及其他社会组织同高等学校、中等职业学校在教学、科研、技术开发和推广等方面进行多种形式的合作。企业事业组织、社会团体及其他社会组织和个人，可以通过适当形式，支持学校的建设，参与学校管理”；“国家机关、军队、企业事业组织及其他社会组织应当为学校组织的学生实习、社会实践活动提供帮助和便利”；“各级人民政府、有关行政部门以及企业事业组织应当采取措施，发展并保障公民接受职业学校教育或者各种形式的职业培训”。

（二）《中华人民共和国劳动法》

《中华人民共和国劳动法》第八章第六十六条、六十七条、六十八条、六十九条对职业培训及职业资格证书制度作了简单规定。规定“国家通过各种途径，采取各种措施，发展职业培训事业，开发劳动者的职业技能，提高劳动者素质，增强劳动者的就业能力和工作能力”；“各级人民政府应当把发展职业培训纳入社会经济发展的规划，鼓励和支持有条件的企业、事业组织、社会团体和个人进行各种形式的职业培训”；“用人单位应当建立职业培训制度，按照国家规定提取和使用职业培训经费，根据本单位实际，有计划地对劳动者进行职业培训。从事技术工种的劳动者，

上岗前必须经过培训”；“国家确定职业分类，对规定的职业制度职业技能标准，实行职业资格证书制度，由经过政府批准的考核鉴定机构负责对劳动者实施职业技能考核鉴定”。

（三）对有关职业教育校企合作的基本法律的分析

《中华人民共和国教育法》涉及校企合作的内容：一是鼓励多种形式的职业教育校企合作；二是要求企业事业对职工的培训、学校学生的实习提供支持；三是要求政府部门及相关部门、企业事业应采取措施，保障职业学校的教育或各种形式的职业培训。

《中华人民共和国劳动法》涉及校企合作的内容出现在“职业培训”一章，一是鼓励发展各种形式的职业培训；二是应建立职业培训制度，提供职业培训经费，要求就业准入；三是实行职业资格证书制度。

这两个法律对职业教育校企合作做了宏观上的指导，是一种方向的引导，没有具体的对职业教育校企合作中可能出现的问题进行界定。如职业教育特别是中职学校的学生，年龄通常没有达到法定年龄，其在企业的实习存在很多现实问题，缺乏相应的法律保障，这一方面在《中华人民共和国劳动法》中没有明确的相关规定。

二、有关职业教育校企合作的单行法律

单行法律是根据《宪法》和教育基本法制定的调整教育事业的某些方面或某一部分教育关系的法律。涉及职业教育校企合作的单行法律包括《中华人民共和国职业教育法》、《中华人民共和高等教育法》、《中华人民共和国就业促进法》。

（一）《中华人民共和国职业教育法》

1996 年，我国制定了《中华人民共和国职业教育法》，第六条规定“行业组织和企业、事业组织应当依法履行实施职业教育的义务”；第二十三条明确提出“职业学校、职业培训机构实施职业教育应当实行产教结合，与企业密切联系，培养实用人才和熟练劳动者”；第二十八条、第二十九条提出“企业应当承担对本单位的职工和准备录用的人员进行职业教育的费用，具体办法由国务院有关部门会同国务院财政部门或者由省、自治区、直辖市人民政府依法规定；企业未按本法第二十条的规定实施职业教育的，县级以上地方人民政府应当责令改正；拒不改正的，可以收取企业应当承担的职业教育经费，用于本地区的职业教育”；第三十七条规定“企

业、事业应当接纳职业学校和职业培训机构的学生和教师实习；对上岗实习的，应当给予适当的劳动报酬”。

（二）《中华人民共和国高等教育法》

1999 年 1 月 1 日施行的《中华人民共和国高等教育法》，第十二条提出“国家鼓励高等学校之间、高等学校与科学研究机构以及企业事业组织之间开展协作，实行优势互补，提高教育资源的使用效益”。第六十八条界定“本法所称高等学校是指大学、独立设置的学院和高等专科学校，其中包括高等职业学校和成人高等学校”。

（三）《中华人民共和国就业促进法》

2008 年，我国颁布施行了《中华人民共和国就业促进法》，第四十七条规定：“县级以上地方人民政府和有关部门根据市场需求和产业发展方向，鼓励、指导企业加强职业教育和培训。职业院校、职业技能培训机构与企业应当密切联系，实行产教结合，为经济建设服务，培养实用人才和熟练劳动者。企业应当按照国家有关规定提取职工教育经费，对劳动者进行职业技能培训和继续教育培训。”

（四）有关职业教育校企合作的单行法律的分析

《中华人民共和国职业教育法》涉及校企合作的内容体现在：一是规定了行业、企事业组织实施职业教育的义务；二是明确提出应实行校企合作，培养劳动者；三是提出企业应该承担职业教育经费；四是对校企合作教师、学生实习的规定。至于校企合作如何具体实施、学生实习实训、实习管理等在这一阶段都没有明确的指导，《中华人民共和国职业教育法》中未明确企业实施职业教育和培训的主体资格。

《中华人民共和国高等教育法》涉及校企合作主要指的是本研究界定的职业教育校企合作中的高等职业院校，对校企合作的规定在其中也只是简单的原则性的规定。

《中华人民共和国就业促进法》的目的是促进就业，涉及校企合作的内容也是鼓励校企合作，企业应当按照规定提取职工教育经费。对校企合作的规定也是比较宽泛、简单的原则性规定。

基本法、单行法律都是我国职业教育校企合作法律制度依据，基本法的规定可以从宏观层面进行方向性的把握，单行法律就应相对具体，应对校企合作的基本情况、实施进行界定。但目前这些法律共同的特点是条款都是简单的原则性规定，没有对校企合作主体的确定，没有对双方责权利的界定，缺少对法律责任和法律制裁的规定，没有法律救济制度。且我国目前还没有对职业教育校企合作专门立法。

三、有关职业教育校企合作的行政法规

行政法规指国家最高行政机关为实施、管理教育事业，根据宪法和教育法律制定的规范性文件。在职业教育法律体系中，行政法规数量多、调整范围广、实施效果直接，是实现国家职业教育目标的主要工具。涉及职业教育校企合作的行政法规主要有《国务院关于大力发展职业技术教育的决定》《中国教育改革和发展纲要》《国务院关于 < 中国教育改革和发展纲要 > 的实施意见》《国务院关于大力推进职业教育改革与发展的决定》《国务院关于大力发展职业教育的决定》《国家中长期教育改革和发展规划纲要 (2010–2020 年)》。

(一)《国务院关于大力发展职业技术教育的决定》

1992 年国务院颁布的《国务院关于大力发展职业技术教育的决定》指出，“各地区、各部门要根据经济发展的实际需要和国家的产业政策，制定本地区、本部门后备技术工人培训规划，在不断提高培训质量的同时，规划技工学校的合理布局和规模。要根据谁办学谁受益的原则，依靠企业和企业主管部门大力发展技工教育；积极鼓励大型企业兴办技工学校、中小企业在行业指导下联合办学，进一步挖掘办学潜力，提高办学效益，以逐步缓解后备技术工人队伍与企业发展需要不相适应的矛盾。”“改革学徒培训。对传统工艺和少数特殊工种应按有关规定继续实行学徒培训。其他工种应将招学徒工逐步改为招定向培训生，做到在企业进行操作训练，在职业技术学校、就业训练中心等培训机构进行专业技术理论学习和基本功训练，以提高培训能力和培训效益。”“对各类职业技术学校、就业训练中心的毕业 (结业) 生，逐步实行毕业 (结业) 证书与技术等级或岗位合格证书双证制度。企事业单位在招工时，要根据国家劳动工资计划，首先从取得‘双证’的专业对口人员中录取。”

(二)《中国教育改革和发展纲要》

1993 年《中国教育改革和发展纲要》指出，“各级各类职业技术学校都要主动适应当地建设和社会主义市场经济的需要。要在政府的指导下，提倡联合办学，走产教结合的路子，更多地利用贷款发展校办产业，增强学校自我发展的能力，逐步做到以厂 (场) 养校。要认真实行‘先培训，后就业’的制度。优先录用经过职业

技术教育和培训的学生就业，专业性、技术性较强的岗位，应在获得岗位资格证书后上岗。对未经培训已就业的，要进行岗前培训。”“积极聘任企业工程技术、管理人员和能工巧匠任兼职教师。职业学校专业技能教师可实行教师职称和专业技术职称双职称制。”

（三）《国务院关于 < 中国教育改革和发展纲要 > 的实施意见》

1994 年颁布的《国务院关于 < 中国教育改革和发展纲要 > 的实施意见》提出，大力开展多种形式的职业培训。认真实行“先培训、后就业”、“先培训、后上岗”的制度，使城乡新增劳动力上岗前都能受到必需的职业训练。在全社会实行学历文凭和职业资格证书并重的制度。

（四）《国务院关于大力推进职业教育改革与发展的决定》

2002 年国务院颁布的《国务院关于大力推进职业教育改革与发展的决定》指出，“深化职业教育办学体制改革，形成政府主导、依靠企业、充分发挥行业作用、社会力量积极参与的多元办学格局”；“企业要和职业学校加强合作，实行多种形式联合办学开展订单培训，并积极为职业学校提供兼职教师、实习场所和设备，也可在职业学校建立研究开发机构和实验中心”。

（五）《国务院关于大力发展职业教育的决定》

2005 年国家出台的《国务院关于大力发展职业教育的决定》第十条提出，“大力推行工学结合、校企合作的培养模式。与企业紧密联系，加强学生的生产实习和社会实践，改革以学校和课堂为中心的传统人才培养模式。中等职业学校在校学生最后一年要到企业等用人单位顶岗实习，高等职业院校学生实习实训时间不少于半年。建立企业接收职业院校学生实习的制度。实习期间，企业要与学校共同组织好学生的相关专业理论教学和技能实训工作，做好学生实习中的劳动保护、安全等工作，为顶岗实习的学生支付合理报酬。逐步建立和完善半工半读制度，在部分职业院校中开展学生通过半工半读实现免费接受职业教育的试点，取得经验后逐步推广。”第二十一条规定，要“认真落实一般企业按照职工工资总额的 1.5% 足额提取教育培训经费，从业人员技术要求高、培训任务重、经济效益较好的企业，可按 2.5% 提取的规定，足额提取教育培训经费，主要用于企业职工特别是一线职工的教育和培训。企业新上项目都要安排员工技术培训经费。”

（六）《国家中长期教育改革和发展规划纲要 (2010–2020 年)》

2010 年中共中央、国务院颁布的《国家中长期教育改革和发展规划纲要 (2010–2020 年)》第十五条指出，“建立健全政府主导、行业指导、企业参与的办学机制，制定促进校企合作办学法规，推进校企合作制度化。鼓励行业组织、企业举办职业学校，鼓励委托职业学校进行职工培训。制定优惠政策，鼓励企业接收学生实习实训和教师实践，鼓励企业加大对职业教育的投入”；第十七条“积极推进学历证书和职业资格证书‘双证书’制度，推进职业学校专业课程内容和职业标准相衔接。完善就业准入制度，执行‘先培训、后就业’、‘先培训、后上岗’的规定”。

（七）对有关职业教育校企合作的行政法规的分析

《国务院关于大力发展职业技术教育的决定》以当时的时代为背景，鼓励企业办职业学校，重点是开办技工学校，对职业院校学生实行定向培训，规定逐步实行职业证书制度。这一法规的实行，在当时掀起了企业办技工学校的热潮，企业的工人基本来源于自己所开办的学校，由于技工学校学生毕业即有出路，吸引了众多学生报考，这一时期的职业教育发展是比较迅速的。

《中国教育改革和发展纲要》提出职业院校自己利用贷款办企业，强调职业资格证书制度，同时提出职业院校可实行“双师型”教师制。“双师型”教师制即职业院校的专业技能教师实行教师职称和专业技术职称双职称制。

《国务院关于 < 中国教育改革和发展纲要 > 的实施意见》主要涉及的是职业培训，也提出实行职业资格证书制度。

《国务院关于大力推进职业教育改革与发展的决定》提出发展多元办学格局，规定企业与职业学校合作，实行订单培训，合作形式表现为企业为实习学生和实践教师提供实习场所和设备，以及为学校提供兼职教师，或在职业学校建立研究开发机构和实验中心。

《国务院关于大力发展职业教育的决定》提出“改变传统人才培养模式，建立企业接收职业院校学生实习的制度，应为实习学生支付劳动报酬，规定中等职业学校在校学生最后一年要到企业等用人单位顶岗实习，高等职业院校学生实习实训时间不少于半年”。同时规定具体的职业培训金额比例。

《国家中长期教育改革和发展规划纲要 (2010–2020 年)》提出推进校企合作办学制度化，制定校企合作办学法规，应制定对企业的优惠政策，提高企业参与校企合作的积极性，再次提出职业资格证书制度，同时提出完善就业准入制度。

有关职业教育校企合作的行政法规对我国自 1991 年来不同时期、不同形式的校企合作通过法规进行界定，这一系列的行政法规在校企合作内容上越来越具体，都强调大力推行校企合作的培养模式，强调加强学生的生产实习和社会实践，对职业资格证书制度及就业准入制度也有所规定，但此类法规是以文件形式颁布，不具备法律的强制性，在规定中没有保障条款执行的任何处罚措施，缺少对企业的监督制约和激励优惠机制，导致企业可能与学校无实质性合作。

四、有关职业教育校企合作的部门规章

《宪法》第九十条第二款规定："各部、各委员会根据法律和国务院的行政法规、决定、命令，在本部门的权限内，发布命令、指示和规章。"部门规章可以解释为国家最高行政机关所属的各部门、委员会在自己的职权范围内发布的调整部门管理事项的规范性文件。我国涉及职业教育校企合作的部门规章基本是教育部、教育部联合其他相关部委，或财政部、税收总局下发的实施意见或通知。

（一）有关职业教育校企合作内容的部门规章

2003 年，教育部、劳动保障部、国防科工委、信息产业部、交通部、卫生部等六部门联合印发了《关于实施职业院校制造业和现代服务业技能型紧缺人才培养培训工程的通知》，要求行业、企业专家与学校一起按照工作流程和岗位需要共同开发"核心课程与训练项目"，以满足用人单位对专业技能人才的需要。

2004 年教育部等七部委下发的《关于进一步加强职业教育工作的若干意见》指出，"推动产教结合，加强校企合作，积极开展订单式培养"；"行业企业要继续办好职业学校和培训机构，鼓励行业企业与职业学校实行合作办学"；"各地方和行业部门要结合区域、行业发展和劳动力市场的实际需要，制定和实施技能人才培养培训规划"；"通过职业院校培养、企业岗位培训、名师带徒、个人岗位提高相结合的方式，加快培养企业急需的技术技能型人才、复合技能型人才以及高新技术产业发展需要的知识技能型人才"。

2004 年，财政部、国家税务总局《关于教育税收政策的通知》提出，"对政府举办的职业学校设立的主要为在校学生提供实习场所、并由学校出资自办、由学校负责经营管理、经营收入归学校所有的企业，对其从事营业税暂行条例'服务业'

税目规定的服务项目（广告业、桑拿、按摩、氧吧等除外）取得的收入，免征营业税和企业所得税”；“对县级以上人民政府教育行政主管部门或劳动行政主管部门审批并颁发办学许可证，由企业事业组织、社会团体及其他社会和公民个人利用非国家财政性教育经费面向社会举办的学校及教育机构，其承受的土地、房屋权属用于教学的，免征契税”。

2006 年颁布的《教育部关于全面提高高等职业教育教学质量的若干意见》提出，“发挥行业企业和专业教学指导委员会的作用，加强专业教学标准建设。逐步构建专业认证体系，与劳动、人事及相关行业部门密切合作，使有条件的高等职业院校都建立职业技能鉴定机构，开展职业技能鉴定工作，推行‘双证书’制度，强化学生职业能力的培养，使有职业资格证书专业的毕业生取得‘双证书’的人数达到 80% 以上。”

2006 年，教育部《关于进一步深化中等职业教育教学改革的若干意见》要求学校在组织好学生的文化课程和相关专业理论知识的学习的同时，要与企业一起组织好学生技能实习实训的学习，处理好学生“工”与“学”的关系，保证学生顶岗实习的岗位与其所学专业面向的岗位群基本一致。

2006 年财政部、国家税务总局《关于企业支付学生实习报酬有关所得税政策问题的通知》和 2007 年《关于印发〈企业支付实习生报酬税前扣除管理办法〉的通知》规定，合作企业支付给学生实习期间的报酬，准予在计算缴纳企业所得税税前扣除。

2007 年，教育部、财政部下发了《中等职业学校学生实习管理办法》，专门对中职学生实习作出了规定，包括定义什么是“学生实习”，明确了实习的管理体制与制度、学校与企业的相关责任等。

2009 年，教育部办公厅《关于进一步加强中等职业学校实习管理工作的通知》强调学校在组织学生在企业锻炼实习时应就实习事宜与实习单位鉴定协议，共同加强实习基地的建设与管理，保障学生的各项合法权益。

2010 年，教育部印发了新的《中等职业学校专业目录（2010 年修订）》，新目录体现了职业教育对接产业、对接职业、对接职业标准、对接生产过程、对接职业资格证书、关注终身学习的特点。新目录中，中等职业教育专业类由原来的 13 个增加到 19 个，专业数由原来的 270 个增加到 321 个，专业方向由原来的 470 个增加到 920 个，对应职业 1185 个，职业资格证书 720 个，继续学习专业方向 554 个。

2010 年，教育部下发了《教育部关于批准中国铝业公司等十家企业为全国职业教育教师企业实践单位的通知》，确定中国铝业公司、中国电力投资集团公司、神州数码(中国)有限公司、天津渤海化工集团、沈阳鼓风机集团有限公司、北京汽车工业控股有限责任公司、港中旅酒店有限公司、大连华录模塑产业有限公司、净雅集团、北京宅急送快运股份有限公司等十家企业为全国职业教育教师企业实践单位。规定确定为教师企业实践单位的企业要积极支持职业学校教师企业实践活动，提供必需的场所、设备和技术指导人员，加强对教师企业实践的指导和管理。各地教育行政部门和职业学校要主动与企业实践单位联系，签订协议并制定具体的工作方案，大力推动教师企业实践活动的开展。

(二)对有关职业教育校企合作的部门规章的分析

这一系列部门规章鼓励校企合作，提出技能人才培养实行校企合作的多种形式；强调建设专业标准，构建专业认证体系，颁布专业目录，对接职业标准，与行业合作，推行职业资格证书制度；对学校学生实习相关事宜进行规定，保障学生的合法权益，对企业支付实习学生报酬免征所得税；对校企合作的企业提出相关优惠政策，如校企合作相关部分免征营业税和所得税；确定十家企业为全国职业教育教师企业实践的单位，推动职业教育校企合作形式的多样化开展。部门规章内容涉及职业教育校企合作的各主要方面，内容比较具体，对职业院校学生的实习政策作了比较详细的规定，同时对企业参与校企合作规定了一定的优惠措施，在一定程度上激发了企业参与校企合作的积极性。但部门规章与行政法规一样，没有界定企业在校企合作中的主体地位，同样缺乏强制性，在执行中容易出现各种问题，使相关规定无法实施。另外部门规章多是教育部门颁发的，从劳动部门入手对企业方面的规定较少。

五、职业教育校企合作地方性法规和规章

《宪法》第一百条规定：“省、直辖市的人民代表大会和它们的常务委员会，在不同宪法、法律、行政法规相抵触的前提下，可以制定地方性法规，报全国人民代表大会常务委员会备案。”地方性法规指由地方立法机构制定的规范性文件；地方性规章，由省、自治区、直辖市和较大的市的人民政府，根据法律、行政法规和本省、自治区、直辖市的地方性法规来制定。

1998年，原国家教委、国家经贸委和原劳动部联合发布了《关于实施<职业教育法>，加快发展职业教育的若干意见》，随后全国27个省、自治区、直辖市相继

制定了实施《中华人民共和国职业教育法》的法规或条例，以下是地方对职业教育校企合作方面制定的法规与规章。

（一）校企合作地方性法规和规章

2007 年，上海市政府发布了《关于本市推进校企合作培养高技能人才工作的实施意见》，目的是通过建立和实施高技能人才校企合作培养制度，培养、造就一批具备较强实际动手能力和较高综合职业素质的青年高技能人才，实现“明确一个培养机制（订单式培养），取得两张证书（学历证书、职业资格证书），获得政府、企业、家庭三方满意”的社会效应。

2007 年，常州市由教育局、劳动保障局、经贸委、人事局、财政局、国税局、地税局、工商局八部门发布了《关于加强职业教育校企合作办学的指导意见》，主要从共同建立就业实习基地、共同参与职教办学、共同培养技能人才、共同建设实训基地、共同开展技术研发几个方面规定了合作内容和方式。

2009 年，宁波市率先出台了《宁波市职业教育校企合作促进条例》，由宁波市十三届人大常委会第十二次会议于 2008 年 10 月 22 日审议通过，是我国第一部校企合作专门法，2012 年相应制定的《宁波市职业教育校企合作促进条例实施办法》正式实施。2009 年，潍坊市公布了《关于大力推进校企合作加快技能型人才培养的实施意见》;2010 年，江苏省南通市由教育局、发展改革委、人力资源和社会保障局、经济和信息化委、商务局、财政局、国税局、地税局、工商局八部门联合公布了《关于进一步加强职业教育校企合作办学的意见》；2010 年，齐齐哈尔市公布了《关于落实 < 齐齐哈尔市人民政府关于促进校企合作加快技能型人才培养的意见 > 的实施意见》。

2011 年，北京市教育委员会、北京市交通委员会联合制定并下发了《北京市交通行业职业教育校企合作暂行办法》，是国内首个由政府和行业牵头制定的职业教育校企合作制度。依据此办法北京交通行业职业教育将开展校企合作模式，即交通类职业院校与企业在技能、技术型人才培养与职工岗位技能提升培训等方面开展合作；学校将加强对合作企业的调研，了解合作企业用人需求，按照需求调整完善专业设置与课程内容，按照企业岗位工作标准所要求的知识、技能和职业素养，制定技能型专门人才培养方案；学校将建立学生和教师到企业实习、实践的制度，参与校企合作的企业将接受合作院校学生顶岗实习，免收实习费并给予适当的实习补贴；

企业可设立奖学金，冠名品牌班，订单式培养，与职业院校联合建立实习实训基地，合作建设实验室或生产车间。

（二）对职业教育校企合作地方性法规与规章的分析

我国第一个地方性法规出台，其他地方性规章也先后出台。对于我国第一个出台的职业教育校企合作的专门法规——《宁波市职业教育校企合作促进条例》将在本研究后面用专章来进行分析。分析几个地方性规章，可以看出多是从培养机制、学生实习、职业资格证书制度方面进行规定，其结合地方情况，内容更具体，更符合地方经济的特点。但地方性法规没有明确职业院校、企业和政府部门责权利，无法真正保障企业、学校、学生在校企合作阶段的各方权益。各地方应依据基本法与部门法律，尽快出台地方的职业教育校企合作法规，为各地方职业教育的发展提供法律保障。

六、职业教育校企合作相关法律法规

职业教育校企合作相关法律法规涉及《中华人民共和国未成年人保护法》《中华人民共和国劳动合同法》等。

2007 年 6 月 1 日起实行的《中华人民共和国未成年人保护法》，是我国第一部保护未成年人的法律。其第三十八条规定“任何组织或者个人按照国家有关规定招用已满十六周岁未满十八周岁的未成年人的，应当执行国家在工种、劳动时间、劳动强度和保护措施等方面的规定，不得安排其从事过重、有毒、有害等危害未成年人身心健康的劳动或者危险作业”。第四十七条规定“未成年人已经完成规定年限的义务教育不再升学的，政府有关部门和社会团体、企业事业组织应当根据实际情况，对他们进行职业教育，为他们创造劳动就业条件。第四十九条未成年人的合法权益受到侵害的，被侵害人及其监护人或者其他组织和个人有权向有关部门投诉，有关部门应当依法及时处理”。第六十八条规定“非法招用未满十六周岁的未成年人，或者招用已满十六周岁的未成年人从事过重、有毒、有害等危害未成年人身心健康的劳动或者危险作业的，由劳动保障部门责令改正，处以罚款；情节严重的，由工商行政管理部门吊销营业执照”。

本研究中的职业院校包括初等职业学校、中等职业学校和高等职业学校，其在校生包括很多未成年人，这些学生在学校组织的活动或到企业的实习中，都应得到一定的保护，因此，《中华人民共和国未成年人保护法》应有专门的条款对职业教育校企合作中关于未成年人实习的保护规定。

职业教育校企合作中，职业院校学生到企业实习，学生的另一个身份就是企业的劳动者，2007 年 6 月 29 日第十届全国人民代表大会常务委员会第二十八次会议通过的《中华人民共和国劳动合同法》对职业院校在企业实习的学生的合法权益也同样进行保护，实习学生在享受到劳动合同保障的同时，也应遵守合同约定的事项，实现自身的权利，履行自身的义务。

职业教育校企合作涉及的面广，涉及的部门多，因此，应针对职业教育的特殊性，在有关法律法规中对职业教育校企合作中的相关问题进行界定。

第四节　我国职业教育校企合作法律制度建设问题分析

通过对共生理论、战略联盟理论的分析，了解到职业教育校企合作的核心是双赢，必须将学校与企业的利益结合起来达到互惠共生，为此学校与企业会形成战略联盟，而因为学校与企业战略联盟自身的一系列特点，影响学校与企业战略联盟的因素有很多方面，最关键体现在政策、法律及管理制度上，通过法律制度的制定，均衡联盟各方的收益，满足利益主体的需求。运用博弈理论，可以看出，在合作中，学校的收益是显而易见的，而企业因为职业教育投入产出的模糊性，处于相对被动的状态，在法律制度的制定中，政府需重点考虑企业在合作中的责权利，保障企业真正参与到职业教育中。因此，对我国职业教育校企合作法律制度问题的分析需重点从我国目前法律制度的缺失、企业责权利界定方面来进行。

目前，我国以《中华人民共和国职业教育法》为主体，以各部门规章和地方法律为配套的职业教育法律制度体系已经初步形成。从职业教育校企合作方面来看，我国出台了一系列扶持校企合作的法律制度，且处于不断完善发展的过程中。第一，校企合作办学法律制度逐渐具体化。校企合作法律制度从最初的宏观指导逐渐转变为制定具体化的办学方针，学生实习、职业资格证书制度等，并从多方面明确规范校企合作内容与形式。第二，逐步明确企业参与校企合作的优惠与激励措施。国家从最初制定校企合作的办学政策，进一步发展到对参与校企合作办学的企业给予一系列的激励优惠措施，鼓励企业参与职业教育的办学。

我国的职业教育校企合作法律制度体系的建设才起步，并且现有的职业教育法律体系也不完备、不协调，是亟待完善和健全的。通过对湖北省职业教育研究机构负责人，部分中等、高等职业院校负责人及部分企业人力资源部门负责人的访谈，及对我国现有职业教育校企合作法律制度的梳理，可以总结以下几个方面的主要问题。

一、法律制度保障的职业教育校企合作模式没有形成

我国目前职业教育校企合作主要有订单式、校企联合式、工学交替式、校企股份合作式、产学合作式等多种形式，都是在借鉴发达国家的基础上，根据我国各地方的实际情况采用的不同的校企合作形式，其本质同样是强调职业教育校企合作，但由于缺乏一定的法律制度对其进行保障，这些合作形式在具体实施的过程中，往往遇到各种困难，难以真正落实。发达国家如德国、美国、日本等确立某种职业教育校企合作模式后，往往通过一系列法律来对此种模式的实施从制度上进行保障，使得其模式成为各国职业教育发展特色，对各国职业教育的发展起着至关重要的作用。

二、职业教育校企合作法律制度体系不完整

要使职业教育校企合作真正落到实处，必须以立法的形式明确职业院校和企业在校企合作中的责权利，通过法律制度的建设，规范职业教育校企合作。应修订现有职业教育法，出台国家层面的职业教育校企合作条例及相关实施细则，完善职业教育校企合作法律制度体系。

2009 年宁波出台了《宁波市职业教育校企合作促进条例》，这是当时国内唯一一个以促进校企合作为主要内容的法规。2012 年 2 月 1 日又颁布了《宁波市职业教育校企合作促进条例实施办法》，提出了更加明确的解决方案和措施。随后国内一些地方如厦门、深圳、苏州、无锡等地也出台了一些有关校企合作的规章，但这些法律规章还仅仅是一些初步的探索与尝试，尚未构建起完整的法律制度体系。

现存的职业教育校企合作法律制度法律文本少、规章制度多。法律有广义、狭

义两种理解。广义上，法律泛指一切规范性文件；狭义上，仅指全国人大及其常委会制定的规范性文件。在此，法律是指狭义上的法律。大多数对校企合作内容具体的规定都是出自教育管理部门的规章，几乎没有出自劳动管理部门的法律法规，已有的法律制度缺乏可操作性。

法律和规章虽然联系紧密、相辅相成，但是它们毕竟是两种社会规范，各有各的特点和作用，二者不能相互代替。法律比较稳定，规定的内容比较具体、明确和详尽，它不仅告诉人们可以做什么、应该做什么和禁止做什么，而且还规定了违法所应承担的责任，它是由宪法、法律、法规等规范性文件形式表现的。规章一般比较具有原则性和概括性，未被制定或认可为法律规范之前，是由决定、决议、纲领、宣言、通知、纪要等形式表现的。

我国自20世纪90年代以来出台了一系列扶持校企合作的规章制度，其内容对校企合作有一定的指导性和适用性，其发挥的作用远远超过了我国职业教育的相关法律，但规章制度毕竟有其局限性，不具备强制性，也无需承担相应的法律后果。因此要达到真正依法治国、依法治教，就必须不断完善相关法律制度。

三、职业教育校企合作基础性问题界定不清

从现存的职业教育法律体系看，除《中华人民共和国职业教育法》外，还有很多法律法规涉及校企合作办学的一系列问题，但是无论是国家教育行政主管部门还是教育领域的实践，都一直没有界定清楚我国职业教育立法的基础性问题，如对校企合作主体的确定、校企合作立法法律范畴及法律位阶的确定、对职业教育校企合作职业教育内涵的明晰等。现有的有关法律制度对职业教育校企合作涵盖的职业教育范围非常不明确，有的将职业教育和成人教育划为一类，即职成教育，使得职业教育的内涵缩小，职业教育在大众眼中逐步演变成为了成人就业而进行的职业培训或成人就业的技能培养，从而压缩了职业教育的内涵。我国在基本法中规定了职业教育包括学校教育和职业培训两个部分，但从整个立法体系看，涉及职业培训的法律还是归在成人教育领域，分属于不同的行政职能部门管理，并且职业培训类法律政出多门，缺乏统一性和规范性，各个行业及部门都有自己所属的行业职工培训规定。因此，在职业教育立法中，应从概念上清晰界定职业教育的内涵。

四、职业教育校企合作法律制度扶持措施缺失

从我国的法律制度来看，缺失职业教育校企合作的扶持措施。法律制度条文多从宏观层面体现，缺少对企业参与校企合作的优惠政策的落实措施。如《中华人民共和国职业教育法》就企业对本单位员工承担职业教育或培训费用作出了规定，但没有规定企业投入职业教育与培训费用后可获得的相应的经济上的鼓励，没有对企业可获得的相应经济激励（如税收减免）等作出明确、具体的规定；2005 年《国务院关于大力发展职业教育的决定》提出，企业有责任和义务接受职业院校学生实习和教师实践，对企业支付实习学生一定报酬的，给予相应税收优惠；2006 年财政部、国家税务总局《关于企业支付学生实习报酬有关所得税政策问题的通知》指出，凡与中等职业学校和高等院校签订三年以上合作协议的企业，支付学生实习期报酬，准予在计算缴纳企业所得税税前扣除；2007 年《中华人民共和国就业促进法》指出，企业因接受学生实习而从国家或学校取得的补贴收入，应并入企业的应税收入，缴纳企业所得税。这些法律制度在对企业优惠措施方面越来越具体，但企业从成本考虑，追求利益最大化，当企业通过分析或实践认识到这些优惠措施从内容到落实无法充分补偿其校企合作的费用时，将依然缺乏参与职业教育校企合作的兴趣。

因此，需从校企合作实施的细节方面，落实企业在合作中的权利与义务，规定企业校企合作的主体地位，同时明晰校企合作经费来源，加强和落实职业教育校企合作相关扶持措施。

五、校企合作中学生权益无法得到保障

职业教育校企合作中，职业教育学生的培养离不开在企业的实践，且职业教育实习的学生往往属于未成年人，而现有的《中华人民共和国劳动法》以及《中华人民共和国未成年人保护法》等都没有对未成年的实习生在工作中出现的情况进行界定，《中华人民共和国未成年人保护法》只规定了学校对未成年人的保护，没有企业对未成年人在实习期间权益的保障。实习学生的身份在法律层面界定的模糊性，使企业、学校对学生实习相关法律法规的适用存在很大争议。我国《中华人民共和国劳动法》第一章第二条规定，“在中华人民共和国境内的企业、个体经济组织（以下统称用人单位）和与之形成劳动关系的劳动者，适用本法。国家机关、事业组织、社会团体和与之建立劳动合同关系的劳动者，依照本法执行”。依此条款，无法清

晰地界定实习学生为“劳动者”，学生在实习期间的权益保障也无法遵循《中华人民共和国劳动法》的相应条款。《中华人民共和国劳动法》第五条规定，“国家采取各种措施，促进劳动就业，发展职业教育，制定劳动标准，调节社会收入，完善社会保险，协调劳动关系，逐步提高劳动者的生活水平”。其条款对于职业教育的校企合作没有具体规定，更多的是侧重于企业内部的职业培训，对学生实习也没有任何说明。

《中华人民共和国职业教育法》第三十七条规定：“企业、事业组织应当接纳职业学校和职业培训机构的学生和教师实习；对上岗实习的，应当给予适当的劳动报酬。”我国其他的相关政策也对学生实习环节给出了较宏观的原则性指导，但对实习实践的具体操作环节，没有给出相应的具体规定，导致部分企业一是不愿意提供有效实习岗位，提供给学生的是重复的不需要技术含量的简单工作，致使学生实习锻炼机会匮乏；二是为降低成本，企业减少实习学生的报酬与福利，甚至延长实习学生的工时；三是由于实习生不是劳动法规定的劳动者，不能享受《中华人民共和国劳动法》中的工伤保险待遇，当学生在实习期间发生伤害事故时，企业没有相应的法律依据去解决。同时学生因为企业提供的岗位水平低同样不愿意参加校企合作实习工作，使得企业与实习学生校企合作核心的实习实训不能有效实施。

在我国现有的职业教育校企合作中，职业院校与企业缺乏法律意义上的合同与协议，目前的实习协议与合同不规范。大多数职业院校、学生、学生家长对于劳动合同与实习协议欠缺基本的认识，没有认识到签订合同协议对维护实习生合法权益的重要性。因此，明确规范校企合作合同与实习协议，能预防和解决争议，能维护校企双方的权利与义务，能为双方的合作提供法律上的保障。

六、企业在职业教育校企合作中的责权利不明确

我国职业教育校企合作法律制度缺少对企业的责权利的界定，而目前职业教育本身对企业没有任何吸引力，导致企业没有参与职业教育的积极性。首先教育是一种长期行为，其收益有着滞后性，企业的本质是追求利益最大化，必然导致企业因其自身利益而无兴趣投入教育；二是目前我国劳动力廉价，加之劳动力流动性过大，且职业教育培养质量欠缺，必然导致企业忽视对职业教育的关注；三是我国企业大部分处于原始积累期，主要精力与财力放在了发展经济建设上，认为人才培养是国家的事，只愿享受培养成果，不愿过多花费在他们认为的公共事业（教育）的建设中。

因此，需在相关法律制度的修订或制定中，明确企业在职业教育实施中的主体地位，规范企业在其中的责权利，同时发挥行业组织的作用，强调行业组织的引导与协调责任，以保证企业真正参与到职业教育校企合作中。

七、现有法律的法律责任与法律制裁缺失

“法律责任是法理学的基本问题之一，是法律义务履行的保障机制和法律义务违反的矫正机制。法律的强制性要求任何法律文本都必须规定有法律责任。法律责任是指由于公民（自然人）或法人违反了法律的行为而应承担的法律后果。法律责任具有两个特点：法律责任是由公民（自然人）或法人的违法行为引起的法律后果，在法律上有明确、具体的规定；法律责任具有强制性，它表现在以国家权力为后盾的强制（包括行政权力和司法权力等）来保证实施。”[1]根据违法行为所违反的法律的性质，可以把法律责任分为民事法律责任、行政法律责任、经济法律责任、刑事法律责任、违宪法律责任。“当法律责任主体拒绝承担法律责任，国家机关就要利用国家强制力对违法者或违法组织实施教育法律制裁。法律制裁与法律责任有着紧密的联系。法律责任是前提，法律制裁是结果或体现，法律制裁的目的是强制责任主体承担否定的法律后果，惩罚违法者，恢复被侵害的权利和法律秩序。法律制裁在法律规则体系中处于十分重要的位置，集中体现了法律规则的强制性特征。凯尔森认为，制裁是由法律秩序所规定的促使实现立法者认为要有的一定的人的行为。一般认为，法律制裁是由特定的国家机关对违法者依法追究法律责任而实施的强制性惩罚措施。”[2]法律制裁分为刑事法律制裁、民事法律制裁、行政法律制裁、违宪法律制裁。

我国《中华人民共和国职业教育法》共五章40条。涉及企业的条款有第六条、第八条、第十九条、第二十条、第二十二条、第二十三条、第二十八条、第二十九条、第三十五条、第三十七条。在40个条款中与企业有关的占10条，所涉比例较大，应该说国家对职业教育的校企合作有着相当程度的重视，但这10条条款均不具有强制性和实际的可操作性，如第二十九条规定“企业未按本法第二十条的规定实施职业教育的，县级以上地方人民政府应当责令改正；拒不改正的，可以收取企业应当承担的职业教育经费，用于本地区的职业教育。”这一条款相对有一定的处罚，

[1] 黄明东.教育政策与法律[M].武汉：武汉大学出版社，2007：290.
[2] 黄明东.教育政策与法律[M].武汉：武汉大学出版社，2007：335.

但也没有规定收取企业应承担的经费的具体措施和标准，处罚等同于虚设，而其他条款均以一句原则性的表述一带而过，丝毫不具有执行性，同时也不具备任何惩处性。法律规则包括假定条件、行为模式、法律责任与法律制裁。没有适用法律责任与制裁的法律是不健全的法律。

八、职业资格证书制度、就业准入制度执行不严格

我国《中华人民共和国职业教育法》第八条规定，“实施职业教育应当根据实际需要，同国家制定的职业分类和职业等级标准相适应，实行学历证书、培训证书和职业资格证书制度。国家实行劳动者在就业前或者上岗前接受必要的职业教育的制度。”

《中华人民共和国劳动法》第八章第六十九条规定：“国家确定职业分类，对规定的职业资格制度职业技能标准，实行职业资格证书制度，由经过政府批准的考核鉴定机构负责对劳动者实施职业技能考核鉴定。”

1994 年劳动部和人事部联合颁发了《职业资格证书规定》，1999 年颁布了由劳动和社会保障部、国家质量技术监督局、国家统计局联合组织编制的我国第一部《中华人民共和国职业分类大典》，劳动和社会保障部颁布了《国家职业标准》，是从业人员从事职业活动，接受职业教育培训和职业技能鉴定以及用人单位录用、使用人员的基本依据。

2001 年，劳动与社会保障部颁布了《持职业资格证书就业的职业目录》，规定了 90 个行业必须具备职业资格证书才能进入，根据这个目录，行业企业需严格就业准入，行业企业应招聘取得相应的职业学校的学历证书或职业培训合格证书，并取得相应职业资格证书的人员。

我国职业资格证书制度建设有了一定的基础，但也存在几个方面的问题：一是职业资格证书制度缺乏统一的标准；二是缺乏与学历文凭相沟通的国家职业资格框架；三是职业资格证书质量监控缺失，致使证书含金量低，最终也会导致就业准入流于形式；四是就业准入制度立法与执行的缺失。就业准入立法是与职业资格证书紧密配套的，我国《中华人民共和国劳动法》《中华人民共和国职业教育法》和《职业资格证书规定》都没有明确规定就业准入制度。同时由于管理部门多，缺乏监管力度及强制惩处细则，致使有证的无法上岗，上岗的没有证书，企业宁愿招收无任何职业教育基础的工人以降低成本，导致企业缺乏参与校企合作的积极性，最终使

职业教育校企合作流于形式。

九、职业教育法律制度执法监督不完善

“职业教育执法监督是指国家权力机关、行政机关、法律法规授权的组织和行政机关委托的组织依据法定程序和法定权限对职业教育法的实施进行的监督检查、对违反职业教育法行为进行处罚。”[1]我国现行的职业教育单行法《中华人民共和国职业教育法》中没有法律责任及监督检查的部分，职业教育基本法《中华人民共和国教育法》及《中华人民共和国劳动法》规定了法律责任及监督检查，但不是针对职业教育中的种种情况设定的，职业教育因其特殊性，《中华人民共和国教育法》及《中华人民共和国劳动法》的相应条款很难适用到职业教育当中。

我国《中华人民共和国职业教育法》第十一条规定，“国务院教育行政部门负责职业教育工作的统筹规划、综合协调、宏观管理。国务院教育行政部门、劳动行政部门和其他有关部门在国务院规定的职责范围内，分别负责有关的职业教育工作。县级以上地方各级人民政府应当加强对本行政区域内职业教育工作的领导、统筹协调和督导评估”。由此可知，我国职业教育管理归属于多个主体，即国务院教育行政部门、劳动及其他职能部门、各级地方人民政府。从理论上讲，对职业教育法的管理监督应该是全方位的。但实际上，在职业教育相关法律制度中，缺乏对劳动行政部门及相关职能部门在职业教育校企合作中的职权的清晰表述。因此，管理监督权限实际上是谁办学谁管理谁监督，法律的执行与监督缺乏来自外部的力量。

职业教育因为校企合作的需求，涉及的部门多，管理主体多，需要从不同的角度进行规范，而目前我国基本上缺失国家层面的职业教育校企合作专门立法，并且现有的整个职业教育法律体系层次不清、效力不明，导致职业教育管理主体认为法律没有规定其职能权限，难以真正参与到职业教育管理中，严重影响了现有职业教育法律制度的适用。“教育行政部门对职业教育主体的监督表现在两个方面，一是行政部门对职业教育实体的监督。此种监督主要是通过教育评估的方式来进行。但是，由于教育评估是自愿申请的，对于处于‘二流教育’的职业教育实体而言，评估投入大而作用不显著，因此吸引力不大。二是教育行政机关对企业等其他社会主体的监督，由于他们两者之间非隶属关系，法律又没有强制措施，因此，此种监督

[1] 李德华，付大学.我国《职业教育法》执法监督制度的完善[J].高等职业教育.天津职业大学学报，2010(02):4-6.

也流于形式。”[1]

十、职业教育校企合作法律救济制度没有建立

“法律救济就是赔偿或补偿法律关系主体受到的损失，通过这种赔偿或补偿，旨在把物或人恢复到违约或违法侵权行为发生前它们所处的状态，恢复受侵犯的合法权利。”[2]“法律救济的存在以权利为前提,没有权利就无所谓救济；权利的存在也以救济为前提,因为一种无法许诺法律救济的权利根本就称不上真正的法律权利。”[3]要保障职业教育校企合作各方的权利，就应建立相应的法律救济制度。

我国目前只有《中华人民共和国教育法》规定了对学生的救济制度,《中华人民共和国教师法》规定了对教师的救济制度,而现有的《中华人民共和国职业教育法》及其他职业教育相关法律制度均没有建立职业教育校企合作法律救济制度，没有对教师、学生、参与企业各方的权利进行保障。

[1] 杨柳.我国职业教育法制的问题及完善对策研究[D].武汉:华中师范大学,2007:28.

[2] 黄明东.教育政策与法律[M].武汉:武汉大学出版社,2007:368.

[3] 黄明东.中、美、法高校教师法律地位比较研究[M].武汉:武汉大学出版社,2011:306.

第四章

我国职业教育校企合作专门性立法个案分析

——《宁波市职业教育校企合作促进条例》

宁波市十三届人大常委会第十二次会议于2008年10月22日审议通过《宁波市职业教育校企合作促进条例》，2009年3月1日开始施行，该条例是我国第一部有关职业教育校企合作方面的法规，是我国校企合作有法可依的开端，是我国结合地方实际需求制定的一部具有首创性质的有关职业教育校企合作的地方性法规。该条例明确了职业教育校企合作政府、学校、企业利益三方的责权利，为职业院校和企业合作培养高素质技能人才，促进校企合作深入、健康地开展提供了法律保障。2011年，又颁布了《宁波市职业教育校企合作促进条例实施办法》，进一步保障职业院校与企业在职业教育中的合作。校企合作是我国职业教育改革的重要内容，国家对校企合作、工学结合制定了相应的指导方针及原则，但校企合作缺乏制度保障，缺少活力动力，仍然制约着职业教育的发展。随着职业教育越来越多地影响地方经济发展，越来越受到社会各界的关注，各地方政府也纷纷意识到法律制度对职业教育发展的重要性，继《宁波市职业教育校企合作促进条例》颁布后，2013年，邯郸市第十四届人民代表大会常务委员会第三次会议通过了《邯郸市职业教育校企合作促进条例》，2014年6月1日起施行。我国其他各地方也都相应出台了职业教育校企合作促进条例草案及职业教育校企合作促进办法。

第一节 《宁波市职业教育校企合作促进条例》分析

一、《宁波市职业教育校企合作促进条例》出台背景

宁波位于浙江省东部，长江三角洲南翼，是全国15个副省级城市和5个计划单列市之一，是浙江省第二大城市，是浙江的三大经济中心之一，是有制定地方性法规权力的较大的市，属于进一步对外开放的十四个沿海开放城市之一。宁波港是中国货物吞吐量第一大的港口，集装箱吞吐量则在2010年首次跃居第3位。宁波拥有长期的经商传统，宁波商帮是全国闻名的商帮。航运和对外交流历史悠久，最早可以上溯至战国，是海上丝绸之路的重要门户。

（一）《宁波市职业教育校企合作促进条例》出台前宁波国民经济和社会发展

"2008年，宁波市实现生产总值（GDP）3964.1亿元，按可比价格计算，比上年增长10.1%。其中第一产业增加值167.4亿元，增长4.1%；第二产业增加值2196.7亿元，增长10.0%，其中工业增加值1990.5亿元，增长10.4%；第三产业增加值1600.0亿元，增长11.0%。第三产业增加值占全市生产总值的比重达40.4%，上升0.1个百分点，三次产业的比重从2007年的4.4：55.3：40.3变为2008年的4.2：55.4：40.4。人均生产总值为69997元（按年平均汇率折算为10079美元）。全年宁波市新登记内资企业16896家，注册资本304.5亿元；新登记外商投资企业332家，投资总额31.6亿美元，注册资本24.0亿美元；新登记个体工商户49104户，资金额22.6亿元。年末实有内外资企业129545家，其中内资企业123050家，外商投资企业6495家，个体工商户264114户。全年宁波市实现财政一般预算收入810.9亿元，比上年增长12.0%。其中中央财政收入420.5亿元，增长6.5%，地方财政收入390.4亿元，增长18.6%。完成地方财政一般预算支出439.4亿元，增长18.4%。其中一般公共服务、教育、医疗卫生、社会保障和就业、环境保护、城乡社区事务等分别支出71.8亿元、67.1亿元、29.1亿元、33.5亿元、6.0亿元和56.3亿元，分别增长13.2%、13.7%、29.2%、32.3%、42.9%和27.6%。2008年500余家企业与高校

建立了合作关系，十大应用型人才培养基地和实习实训基地加快建设。”[1]

“2009年宁波市实现GDP 4214.6亿元，按可比价格计算比上年增长8.6%，比一季度、上半年和前三季度分别回升7.6、4.0、2.0个百分点。其中，第一产业实现增加值183.8亿元，比上年增长4.1%，增速与上年持平；第二产业实现增加值2247.8亿元，增长5.4%，回落4.6个百分点，其中工业增加值2006.6亿元，增长4.1%，回落6.3个百分点；第三产业实现增加值1783.0亿元，增长13.3%，上升2.3个百分点。三次产业的比重为4.4：53.3：42.3，第三产业占比比上年提高1.9个百分点。人均生产总值为73998元(按年平均汇率折算为10833美元)。全年宁波市实现财政一般预算收入966.2亿元，比上年增长19.2%。其中中央财政收入533.4亿元，增长26.9%，地方财政收入432.8亿元，增长10.9%。完成地方财政一般预算支出506.1亿元，增长15.1%。其中一般公共服务、公共安全、教育、科学技术、医疗卫生、城乡社区事务、农林水事务、交通运输等分别支出76.6亿元、37.9亿元、77.1亿元、17.0亿元、30.6亿元、64.8亿元、35.5亿元和35.3亿元，分别增长6.8%、10.2%、14.9%、9.4%、5.3%、15.0%、16.3%和45.0%。”[2]

(二)《宁波市职业教育校企合作促进条例》出台前职业教育校企合作状况

随着社会经济的发展，社会越来越认识到职业教育的重要性，对职业教育的需求也越来越多，职业教育的人才培养形式也越来越多样化。近年来，宁波市“共举办‘订单式’培养的班级120余个，参与合作的企业500多家，组建各种类型的职业教育集团9个，建立实习实训基地30多个。”[3]“宁波市市职业院校通过开展‘牵手百家企业’等活动，校企合作的数量、规模呈上升趋势。据统计，宁波市23所省一级以上重点职业学校已与453家企业建立了长期合作关系，最多学校达到48家，最少4家，其中年产值或营业额在亿元以上的企业有125家；7所高职院校已与1020多家企业建立了长期合作关系，最多学校达到400家，最少70家，其中年产值或营业额在亿元以上的企业有140家。被调查的47家企业，2004年至2006年共为23所合作院校直接投入资金总额达到5126万元，其中设备设施投入价值2201

[1] 2008年宁波市国民经济和社会发展统计公报[EB/OL]. 浙江在线新闻网站http://zjnews.zjol.com.cn/05zjnews/system/2009/01/22/015201938.shtml，2009年01月22日.

[2] 2009年宁波市国民经济和社会发展统计公报[EB/OL].宁波市统计局 中国宁波网http://www.cnnb.com.cn，2010年02月01日.

[3] 崔秀玲. 关于《宁波市职业教育校企合作促进条例》的说明[J]. 浙江人大公报版，2009(01)：61.

万元；仅2006年，企业专业技术人员参与合作院校授课（兼课）的有139人。”[1]

宁波市的职业教育校企合作取得了较大的进展，但在职业教育校企合作发展中也出现了许多困难和问题，我国目前还没有职业教育校企合作专门的法律制度，在职业教育校企合作的进行中还缺乏具体的法律依据来解决合作中的种种问题，保证校企合作的顺利实施。

1. 企业缺乏参与的主动性

浙江省宁波市教育局严新乔在其调研文章中指出，“从调查中可以发现，相当数量的企业缺乏参与职业教育的热情和责任。由于目前我国人力资源市场相当丰富，特别是科技含量低的中小型企业，即使不通过校企合作也可以获得大量廉价的劳动力，再加上学生实习肯定会给企业带来额外的负担，特别是职业院校学生会影响企业安全管理、产品质量等，这也是众多企业对校企合作缺乏热情的主要原因。所以企业在与职业院校的合作内容方面是有所选择的，问卷从企业与职校合作的九个举措的响应程度（从“非常愿意”到“不愿意”三个梯度）来看，39家企业中就有6家企业“不愿意”为学校提供教学设备，有10家企业“不愿意”向学校提供教育培训经费（见表4-1）。有的企业即使接纳了学生实习，也不安排关键技术岗位，学生缺乏真刀真枪锻炼的机会，实践技能难以提高。”[2]

表4-1　合作企业与职业院校在有关方面开展合作的情况统计[3]

企业态度 / 百分比 / 合作形式	非常愿意	愿意	不愿意	缺失变量	合作意愿度
联合科技攻关解决技术难题	20.9	47.1		32	68
与学校签订订单培养协议	32.4	43.3	10	14.3	75.7

2. 学校缺乏校企合作的能力

“校企合作的关键是校企双方要互惠双赢，在促进学校教育教学质量提升和办

[1]　苏善生.《宁波市职业教育校企合作促进条例》2009年3月1日起实施[EB/OL]. 东南商报http://daily.cnnb.com.cn/dnsb/html/2009-02/28/content_66209.htm，2009年2月28日.

[2]　严新乔.推进校企合作服务区域经济——宁波市职业教育校企合作现状调查报告[J].职教论坛，2008（23）：4.

[3]　严新乔.推进校企合作服务区域经济——宁波市职业教育校企合作现状调查报告[J].职教论坛，2008（23）：4.

学目标实现的同时，职业院校要把人才、技术和科研成果转化为经济效益，给企业带去实实在在的利益。由于受职业院校自身办学水平的制约，大部分职业院校只是寻求企业在资金、场地、设备方面的资助，或寻求在毕业生的实习与就业等某些项目上实行合作（见表4–2）。像宁波职业技术学院这样拥有国家级现代教育技术培训基地的尚为少数，导致企业不愿花较大的精力和财力参与合作教育，致使双方无法开展深入的合作。”[1]

表4–2 职业院校服务企业的主要形式和内容[2]

选项根据特殊需求	提供顶岗实习生	开展员工培训	提供人才培养	技术服务
选择比例（%）	86.4	81.8	59.4	0.9

3. 校企合作缺少相应法律政策

“目前校企结合带有明显的自发性、民间性，缺乏足够的政府财政和政策支持。尽管国家、省特别是宁波市政府出台了《关于加快构建服务型教育体系增强服务地方经济社会能力的若干意见》（甬政发（2005）74号）、《关于加快构建服务型职业教育体系的若干意见》（甬政发（2006）91号）等文件，都特别强调校企合作的重要性，对推进校企合作都提出了明确要求，但都缺乏具体的保障性条例，法律保障措施不力。诸多具体困难如职业院校学生在实习实训期间发生的工伤事故如何妥善处置、企业知识产权如何保护、给企业税收优惠政策如何落实等都没有可操作性细化的法律规定，造成了学校、企业的忧虑。全市目前还没有专门的校企合作协调机构，从调查结果来看（见表4–3），缺乏相应的政策引导、缺乏合作机制、缺乏校企双方交流的平台、企业利益得不到保证等因素不同程度地影响着校企合作的有效开展，而要改变这种局面，离不开各级政府部门、行业主管部门的指导与支持。为实现职业教育与经济社会共进共荣，基层学校和企业都一致要求，健全配套法规，引导和激励校企合作，建立长效机制。”[3]

[1] 严新乔.推进校企合作服务区域经济——宁波市职业教育校企合作现状调查报告[J].职教论坛，2008(23):5.

[2] 严新乔.推进校企合作服务区域经济——宁波市职业教育校企合作现状调查报告[J].职教论坛，2008(23):5.

[3] 严新乔.推进校企合作服务区域经济——宁波市职业教育校企合作现状调查报告[J].职教论坛，2008(23):5.

表4-3 影响校企合作的主要因素统计表[1]

选项	调查单位数	缺乏政府相应的政策引导	企业利益得不到保证，缺乏积极性	缺乏合作机制	缺乏校企双方交流	学校缺乏主动性
合作学校选择比	30 所	76.7	40.9	60	45.5	
合作企业选择比	47 家	70.2	40.3	19.1	30.9	
没有开展校企合作	39 家	92.3	41	12.8	33.3	0.5

随着校企合作的不断展开，宁波市开始思考为校企合作寻求保障，使之有更加健全的发展空间。宁波市针对校企合作中的具体问题，力图建立校企合作的保障机制，加强政府对校企合作的引导、鼓励和扶持等。在此背景下，宁波市出台了我国第一部职业教育校企合作专门法规，虽然是一部地方性校企合作法规，但为我国国家层面上的职业教育校企合作专门立法提供了可借鉴的样本，有了可行性的探索，为我国职业教育校企合作法律制度体系的构建奠定了基础。

二、《宁波市职业教育校企合作促进条例》实施后的现状

《宁波市职业教育校企合作促进条例》实施后，宁波市的经济运行呈现“低开、稳走、缓升”的发展态势，宁波市职业教育校企合作不断创新，发展迅速。

（一）《宁波市职业教育校企合作促进条例》实施后的宁波国民经济和社会发展

“2011 年宁波市实现地区生产总值 6010.48 亿元，按可比价格计算，比上年增长 10.0%。其中，第一产业实现增加值 255.76 亿元，增长 4.0%；第二产业实现增加值 3335.37 亿元，增长 10.0%；第三产业实现增加值 2419.35 亿元，增长 10.7%。三次产业的比重为 4.2 ： 55.5 ： 40.3，第三产业增加值占地区生产总值比重比上年提高 0.1 个百分点。按户籍人口计算人均生产总值为 104485 元，按常住人口计算人均生产总值为 77983 元（按年平均汇率折算分别为 16177 美元和 12074 美元）。”[2]

“2012 年宁波市实现地区生产总值 6524.7 亿元，按可比价格计算，比上年增长 7.8%。其中，第一产业实现增加值 270.0 亿元，增长 1.6%；第二产业实现增加值 3516.7 亿元，增长 6.0%；第三产业实现增加值 2738.0 亿元，增长 10.9%。三次

[1] 严新乔.推进校企合作服务区域经济——宁波市职业教育校企合作现状调查报告[J].职教论坛，2008（23）：5.

[2] 2010年宁波市国民经济和社会发展统计公报[EB/OL]. 宁波市统计局 中国宁波网http://www.cnnb.com.cn，2011年01月28日.

产业之比为 4.1 ： 53.9 ： 42.0，第三产业增加值占地区生产总值比重比上年提高 1.5 个百分点。按常住人口计算人均生产总值为 85475 元（按年平均汇率折算为 13541 美元）。全年宁波市完成公共财政预算收入 1536.5 亿元，比上年增长 7.3%，其中地方财政收入完成 725.5 亿元，增长 10.3%，增速比上年分别下降 14.9 和 13.5 个百分点。在地方税收中，营业税、增值税、企业所得税、个人所得税分别增长 20.3%、11.3%、6.7% 和 6.9%。完成公共财政预算支出 828.4 亿元，增长 10.4%，增速同比下降 14.6 个百分点。财政支出继续向民生领域倾斜，全市财政用于民生支出 548.5 亿元，增长 13.5%，增速快于公共财政预算支出 3.1 个百分点，占财政支出的比重为 66.2%，同比提高 1.8 个百分点，其中社会保障和就业支出 79.0 亿元，增长 34.8%，增速最快；教育支出 141.7 亿元，占民生支出比重最高，达 25.8%，增长 20.4%，增速居第三位。2012 年普职比为 1 ： 1，全年完成成人‘双证制’培训毕业人数 8445 人，农村预备劳动力职业技能培训人数 2323 人。”[1]

“2013 年宁波市实现地区生产总值 7128.9 亿元，按可比价格计算，比上年增长 8.1%。其中，第一产业实现增加值 276.4 亿元，下降 1.2%；第二产业实现增加值 3741.7 亿元，增长 8.2%；第三产业实现增加值 3110.8 亿元，增长 8.8%。三次产业之比为 3.9 ： 52.5 ： 43.6，第三产业增加值占地区生产总值比重比上年提高 1.1 个百分点。按常住人口计算人均生产总值为 93176 元 (按年平均汇率折算为 15046 美元)。全年宁波市完成公共财政预算收入 1651.2 亿元，比上年增长 7.5%，其中地方财政收入完成 792.8 亿元，增长 9.3%。在地方税收中，营业税、增值税、企业所得税、个人所得税分别增长 10.8%、3.0%、9.4% 和 10.5%。完成公共财政预算支出 939.9 亿元,增长 13.5%。其中交通运输支出 71.0 亿元,增长 40%;节能环保支出 14.8 亿元，增长 25.2%；社会保障和就业支出 97.6 亿元，增长 23.5%；科学技术支出 37.6 亿元，增长 15.9%；农林水事务支出 80.4 亿元，增长 11.3%。2013 年宁波市新增就业人员 16.1 万，7.6 万名失业人员实现再就业，其中困难人员再就业 2.2 万。引导高校毕业生到企业、到基层就业创业，高校毕业生就业率达到 98%。职业教育校企合作公共服务平台‘校企通’正式上线，全市 72 所院校加入服务平台，6100 家企业发布供求信息。2013 年，中职学校 55 所，在校学生 7.8 万人。”[2]

[1] 2012年宁波市国民经济和社会发展统计公报[EB/OL]. 宁波日报http://gtog.ningbo.gov.cn/art/2013/2/4/art_11786_970507.html ,2013年02月04日.

[2] 2013年宁波市国民经济和社会发展统计公报[EB/OL]. 中国宁波网 http://www.cnnb.com.cn, 2014年01月30日.

"2014 年全市实现地区生产总值 7602.51 亿元，按可比价格计算，比上年增长 7.6%。其中，第一产业实现增加值 275.18 亿元，增长 1.9%；第二产业实现增加值 3935.57 亿元，增长 7.9%；第三产业实现增加值 3391.76 亿元，增长 7.6%。三次产业之比为 3.6 ∶ 51.8 ∶ 44.6。按常住人口计算，全市人均地区生产总值为 98972 元(按年平均汇率折合 16112 美元)。全年宁波市一般公共预算收入 860.6 亿元，比上年增长 8.6%。一般公共预算支出 1000.9 亿元，增长 6.5%，其中教育、医疗卫生与计划生育、节能环保、城乡社区支出分别增长 7.5%、10.5%、28.8% 和 22.2%。2014 年新建技能大师工作室 16 家，累计 38 家；新建高技能人才公共实训基地 3 个，新增高技能人才 2.9 万人，总量达 26.3 万人。"[1]

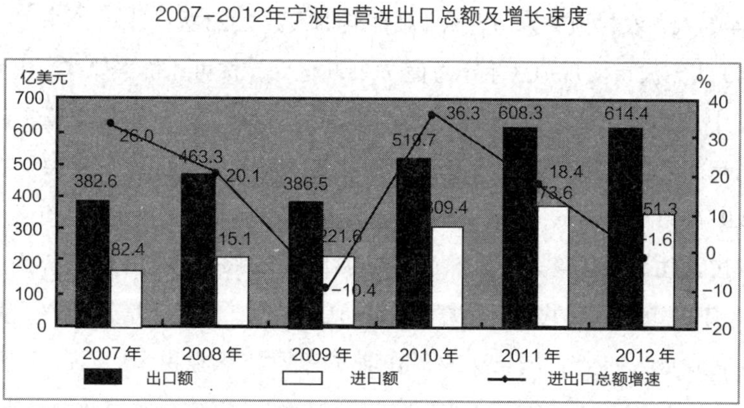

图4-1　2007-2012年宁波自营进出口总额及增长速度[2]

[1]　2014年宁波市国民经济和社会发展统计公报[EB/OL]. 宁波日报A8版http://www.nbrb.com.cn/html/szxw/zwrj/2015/0130/205248.html，2015年01月30日.

[2]　2012年宁波市国民经济和社会发展统计公报[EB/OL]. 宁波日报http://gtog.ningbo.gov.cn/art/2013/2/4/art_11786_970507.html，2013年02月04日.

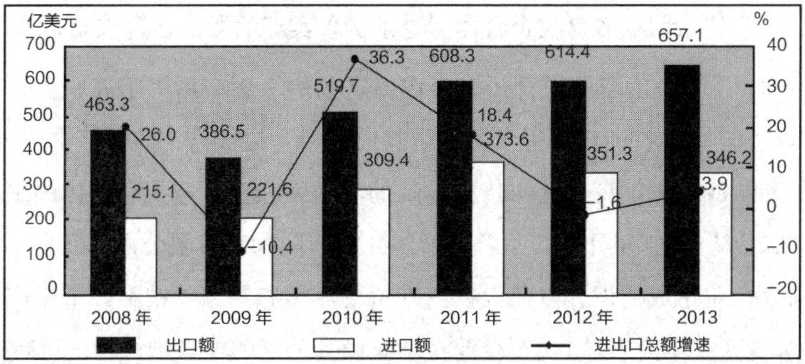

图 4-2 2008-2013 年宁波自营进出口总额及增长速度 [1]

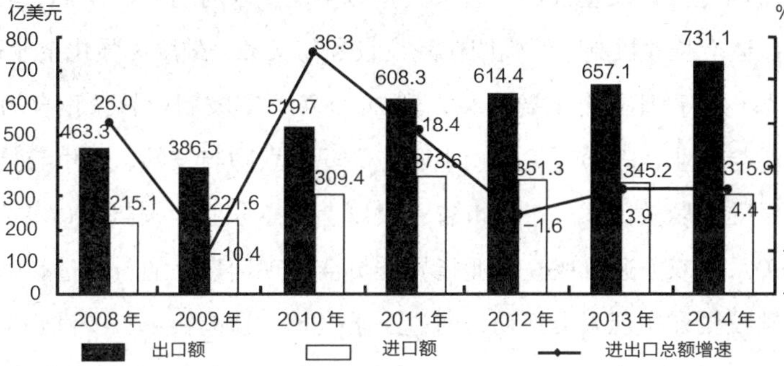

图 4-3 2008-2014 年宁波自营进出口总额及增长速度 [2]

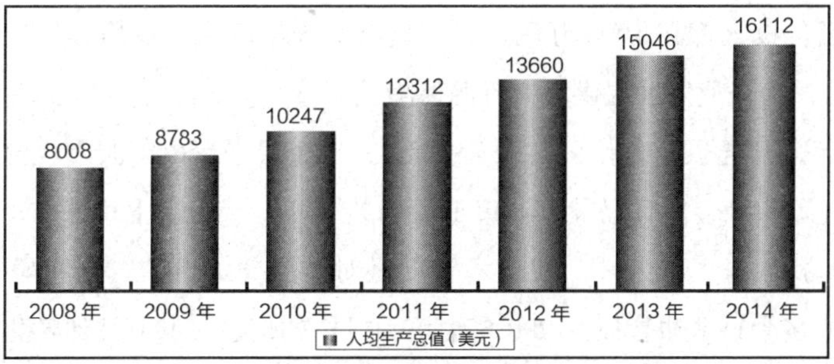

图4-4 2008-2014年人均生产总值（美元）[3]

---

[1] 2013年宁波市国民经济和社会发展统计公报[EB/OL]. 中国宁波网http://www.cnnb.com.cn，2014年01月30日.

[2] 2014年宁波市国民经济和社会发展统计公报[EB/OL]. 宁波日报A8版http://www.nbrb.com.cn/html/szxw/zwrj/2015/0130/205248.html，2015年01月30日.

[3] 2014年宁波市国民经济和社会发展统计公报[EB/OL]. 宁波日报A8版http://www.nbrb.com.cn/html/szxw/zwrj/2015/0130/205248.html，2015年01月30日.

（二）《宁波市职业教育校企合作促进条例》实施后职业教育校企合作状况

2009 年，《宁波市职业教育校企合作促进条例》颁布后，宁波职业教育校企合作发展迅速，典型的有浙江万里学院“全媒体理念”的合作，2009 年 4 月 20 日，《东南商报》和浙江万里学院文化与传播学院的出版系联合打造了全媒体的出版物——《宁波社区》；从 2009 年开始，学院与浙江九龙国际物流有限公司、北京诺宝来科技有限公司等企业达成共识，以建设校内外贸物流类和网络营销类二个生产性实训基地为载体，建立“校中厂”，按照企业在学校设分公司的模式进行管理运行；2010 年，宁波天一职业技术学院与解放军第 113 医院共建康复医学“产学研”中心。

“《宁波市职业教育校企合作促进条例》对于建立政府引导、校企互动、行业协调的校企合作运行长效机制，明确职业院校权利与义务，鼓励和强化企业社会责任，明确政府各部门职责都具有重要意义。到 2010 年，宁波职业教育正全力构建学校与企业、专业与产业、教学与生产、中职与高职、教师与技师、学生与员工充分融合、衔接顺畅的大职教体系。宁波市省一级以上重点职业学校与 400 多家企业建立了长期合作关系，双方通过成立专业指导委员会实现信息互通，通过教师到企业锻炼、技师进学校授课实现人员互动，通过工学交替、顶岗实习、项目研发、技术攻关实现设备共享，通过首批建在企业的 4 个实习实训示范基地实现基地共建。同时，宁波市在职业院校建立了机械数控、商贸物流、建筑等 10 大实习实训基地，每个基地设施设备投入都在 1000 万元左右，具有在 5 年内为企业培养培训 2 万名技术工人的能力，为企业发展提供人力资源保障。”[1]

2012 年，开通校企合作公共服务平台，“校企通平台由宁波市教育局主办，宁波市人力资源和社会保障局及宁波市工商局共同联办，为学生找工作、找培训、找实习，企业找服务、找人才、找技术等提供对接服务。目前数据库囊括了宁波 72 所院校、50 多个行业协会以及 200 多个培训机构的信息，共有注册学生 9000 余名，注册企业 8709 家，发布了 20543 条岗位信息。”[2]

但在开展职业教育校企合作的过程中，仍然存在一些亟待解决的问题，宁波市教育局根据《宁波市职业教育校企合作促进条例》，起草了《宁波市职业教育校企

[1] 朱振岳. 宁波职教打造校企深度合作模式 实现“四合一”[EB/OL]中国教育新闻网—中国教育报 www.jyb.cn. 2010年10月17日.

[2] 史望颖. 浙江宁波打造职业教育校企合作公共服务新平台[EB/OL]. 中国教育新闻网—中国教育报www.jyb.cn. 2013年10月30日.

合作促进条例实施办法》，于2012年2月1日起正式施行。《宁波市职业教育校企合作促进条例实施办法》对《宁波市职业教育校企合作促进条例》的有关内容作了相应的补充规定和强调，《宁波市职业教育校企合作促进条例实施办法》进一步规定了企业承担接纳职业院校师生实习实训的义务，详细规定了合作企业与学校双方的责权利，并规定合作企业须为所有实习学生办理学生实习责任保险，明确了学生实习中的每天工作时限及禁止安排学生实习的岗位，规定了学生实习协议的签署主体为学校、实习企业、学生或学生家长，还规定了学生实习期间的报酬。《宁波市职业教育校企合作促进条例实施办法》对《宁波市职业教育校企合作促进条例》中出台的校企合作发展专项资金的使用管理也作出明确规定。

三、《宁波市职业教育校企合作促进条例》条款解读

《宁波市职业教育校企合作促进条例》对于我国职业教育校企合作法律制度建设有着极强的借鉴意义，对《宁波市职业教育校企合作促进条例》进行详细解读，可以找出其中值得借鉴的亮点和在今后的相关立法中需要注意和改进的部分，现就这部法律的条款进行详细的分析解读。

《宁波市职业教育校企合作促进条例》共二十四条。

第一条阐述了制定本条例的意义。

第二条明确了该条例中职业教育校企合作的概念及所涵盖的范围，"本条例所称的职业教育校企合作，是指职业院校与相关企业在人才培养与职工培训、科技创新与技术服务、资源共享与共同发展等方面开展的合作。"

"本条例所称的职业院校，是指国家或社会力量依法举办的高等职业院校、中等职业学校等。"

第三条规定了条例适用的范围。

第四条阐述了职业教育校企合作遵循的原则。

第五、六条界定了当地政府在职业教育校企合作中所担负的责任，"市和县（市）、区人民政府应当鼓励、支持和促进职业教育校企合作，建立政府引导、校企互动、行业协调的校企合作运行机制"；"市和县（市）、区人民政府教育行政部门负责本行政区域内的职业教育校企合作促进工作，劳动、人事、发展和改革、经济、贸易、财政、税务、科技、农业等行政部门在各自职责范围内，负责校企合作促进的有关工作"。规定了职业教育校企合作政府方面参与的多个主体，涉及的不仅是教育行

政部门，还包括劳动、财政、税务等多个行政部门，“市和县（市）、区人民政府应当建立职业教育联席会议制度，统筹协调本地区校企合作的规划、资源配置、经费保障、督导评估等工作。”提出建立职业教育联席会议制度。

第七、八条界定了职业院校在职业教育校企合作中所担负的责任，“职业院校应当根据经济社会发展和市场需求，主动与企业在学生实习、专业设置与课程开发、订单式教育与就业推荐、师资交流与培训、职工培训与继续教育等方面开展合作。”鼓励职业院校与企业开展合作项目，一方面充分发挥其教育职能，参与企业的技术改造、技术培训、产品研发、科技攻关、科技推广等项目，促进科技成果转化。另一方面，吸纳企业在实践操作方面的优势，聘请企业的工程技术人员和有经验的师傅兼任院校专业理论课教师或实习实践指导教师，使企业能参与到职业院校的教学改革中。“职业院校应当建立学生和教师到企业实习、实践制度。职业院校在校学生应当到企业或生产服务岗位参加上岗实习，专业教师到企业或生产服务岗位实践每两年不少于两个月。职业院校应当加强对实习学生和实践教师的职业道德教育和安全教育，为实习学生统一办理意外伤害保险，并指派指导教师。实习学生和实践教师应当遵守企业规章制度和劳动纪律，保守企业商业秘密。”从条款可以看出职业院校的责任都是关于如何寻求与企业开展合作方面的。

第九、十、十一条界定了企业在职业教育校企合作中所担负的责任，“鼓励企业与职业院校开展多种形式的合作办学；鼓励企业设立职业教育奖学金、助学金。有条件的企业可以与职业院校联合建立实习实训基地，合作建设实验室或生产车间，合作兴办技术创新机构，合作组建职业教育实体或其他形式的产学研联合体，共同参与新兴产业基地建设。企业应当接纳职业院校学生实习和教师实践；对上岗实习的，应当给予适当的劳动报酬。企业应当按照与职业院校签订的合作协议，为实习学生和实践教师提供实训场地、设备设施，安排指导人员，做好实习、实践前的安全培训工作和实习、实践期间的劳动保护、安全等工作。禁止企业安排实习学生从事不符合实习特征或者与实习内容不一致的劳动生产。”在条款中，还涉及企业内部职工继续教育的规定，规定企业可以通过举办职业院校或委托职业院校等形式，为在岗职工或准备上岗的职工实施职业技能教育。《宁波市职业教育校企合作促进条例》共二十四条，其中用较大的篇幅来阐述企业的责任，可见企业在职业教育校企合作中所处的重要地位。

第十二条界定了行业组织在职业教育校企合作中的责任，“行业组织应当引导和鼓励本行业企业与职业院校开展校企合作，并发挥行业资源、技术、信息等优势，参与校企合作项目的评估、职业技能鉴定及相关管理工作。”

第十三条、十四条规定了职业教育校企合作发展专项资金的用途及获得的依据。

第十五条明确了对参与职业教育校企合作企业的一定形式的税收优惠，“企业发生的职工教育经费支出和用于职业教育事业的公益性捐赠支出，可以按照国家规定在计算企业应纳税所得额时扣除。企业委托职业院校开发新产品、新技术、新工艺发生的研究开发费用，可以按照国家规定享受企业所得税优惠。”

第十六、十七、十八、十九条阐述了政府相关部门对区域内的职业院校与企业开展职业教育校企合作的扶持和服务，其中涉及教育、劳动、人事、发展和改革、经济、贸易、农业、科学技术等众多行政部门。

第二十、二十一、二十二、二十三条阐明了职业教育校企合作中的相关部门、学校、企业违法的法律责任及所承担的法律制裁，其中第二十、二十一条“职业院校、企业违反有关规定，侵害实习学生、教师合法权益的，应当依法承担相应的法律责任”；“职业院校学生、教师在实习实践期间发生安全事故的，依照国家有关规定处理。职业院校实习学生和实践教师侵害企业商业秘密的，依照国家有关规定处理”。虽然阐明了法律责任，却没有具体的法律制裁措施。

第二节　《宁波市职业教育校企合作促进条例》的启示

《宁波市职业教育校企合作促进条例》的颁布，为校企合作专门性立法提供了可行性先例。共生理论指出“斗争—妥协是共生的方式，法律是共生的度”，在校企合作这种共生模式中，通过制定法律制度来协同共生双方的利益，保证共生各方的双赢。结合博弈论对职业教育校企合作中政府、企业、学校三方的博弈分析，可以得出政府关联学校与企业之间的利益，在校企合作中的各方利益是通过政府的政策支持来保障均衡的，政府颁布的法律制度对职业教育校企合作的健康发展起着至关重要的作用。

现对职业教育校企合作的地方性法规文本《宁波市职业教育校企合作促进条例》进行解读分析，可以从两个方面来看待该条例。

一、《宁波市职业教育校企合作促进条例》的经验

作为我国第一部职业教育校企合作的专门立法，它首次对职业教育校企合作的概念及涵盖的范围做出了界定，对校企合作各参与方的责权利作了规定，并明确了相应违法处罚条款。

（一）以法律条款的形式界定了职业教育校企合作的概念，从法规的角度清晰地确定了校企合作责任主体的责权利

《宁波市职业教育校企合作促进条例》所指的职业教育校企合作，学校界定为国家或社会力量依法举办的高等职业院校、中等职业学校等，合作的内容指的不仅仅是学校人才的培养，还包括职工培训、技术服务、技术创新、资源共享与共同发展等多方面开展的合作。可以看出，《条例》中职业教育校企合作涵盖的内容十分广泛，包括校企合作培养职校学生就业上岗的实践技能，也包括企业职工在职培训进修，以适应日新月异的科技发展和技术进步；包括较高水平的科技创新和研发，也包括日常的技术支撑与师资培训；包括机器设备、实训场地等资源的共享，也包括解决学生就业与企业获得高质量的人才资源等的共同发展。

（二）明确了职业教育校企合作利益三方的责权利

职业教育的最大受益方从外在看是职业院校，其实，企业随着社会经济的高速发展，产品需要不断升级，需要引进新技术、新工艺、新材料、新设备，这都要求企业拥有能支持企业发展的新鲜血液，拥有使用和操作这些新技术、新工艺、新材料、新设备的高素质的劳动者和技能型人才，因此企业也是职业教育的受益方。同样，企业的发展必然推动社会经济的发展，解决社会人员就业，消除社会不稳定因素，社会也是职业教育的受益方。如此，校企合作收益是三方的。依据共生理论、战略联盟理论与博弈理论，三方在联盟博弈中的利益需保持均衡，协同共生。因此，在校企合作中必须明确三方的责权利，缺失一方必然造成合作的不平衡与合作的最终失败。

（三）规定了违反条例的相应处罚

《条例》共二十四条，其中有四条用来规定相应的法律责任。其中规定了职业院校、企业违反国家相关规定，侵害实习学生、教师合法权益的，应当依法承担相应的法律责任；规定了实习实践过程中参与合作的职业院校学生和教师等人员发生安全事故时的处理办法；规定了职业院校实习学生和实践教师侵害企业商业秘密的，依照国家有关规定处理；规定了职业院校、企业、教育行政部门和其他有关部门及其工作人员违反条例规定所应承担的法律责任。

（四）提出了职业教育校企合作中的经费问题

职业教育需要实习设备、场地、双师型师资，成本比普通教育高，财政投入的不足是职业教育发展中的普遍问题，因此，解决职业教育校企合作中经费方面的问题，对于职业教育的良性发展有着深远的意义。一是提出设立校企合作发展专项资金，并详细规定了专项资金的用途。专项资金主要用于："资助双方联合设立职业教育实习实训基地、合作建设实验室或生产车间；资助职业院校为学生在实习期间统一办理意外伤害保险；资助企业接纳学生实习发生的物耗能耗，对在职工教育和培训中取得成绩的企业以及对职业院校参与企业技术改造、产品研发、科技攻关和促进科技成果转化给予资助或奖励等"。二是提出参与校企合作的企业享受税收优惠政策。《条例》第十五条规定："企业发生的职工教育经费支出和用于职业教育事业的公益性捐赠支出，可以按照国家规定在计算企业应纳税所得额时扣除。企业委托职业院校开发新产品、新技术、新工艺发生的研究开发费用，可以按照国家规定享受企业所得税优惠。"

（五）强调政府相关职能部门对职业教育校企合作的扶持

《条例》从第十六条至第十九条规定了教育、劳动、人事、发展和改革、经济、贸易、农业、科学技术等相关行政部门应在各自职责范围内引导和鼓励本行政区域内的职业院校与相关企业开展职业教育校企合作，为职业院校、企业开展校企合作提供指导、帮助、扶持。

（六）规定了预防和处理实习生发生意外伤害的办法

我国劳动部颁发的《有关贯彻执行我国劳动法若干问题的意见》中规定，"在校学生利用学习之余的时间进行勤工助学及实习实训的，因并未与所在单位建立劳动关系，不能作为就业对待。”因此实习的在校学生被认为不是《中华人民共和国劳动法》意义上的劳动者。在校学生参加实习实训的，不属于《劳动法》、《劳动合同法》、《工伤保险条例》等法律法规及其他相关劳动保障类法律法规的调整主体范围，学生在企业参加实习、实践过程中所发生的意外得不到法律的保障。《宁波市职业教育校企合作促进条例》作出了相关规定。第八条规定“职业院校应当加强对实习学生和实践教师的职业道德教育和安全教育，为实习学生统一办理意外伤害保险，并指派指导教师”；第十条规定“企业应当按照与职业院校签订的合作协议，为实习学生和实践教师提供实训场地、设备设施，安排指导人员，做好实习、实践前的安全培训工作和实习、实践期间的劳动保护、安全等工作”；第十三条规定用校企合作发展专项资金资助职业院校为学生在实习期间统一办理意外伤害保险。

二、《宁波市职业教育校企合作促进条例》的不足

该条例系浙江省宁波市人大常委会制定，从法律位阶上看属于地方性法规，适用范围限于制定机关所辖范围，即宁波市。该条例存在一些需要改进的地方，如体例不够清晰等，作为开职业教育校企合作立法先例的《宁波市职业教育校企合作促进条例》，需要分析其立法经验，查找其立法方面的不足，为以后制定全国范围内适用的职业教育校企合作法寻找依据。

（一）条例规范不明确，无执行力度

《条例》中多处规定属于软性规范，法律责任对其不会产生任何拘束力。如第十条“企业应当接纳职业院校学生实习和教师实践；对上岗实习的，应当给予适当的劳动报酬。企业应当按照与职业院校签订的合作协议，为实习学生和实践教师提供实训场地、设备设施，安排指导人员，做好实习、实践前的安全培训工作和实习、实践期间的劳动保护、安全等工作。”其中“应当给予适当的劳动报酬”，这“适当的劳动报酬”无任何具体指标，企业可变通执行，也可变通不执行；另“企业应当按照与职业院校签订的合作协议”，这合作协议限于企业与职业院校之间的协商，此条款也可以看作是无执行力度的。以上的这些问题在随后的《实施办法》中得以详细的规定，因此，法规的颁布还需要配以相应的实施办法予以补充。

（二）条款内容不具体，无操作指标

如《条例》第十三条“市和县（市）、区人民政府应当设立职业教育校企合作发展专项资金”，“专项基金”的来源、最低数额、所占比例均无具体指标，内容不具体，会增加操作执行的难度。

（三）处罚条例空泛，无具体可行措施

《条例》法律责任部分的条款中，第二十条“职业院校、企业违反有关规定，侵害实习学生、教师合法权益的，应当依法承担相应的法律责任”中“应当承担相应的法律责任”和第二十一条“职业院校学生、教师在实习实践期间发生安全事故的”中的“依照国家有关规定处理”这样的规定是无实际意义的。我国尚无法律对其所指向的问题予以规定，如“侵害实习学生合法权益的”，在我国劳动部门相关法律条款中实习学生还不具备劳动者的身份，不属于劳动保障类法律法规的调整主体范围，合法权益是得不到法律的保障的，也就根本无适用的其他法律条款来解决问题。

第五章
完善我国职业教育校企合作法律制度建设的对策

职业教育校企合作是各国职业教育发展经过总结，并得到历史及实践检验的最行之有效的方法。职业教育的发展不仅关乎教育部门，也与整个社会各部门有着千丝万缕的联系，构建校企合作法律体系需要财政部门、劳动与社会保障部门、税收部门、审计部门、监察部门、工商部门等的参与。同时，校企合作法律制度体系的构建离不开各个地区的配合，职业教育校企合作法律的实施还需要各地区使之真正落到实处。因此，职业教育校企合作法律制度体系的构建需要考虑多个部门、多方面的因素，在借鉴其他发达国家的基础上，开拓创新，重视本土法律实践，走适合中国国情的法制之路，形成中国特色的职业教育校企合作法律制度体系。

第一节　形成具有我国特色的法律制度保障的职业教育校企合作模式

我国目前职业教育校企合作主要有订单式、校企联合式、工学交替式、校企股份合作式、产学合作式等多种形式，强调的是校企合作，但缺乏一定的法律依据，也没有形成自己的特色。我国职业教育近年来一直比较推崇德国的双元制职业教育模式，学习这种模式最主要的就是从立法方面进行保证，只有完善相关制度，才能使之真正得以施行。通过前文的分析，可以看出双元制职业教育模式在一些方面也存在不足，其他国家的与法律制度相结合的职业教育校企合作模式也都各有所长及欠缺。在我国的法律制度建设中应该以双元制模式为基础，借鉴世界上其他几种职业教育校企合作典型模式的优势，结合我国实际情况，形成有中国特色的与法律制度相结合的职业教育校企合作模式。此模式可以称为合同模式。

一、合同模式的指导思想

合同模式培养的是具有高适用性的，符合企业岗位要求的，又具备职业岗位群能力，同时通过国家考试获得相应职业资格证书的技能型人才。该模式强调校企深度结合，但又不丢掉职业教育的教育属性，其结合主要体现在通过立法规范学校与企业签订合同，保证学生、专业老师到企业的实习，企业为学校提供实习场地、设备及派遣有经验的实训老师等方面，而学校同时为学生提供普通文化课程和专业理论课程，普通文化课程应符合浅显性、广泛性、生活性的原则，专业理论课应与专业实践课紧密结合，同步进行，在相关技能掌握的前提下，拓宽岗位能力的培养，发展职业岗位群能力的培养。

二、合同模式的内涵

合同模式在德国双元制模式的基础上，通过立法规定学校与企业签订合同，而不是企业与学生个人签订合同。学校与企业签订的合同应包括职业院校学生及企业三方的义务、学生享受培训津贴的权利、企业参与职业教育的资格规定、企业职业教育场所的必备条件、企业在参与职业教育中享受的各方面优惠、对学生的考试要求、考试证书的等值、违法行为及惩罚等，此合同应以法律的形式确定，以保证合同的有效性。在这种模式下，学生的身份仅仅是学生，学生在企业实习过程中的权益通过设立相关法律进行保障。学生的学习地点在两个地方进行，一是在学校依据教学大纲接受普通文化课、专业理论课、实验课的学习，一是在企业依据职业目标培训大纲在生产车间或实训基地接受实践培训，学生企业实践课的比例应大于学校普通课程。合同模式还需要国家通过立法完善职业资格证书制度，严格就业准入，以保障这种模式有效施行。

三、合同模式的框架

合同模式通过立法进行保障，学校与企业的合作体现在学校与企业签订的合同中，合同规定了学校、企业、学生三方的义务，同时也保障了三方的权益。其中，规定学生的实习实训课学时应占总学时的60%以上，学生毕业时，应获得双证，一是文凭证书，二是职业资格证书。

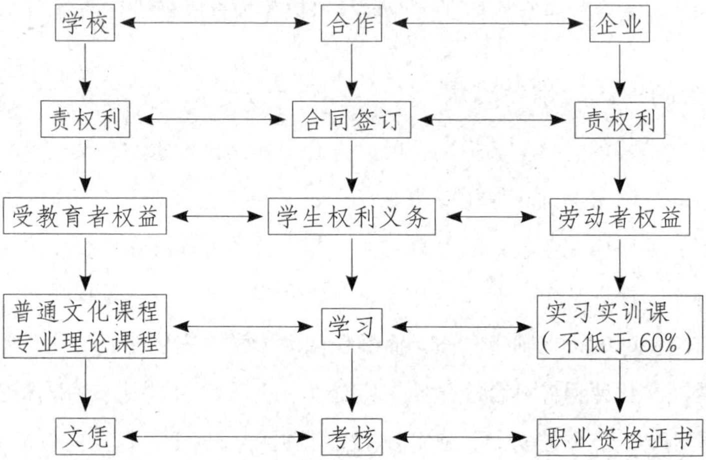

图5-1 职业教育校企合作合同模式框架图

设想出我国职业教育校企合作基本模式为合同模式，在此基础上，借鉴其他几个国家结合本国现状确定的典型的校企合作模式的立法优势，完善我国职业教育校企合作法律制度的建设。

第二节 构建完整的职业教育校企合作法律制度体系

职业教育承担着为社会进步和经济发展提供人力资本的重要职能，由于职业教育涉及多个部门、多个行业、多个主体，而且各个地区由于经济发展的差距，职业教育的实际情况也各有不同，因此，《职业教育法》要得到真正全面推广、有效施行，绝不是《职业教育法》单单一部法律所能完成的，只有完善的法律制度体系才是实现职业教育法制化的前提和基础。在我国，应不断健全和完善以《职业教育法》为核心的层次分明、内容完备的职业教育校企合作法律制度体系，形成由职业教育校企合作基本法律、职业教育校企合作单行法律、职业教育校企合作行政法规、职业教育校企合作部门规章、职业教育校企合作地方性法规和规章、职业教育校企合作相关法律法规共同组成的内容全面、层级清晰的职业教育校企合作法律制度体系。

职业教育校企合作法律体系，纵向上应该包括职业教育基本法、单行法律（职业教育法、职业教育校企合作促进法）、校企合作相关行政法规、部门规章、地方性职业教育校企合作促进条例和规章，横向上应涵盖配套法规、实施细则及各行业校企合作法规，对职业教育校企合作中面临的各类问题进行相应的较为具体的、可

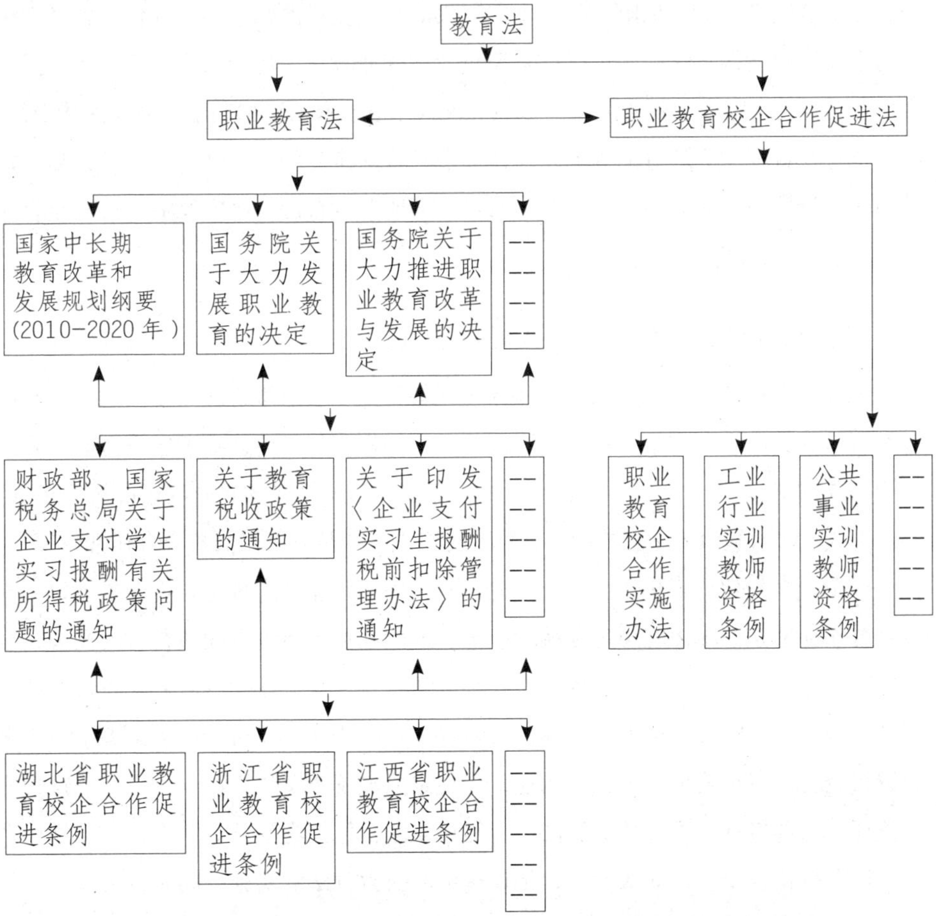

图5-2 职业教育校企合作法律制度体系概图

操作性强的规定，从而形成内容全面具体、整体结构和内在逻辑完整、条文设置合理、语言简洁规范的上下有序、协调统一、可操作性强的职业教育校企合作法律制度体系，为职业教育校企合作的规范构建坚实的法律基础。

一、完善《职业教育法》

应修订现行《职业教育法》。《职业教育法》是我国职业教育校企合作法律制度的单行法，是职业教育校企合作促进法及其他校企合作法律法规制定的基础和依据。我国现行《职业教育法》共有五章四十条，从立法的角度来看，内容缺失，条款不够具体，特别对校企合作方面的规定过于笼统，不能符合我国职业教育发展的现实需求。职业教育法的完善应该以宪法和教育法中关于职业教育的条款为指导，为校企合作的合同模式提供保障、指明方向。其立法应偏重原则性与指导性，方便上位法与下位法的衔接；在内容上，应强调企业在职业教育中的责权利，规定各利益方在职业教育资金投入上的责任，严格就业准入制度、资格证书制度，补充法律责任、监督检查及救济制度部分的内容。关注职业教育法条款的指导性与操作性，尽可能地使用强行性规范而非倡导性规范。修订后的职业教育法，将为职业教育校企合作的一系列法律制度的制定提供依据。

二、颁布职业教育校企合作促进条例

职业教育校企合作促进条例的构建是以教育法和职业教育法为依据的，是对职业教育校企合作方面的某些具体问题所作的法律规定。目前，我国还没有职业教育校企合作的单行法律，从已颁布的法律制度看，都仅仅涉及职业院校的设置标准、办学形式、实训基地等学校的内部管理，对促进职业教育发展的校企合作涉及很少，例如校企合作条款缺乏具体设定，因此，必须颁布职业教育校企合作促进条例。在校企合作促进条例中，应规定学校与企业合同的签订，界定合同所包含的内容，合同内容应包括企业、学校、学生的责权利，如对行业与企业参与职业院校讲授的理论及实践课程制定统一标准与具体的考核标准、办法等。同时在促进条例中应规定设置校企合作专项资金并限定其用途，应规定成立校企合作协调委员会，应包含法律责任、监督检查、法律救济制度等。通过校企合作促进条例的制定，逐步健全和完善职业教育校企合作立法体系，不仅保证职业教育法的实施，同时也为建立完整的职业教育法律制度体系奠定基础。

三、协调职业教育校企合作相关法律制度

职业教育校企合作相关法律制度是涉及职业教育校企合作各方面问题，并对职业教育的发展产生影响的有关法律制度，如德国的校企合作相关法包括《企业基本法》《劳动促进法》《青少年劳动保护法》。我国应在修订《职业教育法》，制定《职业教育校企合作促进条例》的基础上，制定协调职业教育校企合作的相关配套法、实施细则以及各地区的校企合作促进条例。如针对就业准入，劳动部门应制定相关法律制度；针对企业税收优惠，税务部门应制定相关实施细则；针对未成年人实习工作，劳动部门应出台相关实施办法等。

四、关注职业教育校企合作立法的适时性

职业教育与社会经济发展联系最为紧密，职业教育法应及时反映经济发展的最新需求，对经济发展与职业教育出现的难题，应用立法加以引导与解决。目前我国职业教育立法明显滞后于社会经济现实和职业教育改革的需要，虽然法律具有一定的稳定性，但也应随着社会的发展，不同问题的出现，有相应的调整。同时，在社会发展进程中，社会经济问题及职业教育问题很多，不可能通过一部职业教育法解决所有问题，为此应及时地对职业教育法进行修改、编纂、解释和废止，并且同时根据社会发展的需求编制相应的职业教育校企合作法律制度。如日本职业教育校企合作相关法律制度随着社会的进步处于不断调整的状态中，如1985年颁布的《职业能力开发促进法》在八年时间里里经历了四次修改，调整与修正、借鉴与创新已成为日本职业教育立法的主要特色。因此，不仅要加快我国职业教育校企合作相关法律制度的制定，而且要关注现行法律实施中存在的现实问题，对现行职业教育相关法律制度适时修订。

五、在借鉴与创新的基础上以社会需求立法

职业教育的立法需总结别国的经验与教训，在借鉴与模仿的基础上，重视职业教育法制的本土化，关注职业教育法律在本国实际中的调整和适用，通过学习与创新，完善本国的职业教育法律制度。因此，我国在职业教育校企合作法律制度建设过程中，不仅要系统分析发达国家职业教育校企合作法律制度的经验，也要尊重本国职业教育发展的特殊性。同时，职业教育校企合作立法必须要适应社会发展需要。随着社会的进步，企业也会产生不同的变化，职业教育校企合作法律制度应及时反

映社会发展、企业变化的最新需求，在满足社会需求的进程中不断完善职业教育校企合作法律制度体系，调整职业教育中各方关系，解决社会矛盾，促进职业教育的发展，提高劳动者素质，增强国家在经济社会发展中的竞争力。

第三节　确定我国职业教育校企合作立法的基础性问题

构建职业教育校企合作法律制度体系，必须确定我国职业教育校企合作立法的基础性问题，对职业教育校企合作的概念、内涵，校企合作的主体、校企合作立法的法律位阶等一系列基础性问题做出明确的界定。

一、职业教育校企合作立法对校企合作内涵的明晰

职业教育校企合作不是一般意义上的企业培训、企业职工的成人教育及继续教育，也不是指所有学校和企业的合作，它主要是指从事职业教育的初等职业学校、中等职业院校、高等职业院校与企业合作培养技能人才的一种方式。合同模式下的职业教育校企合作是指我国职业教育中进行学历性职业教育类院校与企业之间的深度合作关系。我们在界定职业教育校企合作时，要明确职业教育与成人教育、职业教育与其他类型教育的关系，从法律上明晰职业教育校企合作的内涵。

二、职业教育校企合作立法对主体的界定

职业教育校企合作立法需要对参与职业教育校企合作的主体进行界定，界定参与校企合作的主体，在具体的立法中清晰明确这些主体在校企合作中法律赋予的可以享受的权利、应当承担的责任与应尽的义务。

在职业教育中，职业院校的主体地位是不言而喻的，而企业往往作为协助者的形象出现在职业教育的视野中。在合同模式职业教育校企合作中，学校与企业签订合同，都是职业教育的主体，必须以法律的形式明确企业甚至行业在职业教育中的主体地位，使企业意识到参与职业教育并不仅仅是资金的投入、实习场地的提供，

而是必须履行的社会责任。其他相关主体还应包括政府、教师、学生等。

职业教育最直接的目的是为企业培养高技能人才，企业必须成为职业教育的主要承担者，发挥主导作用。社会需要的人才类型、人才数量、人才规格直接涉及企业的用人需求、发展需求，企业是各类人才最直接的客户，毕业生的价值也最终体现在企业具体岗位的工作中，如果企业在职业教育的实施过程中缺乏主导性，就会导致职业院校培养的学生不符合社会的需求，企业失去从职业院校吸纳毕业生的兴趣，最终导致企业缺乏参与职业教育的主动性和积极性，所以职业学校教育不能缺少企业的参与，企业在职业教育校企合作中应占据主体位置，应该与职业教育发展的命运结合在一起。职业教育校企合作立法应明确规定企业参与职业教育的法定义务，把企业实行职业教育作为企业应尽的义务以法律形式加以保障，并对校企合作过程中未尽义务的企业制定法律条款明确相应的法律责任，以采取相应的处罚措施，同时使企业从立法条款中感受到是奖励先进而不是惩治落后，体会到与职业院校的深度合作是企业盈利和长远发展的最佳选择。

目前我国的行业协会发展不成熟，在立法中，需在国外职业教育校企合作立法的基础上结合我国的实际情况，将立法主体重点放在企业的责任方面，让企业参与职业教育的管理与考核，参与职业院校的专业设置调整、课程设计、教材开发、教学过程的实施、实习实训的指导以及教学结果的考评。

三、职业教育校企合作立法法律范畴及法律位阶的确定

需要确定职业教育校企合作立法的法律范畴及法律位阶，以明晰职业教育校企合作的法律效力，在实践中更好地加以运用。

（一）职业教育校企合作立法当属公法范畴

“在当前的职业教育法律制度下，校企合作属私法调整，非公法范畴。校企合作法律关系在当前的制度框架下被解读为一种民事合同法律关系，当事方往往仅指学校和企业，而政府、行业和学生则不是当事方，而只是利益相关方。”[1]

区分公法和私法，应当分析公法与私法的区别，以确定职业教育校企合作所属法律范畴。“所谓公法，就是维护国家利益和整个社会利益的法律，它主要调整国家机关与国家机关之间，国家机关与私人、私团体之间以及整个社会利益之间的关

[1] 罗仕俐.职业教育校企合作立法难题初探[J]. 职教论坛，2011(09):20-26.

系，这种规范调整以权力服从为基础、为特征。发生公法关系的各方当事人中，必有一方是国家机关或由国家机关授予公权力的机构。宪法、刑法和行政法等属于公法范畴。所谓私法，则是维护一切私人或私团体的利益的法律，凡属于与国家权力无关的私的领域所发生的社会关系即由私法调整，这种规范调整以平等自愿为基础、为特征。”[1]

（1）“从利益保护的重心来看，公法以维护公共利益即‘公益’为主要目的，私法则以保护个人或私人利益即‘私益’为依归。”[2] 校企合作立法所要实现的是以“公益”为主要目的，保障公民受教育权，为企业的发展提供人力资本，促进社会经济的发展。公法维护公共利益，是政府实施调控和干预的依据。如果校企合作立法属私法范畴，校企合作即会出现一系列问题，因为私法以保护个人或私人利益为目的，所寻求的是各自独立的私人利益，政府在其中不会发挥很大的作用，而企业在私法的范畴下，寻求的是企业利益最大化，职业教育人才培养的责任基本落在学校身上，校企合作即会流于形式。

（2）“公法奉行‘国家或政府干预’的理念，私法遵循‘意思自治’、‘私法自治’的原则。”[3] 当前校企合作法律更多关注的是学校方面，国家或政府的干预不多，国家或政府往往以校企合作纯属学校自主办学权为由不作为。而学校是国家承担教育功能、保障公民受教育权的载体，其利用政府赋予的资源和权力实施职业教育。作为学校，与企业进行有效的校企合作，是离不开国家或政府的干预的，缺乏国家或政府的干预，职业院校寻求企业的合作支持往往会遭到企业的冷遇。企业拥有良好的设备、技术和管理资源，却为了降低成本不愿意无偿让学校使用这些资源，即使同意学生到企业实习，在实习、实践过程中，学生也往往被企业当作廉价劳动力使用，无法达到提高培养学生的目的。如何让企业提供资源运用于职业教育事业，如何与企业深度合作，国家或政府的干预变得十分必要。所以，校企合作立法当属于公法范畴，由政府指导、管理、监督企业履行职业教育职责，企业与职业院校遵守法律制度规定的责权利，共同培养技能人才，推动社会经济的发展。

---

[1] 厦门大学国际税法与比较税制研究中心. 厦门大学《税法》省级本科精品课程[EB/OL]. http://www.citact-xmu.com/kc/sf/teach.php?sortid=9&id=2786，2008年12月22.

[2] 童光法.公法与私法划分之探讨[J]. 首都高校哲学社会科学研究文集，北京：知识产权出版社，2005（06）.

[3] 童光法.公法与私法划分之探讨[J]. 首都高校哲学社会科学研究文集，北京：知识产权出版社，2005（06）.

（二）职业教育校企合作促进法法律位阶应属单行法律

"所谓法律位阶，是指每一部规范性法律文本在法律体系中的纵向等级。下位阶的法律必须服从上位阶的法律，所有的法律必须服从最高位阶的法律。"[1] 在我国，法律位阶的形式体现为六个层级，依次是基本法律、单行法律、行政法规、部门规章、地方性法规、地方性规章。

职业教育校企合作立法涉及的部门多，参与的主体多，为了使立法真正具备法律效力，能为各方主体在校企合作的实施过程中提供指导，需要颁发《中华人民共和国职业教育校企合作促进法》，其法律位阶应属单行法律，在此基础上，再制定其他配套法、实施细则及地方相应立法。

第四节　加强我国职业教育校企合作法律制度扶持措施

在合同模式职业教育校企合作中，参与企业需承担学生在实习过程中产生的相关费用及支付学生一定的劳动报酬。因此，国家要制定鼓励行业企业参与职业教育的具体政策，应以立法形式明确校企合作经费来源及中央和地方各级人民政府对企业参与职业教育校企合作的激励优惠措施，从税收、信贷以及公共服务等方面给予参与企业以扶持。

一、设立职业教育校企合作专项基金

设立职业教育校企合作专项基金用于职业教育校企合作，该专项基金一部分来源于国家投入，一部分根据各地区经济发展状况，对该地区所有企业按不同企业的规模、营业额、税收等提取一定的职业教育校企合作基金，并随着经济和社会的发展变化逐步做相应的调整，用于发展职业教育校企合作。一是资助补贴参与校企合作的企业用于建设职业教育学生实习和教师实践的实习实训基地、实习实验室、实习生产车间的一定比例的费用；二是资助各种推进全国或区域校企合作综合性重点

[1] 姜群英，雷世平.职业教育校企合作立法的具体问题探究[J]. 职教通讯，2011(5):5-8.

建设项目建设及其他有关促进职业教育校企合作项目的经费；三是资助职业院校为实习学生和实践教师在实习、进修期间统一办理意外伤害保险；四是对职业院校参与技术创新、技术改造、科技成果转化等给予资助和奖励，或表彰在促进职业教育校企合作中作出显著成绩的企业、学校或个人；五是对参与校企合作的企业，补贴其在合作中机器设备、材料原件等物耗能耗的损失；六是资助职业院校聘请行业企业的专业人员和管理人员担任职业院校专业课程教学和实习实训指导教师。

二、实行职业教育校企合作税收政策

国家和政府应制定相关的利益补偿机制，鼓励企业与职业院校开展校企合作，调动企业参与职业教育的积极性，其产生的教育经费支出可以按照国家规定在计算企业应纳税所得额时扣除。在职业教育校企合作促进法的基础上，出台有关职业教育校企合作的配套实施办法，规定校企合作企业的税收、信贷优惠政策，包括实习实训成本分担、工伤保险、科技创新与成果转化奖励等项目经费的优惠，对校企合作进行实质性引导。

一是校企合作的企业每年要为职业院校学生按照一定比例提供专业对口的实习实训岗位，吸纳职业院校学生实训实习及实践教师进修培训，并支付实习学生一定比例的实习报酬，需对企业支付学生在企业实习的报酬，实习学生及实践教师实习期间的人身安全保险费用，学生实习和教师实践过程中产生的住宿、机器设备损耗、原料能耗、指导师傅的津贴等有关费用，按税法的计算，在相关税种税前扣除；二是对职工教育培训经费的税收减罚，将企业应提取的教育培训经费，在职教校企合作法律条款上，明确定为企、事业法人和个体工商户应向国家缴纳的职业教育基金（或者培训税），即对足额提取职业教育基金的企业给予一定的税收减免，对未足额提取职业教育基金的企业则收取企业应当承担的职业教育经费及一定比例的罚金；三是企业支持职业院校实训实习基地建设、机器设备更新等基础能力建设的费用，可以在计算企业应纳税所得额时扣除；四是企业支持职业院校开发新产品、进行技术改造产生的研究开发费用，制定相应校企合作法律条款给予一定的税费减免；五是组织对参与职业教育校企合作的企业进行评估，对有贡献的企业全额免征相应税费，对职业教育校企合作中合格的企业部分免征相应税费，对职业教育校企合作中不合格的企业全额征收相应税费，并处一定罚金。

三、实行职业教育校企合作的信贷政策

制定金融机构支持职业教育校企合作的信贷政策，通过法律条款保证金融机构为职业教育校企合作开辟信贷业务，通过财政贴息、政策性银行无息或低息、商业性金融机构降息等，“对企业，尤其是中小企业与职业院校合作建设实习实训基地、实验室和生产车间提供一定的信贷支持；对企业与职业院校合作开发新产品、新技术、新工艺等提供一定的信贷支持。”[1]

第五节　明确我国职业教育校企合作的形式及利益主体的权利和义务

职业教育校企合作涉及的部门众多，包括政府及相关职能部门、行业、企业、职业院校、教师、学生等多个参与体，要使各参与体真正在职业教育校企合作的发展中有所为，关键是要完善相关立法。在职业教育校企合作法律制度中，必须明确政府及相关职能部门、行业、企业、职业院校、教师、学生在校企合作中的责权利，规范各参与体的行为。在这多个参与体中，最关键的是政府及相关职能部门、学校、行业企业三个主体，需要规范校企合作这三个关键主体的权利和义务，并通过制定相应条款保证其履行法律赋予的责任和义务。

在职业教育校企合作关系中，各参与主体在其中发挥着不同的作用。政府及相关职能部门，主要通过出台法律制度，指导协调职业教育校企合作，并监督保证相关法律制度的执行；职业院校主要依据相关法律规定，积极联系相关企业，负责与企业签订合作合同，与企业在学生实习、教师实践培训以及其他技术合作等方面开展合作。在学生实习期间，保证实习学生和实践教师遵守企业规章制度和劳动纪律等；行业主要负责引导本行业企业与职业院校开展校企合作，协调本行业企业与职业院校在校企合作中出现的各种问题，并参与职业资格证书标准的制定、职业资格评估鉴定等工作；企业主要负责接纳职业院校学生实习和教师实践，为职业院校的

[1] 姜群英，雷世平.职业教育校企合作立法的具体问题探究[J]. 职教通讯，2011(5)：5-8.

专业课程提供有经验的指导教师以及与职业院校合作建立实习实训基地、实验实训室、实习生产车间等。

一、政府及相关职能部门的主导责任

职业教育具有公益性特征，职业教育的发展不仅为经济的发展提供技能人才，而且职业教育具有经济正外部性的作用，对社会人员素质的提高及整个社会安定团结也起着积极的作用，因此，政府应担负发展职业教育的主导责任。在校企合作中，政府应承担校企合作一系列法律制度的颁布及保证法律制度的有效执行，保障校企合作合同模式运行等的主导作用，这种主导作用应该在《职业教育法》及《职业教育校企合作促进条例》中予以明确。

一是建立校企合作发展专项资金，明确资金的使用、管理监督办法等；二是职业教育是一种跨界的教育，不仅跨越企业，还跨越教育行政部门、劳动保障部门、财政和税收等其他政府相关部门，这需要建立一个权威的协调机构。因此，在制定校企合作法律制度时，应明确规定县级以上人民政府建立由教育行政部门、劳动保障部门、财政和税收等其他政府相关部门组成的职业教育校企合作协调委员会，统筹协调区域内职业教育校企合作工作，负责管理、监督校企合作发展专项资金的使用，协调职业教育校企合作中出现的困难和矛盾，监督职业教育校企合作法律的执行，推进就业准入制度，保证企业的真正参与；三是制定企业参与校企合作的优惠条款，并监督保证一系列税收、信贷优惠的落实，提高企业参与校企合作的积极性，鼓励企业真正参与到校企合作中来；四是利用政府的信息平台，给职业院校与企业校企合作牵线搭桥，宏观调控。

二、行业组织的引导与协调责任

行业组织起着协调管理本行业企业运行的作用，应该对本行业的经济活动有极大的影响，其发挥的作用往往是政府无法替代的。在职业教育中，行会通常应是职业教育与培训的组织者，负责职业教育与培训的管理，负责职业教育职业资格证书标准的制定，负责职业资格证书的考评，负责职业教育与培训活动的监督，负责协调校企合作中企业方面出现的问题等。因而，行业组织在校企合作过程中具有不可忽视的重要作用。由于我国行业组织在我国的发展极其不成熟，且在推动职业教育发展与促进校企合作方面的意识薄弱，其通常成为各企业有资历人员预备退休的场所。但在校企合作相关立法中，应强调行业组织的地位，使其能引导和协调本行业企业与职业院校的校企合作，将行业组织参与职业教育校企合作的责任上升到法律层面，从而带动我国行业组织的成长与成熟，逐步提高行业组织的重要性。

三、企业的主体责任

校企合作，仅从字面上解释，企业也必然是职业教育校企合作的主体。企业参与校企合作，不仅能提高职业教育人才培养的质量，承担一定的社会责任，而且也符合企业自身持续发展的需要。关于职业教育校企合作中企业的责权利，在我国《职业教育法》中涉及非常少，仅在第二十三条规定“职业学校、职业培训机构实施职业教育应当实行产教结合，为本地区经济建设服务，与企业密切联系，培养实用人才和熟练劳动者”。在法律中没有确定企业的主体地位，因此在职业教育校企合作法律制度建设中，应明确企业在职业教育中的主体责任，规定校企合作双方的责权利。

一是企业应与合作院校签订校企合作合同，在合同中明确企业所应担负的责任及所起的作用；二是企业参与职业院校人才培养目标的确定、培养方案的制定、培养内容的设计、培养考核的实施等；三是企业支持合作院校实训基地建设，从技术层面为实训基地的建设提供专业指导；四是企业应当接纳职业院校学生不低于一年的实习，为实习学生提供实习实训场地、机器设备及原材料，并为学生在实习期间所付出的劳动支付报酬，确保学生到企业实习的权益；五是安排有经验的师傅做学生实习、实践前的安全培训工作，做好实习、实践期间的劳动保护及安全卫生等工作，学生的实习工作应当在工种、劳动时间、劳动强度和保护措施等方面遵守相应的法律条款（在职业教育校企合作立法中应作出详尽的规定），不得安排学生从事过重、有毒、有害、超时的劳动或者危险作业，不得安排实习学生从事不符合实习特征或与实习内容不一致的工作；六是企业支持合作院校双师型师资队伍建设，接纳合作院校的专业教师进入企业实践学习，对参加实践的教师提供符合国家规定的劳动安全卫生条件和必要的劳动防护用品，同时选派技术能手到合作院校担任教师培训的兼职教师，在教学实践中提高职业院校师资的技能水平；七是企业应与职业院校开展多种形式的合作办学，如与职业院校联合组建职业教育实体或其他形式的产学研联合体。

四、职业院校的主体责任

职业院校是职业教育的直接实施者，直接从职业教育校企合作中受益，因此，职业院校应负责与企业签订合作合同，与企业在学生实习、培养目标设定、培养内容确定、专业设置、课程开发、就业推荐、师资培训、技术改造等多方面开展合作。职业院校应当积极主动地加强与企业的联系，与企业做好毕业生就业情况反馈，与企业共同在学生的培养中寻求最有效、最满足企业需求的方式；应寻求可行的技术创新项目，与企业合作，帮助企业进行技术改造，并同时锻炼提升职业院校学生与师资的技能操作水平与创新水平；应建立学生和教师到企业实习、实践的制度，专业教师到企业或生产服务岗位进行实践锻炼的制度；应聘请企业的工程技术人员、能工巧匠兼任专业课教师或学生实习、教师实践的指导教师；应加强对实习学生和实践教师的职业道德教育和安全教育，保证实习学生与实践教师在企业实践中遵守企业规章制度和劳动纪律，保持良好的职业道德。

第六节　确保职业教育校企合作法律制度内容保障受教育者权益

职业教育是以就业为目的，培养应用型人才的一种教育形式。对职业教育的立法应不仅包含指导性的原则规定，而且需要有具体实施的详尽条款，需具备可操作性，立足于现实要求，对要解决的问题、要达到的目标、要采取的措施进行详尽地规定，内容具体并配备相应法规以及实施细则。同样，由于职业教育的特殊性，对职业院校的学生在与企业的合作中可能出现的种种无法预计的问题，需提前在法律条款中予以限定，这主要体现在职业教育校企合作的合同制订和保障受教育者权益的条款方面。

一、规定职业教育校企合作合同的订立、履行、变更和终止标准

职业教育校企合作立法中对合同订立、履行、变更和终止标准进行详尽的规定，

能充分保障受教育者的权益。在德国，学生进入“双元制”职业教育系统学习，首先必须与符合资质要求的教育企业签订书面培训合同，同时再进入职业学校学习，合同内容包括职业培训期限、学徒每天的工作时间、试用期、休假时间、学徒的报酬以及解除合同的先决条件等。目前我国职业教育校企合作缺乏具体实施条款，校企合作合同的制定没有明确的法律依据，双方多根据自身的实际情况以签订协议的方式来进行校企合作，缺少法律合同的约束，导致学校与企业的合作具有较大的随意性，最终无法保障受教育者在校企合作中的权益。因此，在职业教育校企合作法律中需对校企合作合同的签订、履行、变更和终止标准进行详细的规定，如对学生实习期间的工作时间、安全措施、休假时间、报酬标准，合同变更与解除标准，处理争议的条款，违约责任等具体内容作出强制规范。一方面使职业院校学生在合同的保障下能安心地学习实践；另一方面，当出现意外情况时，可以有解决问题或纠纷的相关依据。

二、确立预防和妥善处理受教育者实习发生意外伤害情况的条款

我国相关劳动法中涉及实习学生发生意外伤害的条款很少，1996 年，我国劳动部颁发了《中华人民共和国企业职工工伤保险试行办法》，其中第十章第六十一条对实习学生人身安全权益的保护问题作出了规定，规定“到参加工伤保险的企业实习的大中专院校、技工学校、职业高中学生发生伤亡事故的，可以参照本办法的有关待遇标准，由当地工伤保险经办机构发给一次性待遇。工伤保险经办机构不向有关学校和企业收取保险费用”；但 2004 年颁布实施了《工伤保险条例》，1996 年颁布的《中华人民共和国企业职工工伤保险试行办法》将不适宜处理 2004 年 1 月以后发生的工伤，而 2004 年颁布的《工伤保险条例》未对实习生伤亡事故认定及处理作出明确规定；劳动部 1995 年颁布了《关于贯彻执行 < 中华人民共和国劳动法 > 若干问题的意见》，第二款 12 条规定“在校生利用业余时间勤工俭学，不视为就业，未建立劳动关系,可以不签订劳动合同”。职业院校实习的学生因其未建立劳动关系，将不视为就业；在《中华人民共和国劳动法》中也没有相关条款涉及实习学生。学生在企业参加实习、实践过程中所发生的纠纷目前没有适用的法律进行解决，合法权益得不到法律的保障，这就使得家长和学校都不愿意让学生在企业实习实训，担心实习学生在实习过程中发生意外后，人身权益得不到法律的保护。因此，职业教

育校企合作立法应制定相关条款，保障实习生在企业实习中发生意外伤害后能得到妥善处理。

“国外很多国家对于实习学生在社会保险上都有明确的安排，如德国职业教育实习学生同样适用于工伤保险制度，是工伤保险的法定被保险人。因此，我国应根据实习涉及的相关利益者，明确并落实各方主体对实习保险承担的相应责任，一方面通过立法将已经与用人单位建立了劳动法律关系（包括事实劳动关系）的实习学生纳入工伤保险体系，由用人单位为其缴纳保险费用，实习期间发生的人身伤害事故只要符合工伤认定的条件，经劳动行政部门作出认定后，用人单位就应给予工伤待遇。对不为实习生购买商业保险作企业，可以制定相关的处罚条例。江苏省于2013年5月1日起新施行的《江苏省劳动合同条例》对企业为校企合作协议中的实习学生办理意外伤害保险作了强制规定。另一方面，由国家和政府出面对学生实习意外伤害进行投保，或对已购买的商业保险予以普及。”[1]

三、保障受教育者实习期间的基本权益

在职业教育校企合作中，学生的实习应得到保障，应有相应的法律条款将实习的学生即事实上的劳动者纳入劳动法保护范围。并规定实习最低工资标准，保障学生实习获得相应报酬。

“尽管我国对于最低工资制度有统一的立法，但全国并不实行统一的最低工资标准，而是由各地政府结合本地具体情况，综合考虑本地平均工资、劳动生产率、就业状况等因素制定。总体来讲，最低工资标准有两种形式，小时最低工资标准和月最低工资标准。依据适用范围的不同，可以将二者划分为适用于非全日制劳动者灵活就业的最低小时工资和适用于全日制劳动者稳定就业的月最低工资。校企合作学生实习作为比较灵活的工作模式通常不符合全日制用工标准，且最低工资在劳动法中具有劳动者本人及平均赡养人口的最低生活费用等特定的含义，校企合作中学生实习更多是为了丰富实践经验，不能无限制地要求企业最低工资标准适用于学生。因此，笔者认为应参考我国对非全日制用工工资标准的规定，制定学生实习小时最低工资制度，保障实习学生获取相应劳动报酬的权益。同时，从学生劳动价值的角度和企业社会责任的角度来讲，都需要制定专门的法律制度来保证企业给予实习学

[1] 樊丽文.职业教育校企合作中学生实习法律制度研究[D].天津：天津理工大学，2014:32.

生合理的报酬，建立校企合作实习学生合理的报酬体系。”[1]

同时“应明确学生最高工时标准，保障学生休息权。强制规定企业不得安排学生实习总时长超过十二个月，不得安排学生实习每日超过八小时、每周超过四十小时。对于违规企业应给予必要的行政处罚，从而保证学生实习作为事实劳动者的自由权和安全权。”[2]

第七节　确定职业教育校企合作法律的法律责任及法律制裁

职业教育校企合作法律责任属于实施职业教育校企合作过程中产生的法律责任，由于职业教育校企合作主体的特殊性，职业教育校企合作法律责任不同于一般的教育法律责任。职业教育校企合作法律责任指职业教育校企合作法律关系主体对自己职业教育违法行为或破坏职业教育法律合同中约定的法律关系所应承担的带有强制性的否定性法律后果。职业教育校企合作法律责任的主体是参与职业教育校企合作并依据相关职业教育法律法规享有权利和承担义务的主体。

一、职业教育校企合作法律责任框架的构建

从体例上看，建议将法律责任单独成章；从法律责任的种类来看，建议包括行政法律责任、刑事法律责任、民事法律责任三大类。行政法律责任主要是职业教育校企合作主体未按照法律规定的程序履行职责，或者超越法律规定的权限履行职责等应承担的行政处分等责任，如滥用职权、不履行义务等；刑事法律责任是职业教育校企合作主体违法行为违反刑法的相关规定应当承担的法律责任，如渎职罪、重大责任事故罪等；民事法律责任是职业教育校企合作主体违法行为违反民法的相关规定应当承担的法律责任，如将学生实习设备挪作他用、学生超时工作等。内容应包括相应的法律制裁，不仅规定具体的处罚措施、处罚程度，还要有处罚的程序。

[1]　樊丽文.职业教育校企合作中学生实习法律制度研究[D].天津:天津理工大学,2014:32.

[2]　樊丽文.职业教育校企合作中学生实习法律制度研究[D].天津:天津理工大学,2014:32.

法律制裁包括行政法律制裁，如暂扣或吊销资质证书、罚款、行政拘留等；刑事法律制裁,如诈骗罪（即以职业培训为名进行诈骗）、重大责任事故罪等;民事法律制裁，如停止违法行为并罚款等。从逻辑结构来看，应围绕政府及其相关职能部门、职业院校、企业的法律责任展开，应列举出各种法律责任及应有最低限制条款。职业教育校企合作法律还应专门规定实习学生和实践教师在校企合作实习过程中受到意外伤害或人身、财产受到损失时的法律责任分担。

二、职业教育校企合作法律责任主体

合同模式职业教育校企合作是一项多方参与的公共事务，校企合作法规不仅要强调各参与主体的义务，同时更要规定不履行义务主体所应承担的法律责任和法律制裁。法律责任的承担主体，应与职业教育校企合作权利义务的主体一致，包括政府及相关职能部门、企业和职业院校三类。

（一）政府及相关职能部门的法律责任

职业教育具有特殊性，同普通教育不一样，职业教育的管理涉及多个部门，普通教育管理直接由教育行政部门管理。依据我国职业教育法的规定，职业教育管理涉及教育行政部、劳动行政部门和其他相关职能部门，国务院教育行政部门负责职业教育的统筹规划、宏观管理、综合协调；国务院教育行政部门、劳动行政部门和其他相关职能部门在国务院规定的职责范围内，分别负责各职权范围内的职业教育工作。但在实际工作中，因为职业教育存在多头共管的局面，职业教育各管理部门的职责不明晰，导致职业教育同普通教育一样，只属于教育行政部门直接管理，而缺乏职业教育管理上不可或缺的其他各行政部门的管理。所以，在界定职业教育校企合作参与主体之一——政府及相关职能部门的法律责任时，需要清晰界定职业教育校企合作涉及的行政职能部门具体包括哪些，将教育行政部门、劳动行政部门、税务部门和行业主管部门等这些涉及职业教育校企合作的管理部门的职责权限做一个明晰的界定。只有理清了相关职能部门的职责权限，才能保证法律责任明确的承担主体。政府及相关职能部门的法律责任主要指国家行政机关、国家行政机关工作人员、行政委托人的责任，具体体现在不履行义务、滥用职权、违反职责、超出委托范围等。

（二）企业的法律责任

职业教育校企合作离不开企业的加入，为了提高企业参与校企合作的积极性，需在职业教育校企合作法律的制定中，首先明确引导企业参与办学的激励机制和保障措施。然后，因为职业教育校企合作与企业密切相关，需详细规定企业作为校企合作主体在校企合作中应尽的义务，如企业应与职业院校签订合同，合同内容应包括具体的指标，企业需与职业院校共同研究技能人才培养方案、专业设置、课程开发、实习实训、师资培训，并且对实习学生的实习成果做检验和评定，企业不得安排实习学生从事不符合实习特征或者与实习内容不一致的劳动生产。最后在法律责任部分强调企业应承担的法律责任及相应的法律制裁。

从企业的法律责任来看，应该是与企业作为校企合作主体在校企合作中应尽的主体责任相对应的。包括违反校企合作协议，在与职业院校联合培养人才中不作为，不接纳学生、教师到企业实习，在实习中出现的有关法律问题等法律责任。对于法律制裁来说应该具体，而不应没有设置具体的标准。如我国现行《职业教育法》第二十九条“企业未按本法第二十条的规定实施职业教育的，县级以上地方人民政府应当责令改正；拒不改正的，可以收取企业应当承担的职业教育经费，用于本地区的职业教育”。这一规定的法律制裁为“收取企业应当承担的职业教育经费，用于本地区的职业教育”，其中没有规定收取职业教育经费的比例，不具备操作性，所以在职业教育校企合作法律的制定中，法律制裁应该明确具体。

（三）职业院校的法律责任

职业院校是职业教育活动的具体组织实施者。在职业教育校企合作关系中，已经界定职业院校为我国进行学历性职业教育类学校，不包括教育培训机构。职业院校在职业教育校企合作法律中的法律责任也与职业院校在职业教育校企合作法律中的主体责任是相对应的。职业院校的法律责任应包括在校企合作中违反有关规定的，职业院校侵犯受教育者的平等受教育权的，非法办学的，管理混乱严重影响教育教学的，乱收费的，非法颁发证书的，侵害实习学生、教师合法权益的，弄虚作假、获得职业教育校企合作相关收益的，应当依法承担相应的法律责任，并施以具体的法律制裁。

第八节　完善职业资格证书制度、严格就业准入制度

1993年，我国开始实施职业资格证书制度，至今已初步建立了一套符合我国国情的职业资格证书体系。但我国的职业资格证书缺少行业企业的参与，导致职业资格证书在某种程度上不符合市场行业能力的需求，在管理制度、考核方式等方面还需要进一步完善。职业资格证书制度应吸引行业企业的参与，建立统一的职业资格证书标准体系、管理制度，建立统一的职业资格认证体系，构建职业资格证书与学历证书相互衔接的制度，加强职业资格证书的质量管理，严格就业准入制度，不断促进我国职业资格证书制度健康发展。

目前，我国正逐步加强职业资格证书制度的相关法规建设方面的工作。我国颁布的《中华人民共和国职业教育法》和《中华人民共和国劳动法》中有关于职业资格证书制度的表述，劳动和社会保障部2000年印发了《关于大力推进职业资格证书制度建设的若干意见》，2004年制定了《职业资格证书规定》。但我国关于职业资格证书制度的法规还不够完善，应加强职业资格证书制度完善工作，从统一职业资格证书管理体系、认证体系，实现学历证书与职业资格证书互通认证，规范职业资格证书的考核制度，严格就业准入制度等方面着手，逐步形成完善的职业资格证书制度。

一、建立国家统一的职业资格证书管理体系

目前，我国职业资格证书的管理主要是由人力资源和社会保障部负责，采用政府主导的非竞争性集中管理方式，以及逐层下放到各省市以及各行业协会组织的分权管理模式，但我国行业协会由于历史原因目前无法担负应负的责任，加之我国职业资格证种类繁多，多个部门多家机构共同管理，现有的职业资格证书既有劳动部、教育部颁发的，也有由行业组织自行组织颁发的。培训认证部门只看重经济效益，培训无法满足企业的实际需要，证书的社会认可程度不高，降低了职业资格证书的含金量和可信度，无证就业现象非常普遍。同时由于职业资格证书培训的主要形式应为校企结合，职业资格证书的管理同样离不开教育行政部门，证书的统筹组织管理与颁发虽然是劳动部门，但取得证书的途径是离不开职业教育的，这些情况往往

导致职业资格证书管理混乱的局面出现，严重影响了证书的社会认可度和有效性，需要建立国家统一的职业资格证书管理体系。

建立国家统一的职业资格证书管理体系，重点在立法方面，要从法律层面来保障职业资格证书的质量和权威，完善职业资格证书制度的法规体系，以法律手段保障制度的有序运行。应当通过立法建立由行业组织参与管理的，国家统一的由职业院校对职业资格证书实施培训、由劳动部门组织考试和证书授予为一体的职业资格体系，并严格职业准入制度。

二、强调行业、企业的参与

国家职业资格证书制度的最终环节还是满足劳动力市场需求，因此要发挥行业协会、企业在实施职业资格证书中的作用。政府应大力扶持行业企业的参与，由劳动部门、教育部门、行业协会和企业共同认定职业资格标准，保证职业标准既能够符合行业企业对人才的要求，又能满足个体进一步发展的需要，使企业对雇员的实际操作技能、知识水平及职业态度等要求能够融入职业教育的标准当中，有利于解决当前职业教育发展中存在的专业理论教学与实践脱节的问题，同时有利于企业与个体的发展。一是企业不再需要投入人力物力对新聘任的员工进行企业内的上岗培训，二是学习者不用再花费时间精力重新学习实践技能。最重要的是加强行业企业的参与，有利于提高行业企业对我国职业资格证书的认同，从而严格执行就业准入制度。

三、确立标准，严格质量

要保证职业资格证书在国家行业企业中真正具有影响力，必须确立统一的国家职业资格标准，并严格职业资格证书管理。

（一）确立统一的国家职业资格标准

我国应当由国家确立统一的国家职业资格标准，规范职业资格证书的评估活动，提高职业资格证书在劳动力市场的认可度。确立统一的国家职业资格标准，应由多方参与制定，应组织劳动部门、教育部门、相应行业企业参加国家相应的职业资格标准的制定，应借鉴发达国家成功的经验完善我国职业资格标准。同时随着生产技术的更新和新职业岗位的出现，职业资格的标准也应做相应的调整和改变。因此制定国家职业资格标准，不仅应考虑劳动者需具备适应多种职业的通用能力及丰富的专业知识，还应考虑劳动者需具备与人交往的沟通能力、对待职业的专业态度、灵活的应变能力以及不断学习进步的能力。

（二）保证职业资格证书的质量管理

加强质量管理是做好职业资格证书工作的关键。一是鼓励行业协会参与职业资格证书的管理。职业资格证书制度培养的劳动者满足的是行业企业的需要，职业资格证书制度培养的劳动者最终也是被行业企业所接纳的，行业企业对职业资格标准有着现实的具体的指标，只有行业企业的参与，才能真正保证职业资格证书的质量，行业企业应加入职业资格证书的管理中，协助职业院校负责岗位资格证书培训，协助劳动部门建立与职业资格证书考核相对应的管理制度，保证职业资格证书的质量。二是各类职业资格证书必须实行教考分离。应由劳动部门组织专门的评估委员会（行业协会、企业也在其中占有一定比例）负责对学生进行评估，对职业资格评估的各个环节进行规范管理，以保障职业资格证书的质量。三是保证职业资格证书培训的质量。在新的国家统一的职业资格证书管理体系中，职业院校负责实施职业资格证书培训。目前我国职业院校的校企合作因为缺乏法律的保障，还未真正全面开展，因此实训设备以及专业教师的水平都有待提高，应加快与企业的合作，改善职业教育的环境，提高人才培养的质量，从而从根本上保障职业资格证书的质量。

四、实现学历证书与职业资格证书互通认证

我国现有文凭学历证书和职业资格证书分属不同部门管理，文凭学历证书由教育部颁发，职业资格证书由劳动保障部颁发，这使得文凭学历证书与职业资格证书相互衔接性较差，完全是没有任何交接的两个系统，这使得学生只能在职业资格和文凭学历资格二者当中择其一，限制了学生个体发展的机会，同时对于已经参加工作的劳动者而言，文凭学历证书与职业资格证书的分轨制，也使得他们缺乏继续深造的平台，不利于学习者接受继续教育与终身发展。应实现文凭学历证书与职业资格证书互通认证，构建一个国家资格互换框架，在职业资格和文凭学历资格之间搭建了一座桥梁，使学生能够根据自身情况自由选择发展的空间，有助于学生的终身发展。

要做到职业资格证书与文凭学历证书的真正衔接，一是需要国家制定相关法律

法规，构建一个职业资格证书与文凭学历证书相互衔接的框架体系；二是加强负责文凭学历教育的教育部门与负责职业资格证书的劳动部门之间的联系，在各自保证两种证书的培养质量及对各自质量认可的基础上，两种证书的相互认证才会真正实现；三是改革职业院校的招生制度，允许职业院校在现有基础上，招收获得相应资格证书的社会人员；四是在职业院校与普通高校之间实行学分互换，搭建各类型、各层次教育之间上下沟通的“立交桥”，不仅普通教育与职业教育之间可以相互沟通衔接，而且中等职业学校与高等职业学校之间也能相互沟通衔接，实现真正意义上的职业资格证书与学历资格证书的互通认证。

五、规范职业资格证书的考核制度

建立由行业组织参与管理的，国家统一的由职业院校对职业资格证书实施培训、由劳动部门组织考试和证书授予为一体的国家统一的职业资格证书管理体系，是本研究对国家职业资格证书制度的一种设想。在这个体系中，培训与考核发证工作是由两个部门实施的，这种教考分离的情况更能保证职业资格证书的质量，提升职业资格证书的社会认可度。

我国目前的职业资格证书制度的考核体系存在很大的弊端：

（1）教考不分离。培训部门同时监管考核，致使部分培训机构为追求利益而放松对证书的考核，或者使考核流于形式。

（2）已公布的职业资格考核标准落后，无法满足社会经济的快速发展，无法满足职业技能从形式到内容的发展与更新。“我国国家职业资格工作网上公布了 301 个职业资格标准，然而我国现行职业分类大典中共收录 1838 种职业，其中包括 4700 多个工种，两者相比，存在着巨大的差距。”[1]

（3）地方经济发展的不平衡，导致不同地区的职业资格考核对统一标准的不适应。我国幅员辽阔，东、西部经济与产业发展存在很大差异，依据统一的标准用同样的题目进行考核，会造成一定的不公平。

（4）职业资格考核方式单一。我国职业资格的考核很大程度上遵循的是传统的考核模式，考核方式以书面考试为主，考核内容重知识轻技能，考核结果注重最终一次的结业考试。

职业资格证书的考核对整个职业资格证书体系是至关重要的，考核结果的科学

[1] 吴雪萍，汪鑫.发达国家实施职业资格证书制度的经验及启示[J].职教论坛，2010(13)：88.

有效直接影响职业资格证书的社会认可度，只有建立科学的考核体系，才能保证职业资格证书制度的有效施行，保证其权威性和流通性。构建科学的职业资格考核体系应不断改进现行的考试方法，加强对劳动者核心技能的考核，同时充分考虑劳动者职业生涯持续发展的需要。

建立标准化和多元化的职业资格考核依据。建立标准化的考评依据，学习者、教师、考核人员都事先了解要评价什么，应达到什么标准，这样有利于学习者有针对性地学习，教师在授课中能掌握授课重点，考核人员能了解考核方式及内容，从而增加了考核的透明度和公正性。设计考核依据，考核依据需具体，并注重依据的可操作性。由劳动部门组织人员制定可行的考核标准，编制相应的考试大纲、培训课程和确定考试形式，并且考核标准不是一成不变的，需依据经济发展和技术更新、职业更迭的实际情况及时调整职业资格的考核标准。

加强实践环节的考核。我国职业资格证书的现行考核方式，多实行书面考试，考查的是学习者对专业理论知识的掌握，对行业企业岗位需要的学习者的实际操作能力水平考核不足，因此职业资格证书的考核需要加强实践环节的考核，加大实践内容的考核比例，让鉴定考核在工作现场或模拟真实场景中进行，考核学习者的操作技能。

考虑评价结果解释的系统性。我国职业资格的考核主要来自对学习者的最终结业考试的解释，这与英、澳的职业资格认证存在很大的差异性，我国要建立多元化的职业资格考核依据，使职业资格认证中所采纳的不再仅仅是学习者的最终结业考试成绩。应借鉴英国普通国家职业资格证书制度中的“档案袋”评价法，看重学习者已掌握什么知识和技能，收集学习者掌握知识技能的相关证据（证据还包括学习者以往与所学证书课程有关的学习经历或在企业工作的评价），对学习者进行评估，分析判断学习者的能力，而不是仅仅根据学习结束后的书面结业考试来评判学习者的能力或学习的结果。

六、严格就业准入制度

2000 年 7 月，中华人民共和国劳动和社会保障部颁发施行了《招用技术工种从业人员规定》，其中第二条“国家实行先培训后上岗的就业制度。用人单位招用从事技术复杂以及涉及国家财产、人民生命安全和消费者利益工种（职业）（以下简称技术工种）的劳动者，必须从取得相应职业资格证书的人员中录用。技术工种范围由劳动和社会保障部确定。省、自治区、直辖市劳动保障行政部门和国务院有关部门劳动保障工作机构根据实际需要，经劳动和社会保障部批准，可增加技术工种的范围”及第四条“技工学校、职业（技术）学校、就业训练中心及各类职业培训机构的毕（结）业生，必须取得相应职业资格证书后，才能到技术工种岗位就业”严格规定了参加技术岗位就业的劳动者必须先培训取得职业资格证书后才能上岗，无证不得上岗。在该规定中，还颁布了持职业资格证书就业的工种（职业）目录，有生产、运输设备操作人员，农林牧渔水利业生产人员，商业、服务业人员，办事人员和有关人员，包括 90 个技术工种。但是，我国目前在实施过程中却未完全落实，这主要源于缺乏严格实施就业准入制度的法律制度。

我国现有劳动力市场上存在着就业不公平现象，有职业资格证书的人员被无职业资格证书人员挤占的现象层出不穷，因为我国大部分企业现有生产技术含量不高，企业为了降低用人成本，在招收员工的过程中考虑更多的是劳动力的价格，更愿意雇佣没有职业资格证书的廉价劳动力，从而导致我国现有劳动力结构不佳和学生就业问题的出现。鉴于此，国家应尽早出台相关的法律，积极推行职业资格证书制度，严格就业准入制度，严格执行持证上岗制度，为保证就业质量提供制度保障。严格就业准入制度，无证的劳动者通过职业资格培训可以提高自身劳动技能，可以改变就业被动和盲目的处境。同时，就业准入制度可以规范企业和劳动者的行为，优化劳动力水平结构，为社会经济的发展服务。

第九节　健全职业教育校企合作法律制度监督体系

“法律监督一词在我国法学界一般有广义和狭义两种含义。广义上的法律监督指的是，所有国家机关、社会组织和公民对各种法律活动的合法性进行的监察和督导。狭义上的法律监督指的是，由特定的国家机关依照其法定权限和法定程序，对立法、司法和执法活动的合法性进行监察和督导。通常在法的一般理论中，法律监督是指广义而言。”[1]“从宪法和法律的有关规定看，法律监督是指运用国家权力，依照法定程序，检查、督促和纠正法律实施过程中严重违法的情况，以维护国家法制的统一和法律正确实施的一项专门工作。”[2]从概念可以看出，法律监督体系的主体为国家机关、社会组织和公民，法律监督必须依照法定权限和法定程序，法律监督的目的是检查、督促和纠正违法情况。

通过研究职业教育校企合作的法律制度建设，构想建立完善的职业教育校企合作法律体系，但完善的法律体系还需要法律监督体系来保证法律体系的实施，因此健全职业教育校企合作法律监督体系，建立一套有效的职业教育法律运作、监督机制，是实现职业教育法制的保障。职业教育校企合作法律监督体系应该是依照一定的法律程序、自上而下的监督体制，包括权力机关监督、司法监督、行政监督、社会监督。

一、形成自上而下的监督体制

建立健全职业教育校企合作法律监督体系，就应形成通过国家法律制度的制定和运用，来制约和督促社会各个方面执法守法的自上而下的法律监督体制。

（一）各级人大对职业教育校企合作法律进行监督

我国国家的一切权力属于人民，人民行使国家权力的机关是全国人民代表大会和地方各级人民代表大会，其常设机关是人民代表大会常务委员会。根据我国现行法律的规定，人大常委会对职业教育校企合作法律的监督体现在两方面：一是立法监督职能，必须保证职业教育校企合作的相关立法不能违背宪法，职业教育校企合作相关法律的制定必须与教育法、职业教育法、地方职业教育校企合作促进法等上下位法保持一致；二是执法监督职能，是对各级政府及相关职能部门等执行职业教育校企合作法律制度的情况进行监督，如对政府职业教育校企合作经费投入情况进行执法监督。

（二）司法机关对职业教育校企合作法律进行司法监督

“司法机关对职业教育校企合作法律监督主要是法院对政府及相关职能部门等行政机关的司法监督，指法院依法对特定行政机关及公职人员的特定行政行为是否

[1] 韩德培，马克昌.法理学[M].北京：人民法院出版社，中国社会科学出版社，2008：415.

[2] 黄明东.教育政策与法律[M].武汉：武汉大学出版社，2007：265.

违法、越权、侵权、失职、不当进行审理和判决。”[1]职业教育校企合作涉及的部门不仅仅是教育行政部门，还涉及劳动与社会保障部门、财政部门、税务部门等。如职业院校学生在校企合作过程中，加入企业学习，在实习中遇到企业不支付相应的报酬的情况，可能涉及教育部门、劳动保障部门等；企业积极参与职业教育校企合作应享受税收优惠政策，就需要税务部门的配合。因此，司法机关对职业教育校企合作进行法律监督主要是对教育部门、劳动保障部门、税务部门、财政部门等行政机关及公职人员的违法、越权、侵权、失职、不当行为进行审理和判决。

（三）行政机关对职业教育校企合作法律进行行政监督

“行政机关的行政监督包括上下级行政机关的相互监督和特设的行政监察机关对行政的监督。在教育系统内，有一种特殊的对教育工作的行政监督，称为督导制度。”[2]

职业教育校企合作涉及的行政机关不仅包括国务院教育行政部门，还包括劳动等职能部门，因此，对职业教育校企合作法律行政监督一方面表现为建立和健全职业教育督导制度。“教育督导制度是我国教育行政监督的一项基本制度，是教育督导机构对下级政府的教育工作、下级教育行政部门和各学校工作进行监督、检查、评估、指导，保证国家有关教育的方针、政策、法规的贯彻执行和教育目标的实现。”[3]职业教育督导制度要从职业教育的性质、特点出发，制定实施督导的职权范围以及具体措施，加强对职业教育的督导。另一方面表现为劳动部门对校企合作参与企业的督导，对校企合作实施过程中的企业行为进行监督、检查，保证企业严格遵照职业教育校企合作法律制度的规定，真正参与到职业教育人才培养中，使校企合作不再流于形式。

（四）社会监督

“社会监督泛指国家机关以外的各政党、社会组织和人民群众依照宪法和有关法律，通过各种途径和手段对各种法律活动合法性所进行的监督。它不具有严格的法律形式，不具有直接的法律效力，不具有强制性的法律后果，但具有广泛性和自

[1] 黄明东.教育政策与法律[M].武汉:武汉大学出版社,2007:284.
[2] 黄明东.教育政策与法律[M].武汉:武汉大学出版社,2007:286.
[3] 黄明东.教育政策与法律[M].武汉:武汉大学出版社,2007:286.

发性，是一种重要的法律监督形式。”[1] 在职业教育校企合作法律监督体系中，职业教育校企合作的内容和主体是多元的，同时由于教育的公益性质，决定了职业教育法律的实施需要来自社会组织和人民群众的监督。目前，我国社会组织和群众的法律意识不强，很难发挥监督职能。在一个国家，教育法律意识对教育法制建设会产生很大的影响，如果国民法律意识总体水平不高，一个国家法律制度建设再完善也难以发挥其作用。法制的实施更多地体现在人民群众对法的遵守和评价上，特别是与社会紧密联系的职业教育，更需要有社会的参与和监督。因此，职业教育校企合作法律的监督更多地涉及国家和政府部门以外的社会组织和人民群众。

二、执法监督程序的规范

执法程序公正是现代法治的一项基本要求，执法程序是保证执法行为正当、合法的必要条件。我国职业教育法同我国其他法令一样存在重实体、轻程序的立法缺陷。我国《教育法》和《职业教育法》都没有执法程序的条款规定,教育部颁发的《教育行政处罚暂行实施办法》对教育行政处罚程序作了规定，但仅规定了行政处罚制度和程序，并且效力层级较低，在实践中职业教育行政程序往往由行政机关自行决定。因此，职业教育立法应规定具体的，公平、公开的执法监督程序和具体适用范围。具体的执法监督程序应包括执法检查和接受举报的程序、立案程序、调查程序、听证程序、处罚决定、行政复议等，以及各程序所需要的材料和期限限制的规定。

三、增加行业协会的执法监督

职业教育校企合作，企业是其主体，有着共同的目的，即培养符合行业企业实际需要的技能型人才，满足行业企业经济发展的需要，而行业协会是协调企业之间的关系，负责政府与企业之间沟通的一种中介组织，起到的是桥梁和纽带的作用。在这种情况下，职业教育校企合作法律监督需要增加行业协会的执法监督。行业协会是各行业的民间自治组织，具有相应的专业力量，有着一定的协调功能，许多国家的行业协会都具有职业教育的监督权，如德国《联邦职业技术教育法》中规定各行业协会是职业教育的主管机构，因此，应增加行业协会的执法监督权。

---

[1] 韩德培，马克昌.法理学[M].北京：人民法院出版社，中国社会科学出版社，2008：424.

第十节　建立职业教育校企合作法律救济制度

职业教育校企合作法律救济主要指，职业院校老师、学生及企业在职业教育校企合作法律中被赋予的在职业教育校企合作中因法定权利受到侵害或法定义务无法履行时所寻求的法律保护。

“就我国目前的教育法律关系看，教育法律救济的途径主要包括行政救济（申诉制度、行政复议和行政诉讼）、民事救济和刑事救济。”[1]职业教育校企合作法律救济制度就是对职业院校教师、学生及企业提供的相关法律保护的所有救济途径的制度总和。职业教育校企合作法律救济的途径也主要包括行政救济（申诉制度、行政复议和行政诉讼）、民事救济和刑事救济。

职业教育校企合作中的申诉涉及职业院校教师、学生及参与企业，就需要有相应的法律法规作出相应的规定来进行保障。我国目前只有《中华人民共和国教育法》对学生的申诉权作出了法律规定，《中华人民共和国教师法》对教师的申诉权作出了法律规定，而《中华人民共和国职业教育法》及其他职业教育相关法律均没有对教师、学生、参与企业这三种特殊的主体的申诉权作专门的规定。因此，需要建立职业教育校企合作救济制度，在《中华人民共和国职业教育法》修订中及职业教育校企合作相关法律法规制定中，均应考虑对职业院校教师、学生及参与企业在校企合作过程中的申诉权作出专门规定。

一、教师的申诉权

教师的申诉权在《中华人民共和国教师法》第三十九条中得到规定，“教师对学校或者其他教育机构侵犯其合法权益的，或者对学校或者其他教育机构作出的处理不服的，可以向教育行政部门提出申诉，教育行政部门应当在接到申诉的三十日内，作出处理。教师认为当地人民政府有关行政部门侵犯其根据本法规定享有的权利的，可以向同级人民政府或者上一级人民政府有关部门提出申诉，同级人民政府或者上一级人民政府有关部门应当作出处理。”但职业教育校企合作中的教师与普通学校的教师不完全一样，职业教育教师需定期到企业去学习新技术的运用，涉及

[1] 黄明东.教育政策与法律[M].武汉：武汉大学出版社，2007：368.

与参与企业的联系，在相关法律制度的制定中，需确立有对教师在实践学习中遇到侵犯其合法权益的行为的申诉权的条款。

二、学生的申诉权

《中华人民共和国教育法》第四十二条在规定学生享有的权利的同时，第四点规定了学生的申诉权，“对学校给予的处分不服向有关部门提出申诉，对学校、教师侵犯其人身权、财产权等合法权益，提出申诉或者依法提起诉讼。”职业教育校企合作与普通教育不同，学生需要在企业实习，且实习的学生很大一部分属于未成年人。在本研究第七部分“确保职业教育校企合作立法内容保障受教育者权益”一节中，论及在法律制度的制定中需强调签订职业教育校企合作合同及确立实习生发生意外伤害的条款，在相关法律的制定中，也需要确定学生在校企合作实习中遇到有关问题所具备的申诉权。

三、校企合作参与企业的申诉权

有权利必有救济。参与企业在职业教育校企合作中的主体地位决定了其必然享有一定的权利。本研究认为，在职业教育校企合作立法中，首要的任务是确立企业在校企合作中的主体责任，规定企业在校企合作中的责权利，当企业在这种合作中的权益受到损害时，相关立法中也应规定企业应有的申诉权利。

职业教育校企合作法律救济的行政复议依据《中华人民共和国行政复议法》的规定来进行，行政诉讼依据《中华人民共和国行政诉讼法》及《关于执行＜中华人民共和国行政诉讼法＞若干问题的解释》的规定来进行，民事救济依据《中华人民共和国民事诉讼法》的规定来进行，刑事救济依据《中华人民共和国刑事诉讼法》的规定来进行。

第六章

结论与展望

本研究将教育学与法学的有关知识结合起来研究职业教育校企合作法律制度建设，通过分析、比较，得到了一些结论，但也存在一些可以进一步研究的内容。

一、研究结论

通过运用有关理论分析职业教育校企合作中的校企关系，比较研究几个职业教育校企合作法律制度建设较先进的国家，分析我国职业教育校企合作法律制度建设的现状，得到以下几个方面的主要结论。

（一）通过相关理论分析，明确职业教育校企合作中校企之间的关系

本研究对共生理论、战略联盟理论、博弈论进行分析，从理论上得出企业与职业院校的发展都需要实现校企合作。从现阶段看，职业院校的要求更迫切，更需要企业为其技能人才的培养提供不可或缺的支持，这种支持对职业院校甚至整个职业教育的发展都是最根本的，从理论上而言，职业院校的支持对企业的发展也是根本的，为企业的运作提供新生力量，而我国大部分企业因为生产技术含量不高，技术工人的流动性过高，使之忽略与职业院校的合作，随着科技进步和经济的发展，企业对职业院校的这种需求会逐步加深。职业教育的校企之间的关系与普通教育的校企之间的关系有着本质的区别，普通教育的校企之间的关系体现在学校与企业在科技创新、成果转化等层面，其相互间的促进是锦上添花；而职业教育校企之间的关

系体现在作为学校基础功能的培养人才层面，其相互间的促进是雪中送炭。通过文献综述和相关理论分析，本研究将重点放在研究职业教育校企合作法律制度建设方面。

（二）通过对几个国家的比较研究，提出我国法律制度保障的职业教育校企合作模式

普通教育校企合作，企业是参与者；职业教育校企合作，企业是主体。分析德国、美国、日本、英国、澳大利亚等几个职业教育校企合作立法成熟且各有特色的国家的做法，可以发现这几个国家在职业教育过程中形成符合自己国家经济发展的校企合作模式，有一个共同点，就是在职业教育校企合作的所有法律制度中，都强调企业的主体责任。企业主体责任的确立，在职业教育校企合作过程中，企业能确定职业院校学生的培养符合行业企业对人才的需求，能将对雇员的要求指标与学生的培养目标结合起来，能解决职业院校培养人才理论教学与实践脱节的问题，同时能降低企业对初上岗员工投入的上岗培训成本。在立法中，对企业主体责任的确立，需要阐明几方面的问题：一是有吸引企业成为办学主体的激励机制和保障措施；二是企业的主体责任体现在与职业院校共同研究人才培养方案、设置专业、开发课程、参与教学、培训教师，学生考核，接纳职业院校学生和专业教师的实习，为其提供实训场地、设备设施、师资指导、安全防护，并确保实习学生的权益等方面。

本研究认为，我国应形成有中国特色的法律制度保障的职业教育校企合作模式，并通过相关法律制度的建设保障其施行。

（三）通过对我国现状的梳理，明确需关注职业资格证书制度与就业准入制度

职业资格证书制度与就业准入制度的完善需建立由行业组织参与管理的、国家统一的，由职业院校对职业资格证书实施培训、由劳动部门组织考试和证书授予为一体的职业资格体系，并严格职业准入制度。其强调的也是校企合作，职业院校对职业资格证书实施的培训离不开行业的指导、企业的参与。严格职业准入制度，国家规定某些技术岗位，就业者没有在职业院校受过相应技能教育并取得职业资格证书是不能上岗的，这同样需要校企合作。因此，在职业教育校企合作的相关立法中需关注职业资格证书制度与就业准入制度的完善，使其更好地为职业教育校企合作服务。

（四）通过整体思路整理，确定需建立完整的职业教育校企合作法律制度体系

在我国，完善的职业教育法律体系应以《职业教育法》为核心，形成由基本法、单行法、行政法规、部门规章、地方性职业教育校企合作促进条例及实施细则、配套法规共同组成的内容全面具体、层级清晰的职业教育法律体系。职业教育校企合作法律体系，纵向上应该包括职业教育校企合作基本法律、职业教育校企合作单行法律、职业教育校企合作行政法规、职业教育校企合作部门规章、职业教育校企合作地方性法规和规章，横向上应涵盖配套法规、实施细则及各行业校企合作法规，对职业教育校企合作涉及的各个领域、各类问题进行较为具体、具备可操作性的规定。职业教育校企合作单行法律应完善《中华人民共和国职业教育法》，制定《中华人民共和国职业教育校企合作促进条例》。职业教育校企合作相关立法因职业教育的特殊性，需以社会需求立法，并及时更新。

二、研究不足与展望

分析职业教育校企合作法律制度，探讨建设我国职业教育校企合作法律制度的研究，在国内可以查阅的文献来看是非常之少的。通过对职业教育校企合作法律制度建设的研究，深知自身在法学、经济学方面理论知识的欠缺，以致没有很好地将理论框架应用到本论文的研究中，同时也认识到职业教育校企合作所需要解决的问题还有很大的研究空间，且不仅仅体现在立法层面。本研究由于一是目前职业教育刚刚迎来发展的机遇，对职业教育校企合作法律制度的研究属于起步阶段，参考文献有限；二是关于法律政策的研究很难进行问卷调查，同时因目前职业学校与企业的合作多为浅层次合作，要调研分析在校企合作中企业与学校各自的权利和义务以及政府的主导责任，学校与企业都缺乏感性认识，会给调研带来困难；三是本研究意从教育学和法学的角度探索职业教育立法的变革，由于专业知识所限及研究能力有限等几方面的原因，从法学的角度来看必然带有很大的缺陷，故而会出现研究的缺憾，还存在需要进一步探究的内容。

一是在职业教育学、法学的基础上，可以结合经济学相关内容来分析校企合作之间的关系，在更全面深入地分析研究职业教育校企合作关系之后，再进行职业教育校企合作法律制度的研究，所考虑的内容会更具体、细致。

二是对《宁波市职业教育校企合作促进条例》实施后的宁波市的企业与职业院校进行调研，分析实践中出现的问题，总结经验，为国家职业教育校企合作法律制

度的进一步研究提供参考。

三是长期进行理论学习，缺少职业教育校企合作中相关问题的第一手资料，在今后应多对职业院校校企合作中的学校及企业进行调研，查找具体问题，分析问题形成的原因，理论结合实际来深入研究职业教育校企合作法律制度。

职业教育校企合作法律制度建设的研究是一个比较新的课题，能为《职业教育法》的修订及国家层面的职业教育校企合作立法提供理论依据，本研究仅仅是对此课题的初步探讨，希望在今后不断地深化和完善。

参考文献

中文文献

1. 连续出版物

[1] 曹曼 . 基于知识联盟理论的国际科技合作研究 [J]. 中国行政管理，2008 (03)：59-61.

[2] 蔡跃，王继平 . 从《联邦职业教育法》看德国行会在职业教育中的作用 [J]. 教育理论与实践，2011 (02)：25-27.

[3] 陈梦迁 . 发达国家职业教育立法基本原则研究 [J]. 职业技术教育，2007 (28)：84-88.

[4] 崔秀玲 . 关于《宁波市职业教育校企合作促进条例》的说明 [J]. 浙江人大公报版，2009 (01)：61-62.

[5] 戴荣 . 我国职业教育法的历史贡献与修改完善 [J]. 职教论坛，2006 (10)：4-10.

[6] 方芳 . 我国职业教育法律体系之反思与重构 [J]. 职业技术教育，2009 (07)：10-14.

[7] 宫靖，祝士明，柴文革 . 日本职业教育立法的演进 [J]. 中国职业技术教育，2009 (11)：19-22.

[8] 高慧 . 美国职业教育立法及其对我国职业教育的启示 [J]. 湖南工业大学学报（社会科学版），2010 (02)：134-136.

[9] 高山艳 . 我国职业教育法制研究回顾与展望 [J]. 职教论坛，2009 (12)：23-26.

[10] 耿伟，赵善庆 . 关于出台《校企合作教育法》的思考 [J]. 新疆职业教育研究，2012 (2)：1-4.

[11] 郭德忠 . 试论职业资格证书立法的问题及对策 [J]. 教育与职业，2007 (05)：

22-24.

[12] 何源 . 英国国家职业资格证书制度及其启示 [J]. 中国职业技术教育 ,2002(22): 55-56.

[13] 荒原 . 台湾职业教育法规简介 (一) [J]. 教育与职业，1990 (02)：30-49.

[14] 荒原 . 台湾职业教育法规简介 (二) [J]. 教育与职业，1990 (03)：44-45.

[15] 荒原 . 台湾职业教育法规简介 (三) [J]. 教育与职业，1990 (04)：46-47.

[16] 黄泉生 . 宁波市职业教育校企合作立法之启示 [J]. 厦门政府法制 ,2011 (06).

[17] 黄尧 . 借鉴国外立法加强我国职业教育法制建设 [J]. 行政管理改革，2010 (08)：47-51.

[18] 黄玉芬 . 论我国职业教育法律制度的完善 [J]. 教育与职业，2011 (03)：19-21.

[19] 姜大源 . 职业教育立法的跨界思考——基于德国经验的反思 [J]. 教育发展研究，2009 (19)：32-35.

[20] 姜大源 . 德国联邦职业教育法译者序 [J]. 中国职业技术教育，2012(10)：71-88.

[21] 姜群英，雷世平 . 职业教育校企合作立法的具体问题探究 [J]. 职教通讯，2011 (5)：5-8.

[22] 姜群英，雷世平 . 职业教育校企合作立法的思考 [J]. 职教论坛，2010 (34)：72-75.

[23] 雷小波 . 从联邦德国职业教育立法引发的思考 [J]. 职业技术教育，2002 (22): 64-67.

[24] 兰小云 . 我国职业教育校企合作政策效度刍议 [J]. 现代教育管理，2012 (06): 72-74.

[25] 李敏谊 , 姚云 . 国家职业资格证书制度的国际比较 [J]. 大学(学术版),2010(09): 82-91.

[26] 李德华 , 付大学 . 我国《职业教育法》执法监督制度的完善 [J]. 高等职业教育，天津职业大学学报，2010 (02)：4-6.

[27] 李卿 . 国外企业参与职业教育激励机制的构建及启示 [J]. 现代企业教育，2012 (03) :77-78.

[28] 刘育锋 . 论澳大利亚职教法对我国职业教育法修订的借鉴意义 [J]. 职教论坛，

2011（01）：86-91.

[29] 刘艳珍．德国职业教育的立法特点及其启示 [J]. 成人教育，2009（04）：86-87.

[30] 刘春生，谢勇旗．台湾职业教育的特色及启示 [J]. 职业技术教育，2003（28）：28-31.

[31] 刘晓，蔡林．中央第一代领导集体的职业教育思想及历史贡献 [J]. 职业技术教育，2007（34）：24-27.

[32] 罗朝猛．日本职业教育立法的嬗变及其特色 [J]. 职业教育研究，2006（06）：156-158.

[33] 罗仕俐．职业教育校企合作立法难题初探 [J]. 职教论坛，2011（09）：20-26.

[34] 马迎贤．资源依赖理论的发展和贡献评析 [J]. 甘肃社会科学，2005（01）：116-119.

[35] 米靖，田蕾．职业教育校企合作立法研究综述 [J]. 职教通讯，2011（15）：23-29.

[36] 彭爽．西方五国职业教育立法的主要特征及对我国的启示 [J]. 当代教育论坛，2006（05）：121-122.

[37] 庞少召，田敏．民国时期职业教育法演进特征浅析 [J]. 教育与职业，2009（05）：37-39.

[38] 曲铁华，苏刚．民国时期职业教育立法特色及其启示 [J]. 沈阳师范大学学报（社会科学版），2009（04）：1-5.

[39] 沈剑光，严新乔．健全校企合作法律保障促进职业教育健康发展 [J]. 中国职业技术教育，2009（05）：19-23.

[40] 石丽艳，李卉．德美职业教育立法的比较与借鉴 [J]. 教育与职业，2011（11）：169-170.

[41] 隋亮．论我国职业教育法律体系的重构 [J]. 继续教育研究，2011（8）：36-39.

[42] 隋亮．职业教育法修订历程回眸 [J]. 职教论坛，2011（13）：74-78.

[43] 唐仲清．法律制度的概念分析 [J]. 辽东学院学报，2005（01）：10-13.

[44] 童光法．公法与私法划分之探讨 [J]. 首都高校哲学社会科学研究文集，北京：知识产权出版社，2005（06）.

[45] 童卫军，范怡瑜．行业企业参与职业教育运行模式研究 [J]. 教育发展研究，2012（11）：25-28.

[46] 王东，张慧霞．行业企业参与职业教育的本土经验及启示 [J]. 职业技术教育，2011（16）：11-15.

[47] 魏奇锋，顾新．产学研知识联盟的知识共享研究 [J]. 科学管理研究，2011（06）：89-93.

[48] 王晖．职业教育立法的国际经验考察及启示 [J]. 科教文汇，2010（10）：5-6.

[49] 王红林．英国职业教育立法的特点及其启示 [J]. 产业与科技论坛，2008（12）：245-246.

[50] 王萍．美国职业教育立法演变及其启示 [J]. 教育与职业，2004（09）：76-77.

[51] 吴秀杰．澳大利亚职业资格证书制度的特点及启示 [J]. 成都航空职业技术学院学报，2010（09）：14-17.

[52] 吴雪萍，汪鑫．发达国家实施职业资格证书制度的经验及启示 [J]. 职教论坛，2010（13）：85-89.

[53] 谢俊琍，杨琼．改革开放以来职业教育校企合作的政策解读及现状分析 [J]. 职业教育研究，2009（11）：11-12.

[54] 谢传兵．中德两国职业教育法比较 [J]. 江苏教育研究（理论版），2008（05）：54-57.

[55] 杨玲丽．共生理论在社会科学领域的应用 [J]. 社会科学论坛，2010（16）：149-157.

[56] 杨理连．工学结合概念内涵分析及其运行模式研究 [J]. 天津学术文库，天津人民出版社，2012：779.

[57] 杨永青．我国职业教育校企合作立法保障研究 [J]. 四川理工学院学报（社会科学版），2012（06）：93-97.

[58] 杨博文，黄恒振．共生理论：组织演化研究的新基础 [J]. 电子科技大学学报，2010（12）：29-32.

[59] 余焕模．台湾职业训练政策与立法之概说 [J]. 职业教育研究，1994（06）：26-27.

[60] 袁年兴，许宪隆．民族共生理论：散杂居民族关系及目标范示研究 [J]. 青海民族研究，2009（01）：119-124.

[61] 张惠梅 . 我国与发达国家职业教育立法的差异性研究 [J]. 职教论坛，2007，(07)：46-47.

[62] 张晓东 . 民国时期建教合作职业教育研究 [J]. 职教论坛，2010 (10)：91-95.

[63] 张金波 . 知识联盟视野中的产学合作体系构建 [J]. 理论月刊，2009 (01)：79-81.

[64] 张洁 . 论我国职业教育法制建设的完善 [J]. 教育与职业，2013 (01)：15-16.

[65] 赵学昌 . 关于校企合作办学法律制度建设的思考 [J]. 教育探索，2012 (4)：77-79.

[66] 周衍安 . 德国"双元制"职教考试制度评析与借鉴 [J]. 职业技术教育,2006(22).

[67] 邹羽 . 英国 BETC 制度对中国职业资格证书制度改革的启示 [J]. 职教论坛，2005 (05)：60-62.

[68] 徐朔 . 国际职业教育的基本模式及国别比较 [J]. 外国教育研究，2005 (08)：65-69.

[69] 徐平 . 美国合作教育的基本模式 [J]. 外国教育研究，2003 (08)：1-4.

[70] 严新乔 . 推进校企合作服务区域经济——宁波市职业教育校企合作现状调查报告 [J]. 职教论坛，2008 (23)：4.

2. 专著

[1] 陈鹏 . 公立高等学校法律关系研究 [M]. 北京：高等教育出版社，2006.

[2] 范如国 . 博弈论 [M]. 武汉：武汉大学出版社，2011.

[3] 郝维谦，李连宁 . 各国教育法制的比较研究 [M]. 北京：人民教育出版社，1994.

[4] 和震 . 职业教育政策研究 [M]. 北京：高等教育出版社，2012.

[5] 侯经川 . 基于博弈论的国家竞争力评价体系研究 [M]. 北京:北京图书馆出版社，2005.

[6] 黄明东 . 教育政策与法律 [M]. 武汉：武汉大学出版社，2007.

[7] 黄明东 . 中、美、法高校教师法律地位比较研究 [M]. 武汉：武汉大学出版社，2011.

[8] 韩德培，马克昌 . 法理学 [M]. 北京：人民法院出版社，中国社会科学出版社，2008 .

[9]《会计法律制度实用手册》编委会 . 会计法律制度实用手册 [M]. 上海：立信会计出版社，2008.

[10] 李蔺田，王萍 . 中国职业技术教育史 [M]. 北京 ：高等教育出版社，1997.

[11] 李龙 . 法理学 [M]. 北京 ：人民法院出版社，中国社会科学出版社，2003.

[12][美] 罗伯特 . 吉本斯 . 博弈论基础 [M]. 高峰，译 . 北京：中国社会科学出版社，1999.

[13][英] 琳达·克拉克 . 职业教育：国际策略、发展与制度 [M]. 翟海魂，译 . 北京：外语教学与研究出版社，2011 (06) .

[14] 彭爽 . 中国近代职业教育法律制度研究 [M]. 湖南 ：湖南人民出版社，2010.

[15] 石伟平，匡瑛 . 比较职业教育 [M]. 高等教育出版社，2012 (10) .

[16] 许云昭 . 超越差距——中外职业教育比较研究 [M]. 湖南 ：湖南教育出版社，2009 (01) .

[17][美] 约翰 · 杜威 . 民族主义与教育 [M]. 王承绪，译 . 北京 ：人民教育出版社，1990.

[18] 袁衍喜，张维平 . 当代美国教育改革与教育立法 [M]. 沈阳 : 辽宁教育出版社，1992.

[19] 张乐天 . 教育法规导读 [M]. 上海 ：华东师范大学出版社，2007.

[20] 翟海魂 . 发达国家职业技术教育历史演进 [M]. 上海 ：上海教育出版社，2008.

3. 学位论文

[1] 陈雪莲 . 基于博弈论的人力资源管理问题的研究 [D]. 广州 ：广东工业大学，2007.

[2] 鄂甜 . 德国职业教育考试新模式研究 [D]. 天津 ：天津大学，2008.

[3] 郭伟萍 . 英国职业资格证书制度的研究 [D]. 天津 ：天津大学，2005.

[4] 黄敏 . 基于共生理论的利益相关者管理研究 [D]. 昆明 ：云南大学，2011.

[5] 倪亚洲 . 基于共生理论的重庆山地规模住区发展研究 [D]. 重庆 ：重庆大学，2012.

[6] 覃薇 . 英国职业资格证书制度研究 [D]. 成都 ：四川师范大学，2009.

[7] 尚帅利 . 职业教育校企合作立法研究 [D]. 西安 ：西北农林科技大学，2012.

[8] 苏刚 . 民国时期职业教育立法研究 [D]. 长春 ：东北师范大学，2008.

[9] 田蕾 . 我国职业教育校企合作法律法规研究 [D]. 天津 ：天津大学，2011.

[10] 王丽君 . 日本现代职业教育立法研究 [D]. 天津 ：天津大学，2007.

[11] 王晖 . 我国《职业教育法》修订完善的对策研究 [D]. 上海 ：华东师范大学，

2010.

[12] 王为东 . 中国近代职业教育法制研究 [D]. 北京 : 中国政法大学，2006.

[13] 韦秀芝 . 与职业资格认证相衔接的高等职业教育改革研究 [D]. 武汉 : 武汉理工大学，2008.

[14] 许丽丽 . 建国后我国中等职业教育发展研究 [D]. 长春 : 东北师范大学，2009.

[15] 徐歌阳 . 民国时期职业教育法制分析 [D]. 上海 : 上海师范大学，2009.

[16] 杨景振 . 民国时期职业教育法制研究 [D]. 石家庄 : 河北师范大学，2008.

[17] 杨柳 . 我国职业教育法制的问题及完善对策研究 [D]. 武汉 : 华中师范大学，2007.

[18] 翟焰魂 . 我国地方职业教育立法比较研究 [D]. 石家庄 : 河北师范大学，2010.

[19] 张凡 . 政府推进职业教育校企合作的研究 [D]. 天津 : 天津大学，2011.

[20] 赵敏 . 美国职业教育立法研究 [D]. 苏州 : 苏州大学，2008.

[20] 秦丽娟 . 澳大利亚职业教育校企合作保障机制研究 [D]. 重庆 : 西南大学，2013.

[21] 樊丽文 . 职业教育校企合作中学生实习法律制度研究 [D]. 天津 : 天津理工大学，2014.

[22] 江奇 . 德国职业教育校企合作机制研究 [D]. 西安 : 陕西师范大学，2014.

[23] 荣艳红 . 美国联邦职业技术教育立法研究 [D]. 石家庄 : 河北大学，2008.

[24] 王君丽 . 日本现代职业教育立法研究 [D]. 天津 : 天津大学，2007.

[25] 王璐菲 . 中日职业教育立法的比较研究 [D]. 长春 : 长春理工大学，2014.

4. 报纸文章

[1] 邢晖，佛朝晖 . 新的期盼《中华人民共和国职业教育法》修订 [N]. 中国教育报，2009 年 12 月 05 日 .

5. 电子文献

[1] 博弈论 . 耶鲁大学教育公开课 [EB/OL]. http://tv.sohu.com/s2010/by1/，2011.

[2] 梁剑兵 . “软法律” 论纲——对中国法治本土资源的一种界分 [EB/OL]. http://www.lwlm.com/html/2008-07/90647.htm，2008 年 7 月 3 日 .

[3] 苏善生 .《宁波市职业教育校企合作促进条例》2009 年 3 月 1 日起实施 [EB/OL]. 东南商报 http://daily.cnnb.com.cn/dnsb/html/2009-02/28/content_66209.html，2009 年 02 月 28 日 .

[4] 中国教育新闻网资料中心 [EB/OL]. http://www.jyb.cn/info/jyzck/200909/t20090904_308038.html，2009 年 9 月 4 日 .

[5] 朱永新 . 建议出台《职业教育校企合作促进条例》[EB/OL]. http://learning.sohu.com/20120309/n337258711.shtml，2012 年 03 月 09 日 .

[6] 厦门大学国际税法与比较税制研究中心 . 厦门大学《税法》省级本科精品课程 [EB/OL]. http://www.citact-xmu.com/kc/sf/teach.php?sortid=9&id=2786，2008 年 12 月 22 日 .

[7] 朱振岳 . 宁波职教打造校企深度合作模式 [EB/OL]. 中国教育新闻网—中国教育报 www.jyb.cn，2010 年 10 月 17 日 .

[8] 史望颖 . 浙江宁波打造职业教育校企合作公共服务新平台 [EB/OL]. 中国教育新闻网—中国教育报 www.jyb.cn，2013 年 10 月 30 日 .

[9]2008 年宁波市国民经济和社会发展统计公报 [EB/OL]. 浙江在线新闻网站 http://zjnews.zjol.com.cn/05zjnews/system/2009/01/22/015201938.shtml，2009 年 01 月 22 日 .

[10]2009 年宁波市国民经济和社会发展统计公报 [EB/OL]. 宁波市统计局 中国宁波网 http://www.cnnb.com.cn，2010 年 02 月 01 日 .

[11]2012 年宁波市国民经济和社会发展统计公报 [EB/OL]. 宁波日报 http://gtog.ningbo.gov.cn/art/2013/2/4/art_11786_970507.htm，2013-02-04 日 .

[12]2013 年宁波市国民经济和社会发展统计公报 [EB/OL]. 中国宁波网 http://www.cnnb.com.cn，2014 年 01 月 30 日 .

[13]2014 年宁波市国民经济和社会发展统计公报 [EB/OL]. 宁波日报 A8 版 http://www.nbrb.com.cn/html/szxw/zwrj/2015/0130/205248.html，2015 年 01 月 30 日 .

[14]2010 年宁波市国民经济和社会发展统计公报 [EB/OL]. 宁波市统计局 中国宁波网 http://www.cnnb.com.cn，2011 年 01 月 28 日 .

英文文献

[1][欧]Chana Kasipar, Mac Van Tien, Se-Yung LIM. *Linking Vocational Training with the Enterprises-Asian Perspectives[M]*. In WEnt-Internationale Weiterbildung und Entwicklung gGmbH Capacity Building International, Germany, 2009.

[2][美]David Boud, Nicky Solomon. *Work-based learning: A New Hinger Education[M].* University Press, 2011.

[3][美]Felix Rauner, Rupert Maclean. *Handbook of Technical and Vocational Education and Training Reasearch[M].* Springer, 2008 .

[4][美]Sallies, E. *Total Quality Management in Education [M].* London: kogan page, 1993.

[5][欧]The European Centre for the Development of Vocational Training. *The Material and Social Standing of Young People During Transition from School to Work in the Federal Republic of Germany[M].* Berlin: Berlin Press, 1990.

[6][美]The secretary's commission on Achieving Necessary skills. *What work require of schools[M] .* U.S.Deparment of labour, 1991.

[7][欧]Ute Hippach-Schneider, Martina Krause. *Vocational education and training in Germany[M].* Luxembourg: Office for Official Publications of the European Communities, 2007.

[8][欧]ASHTON, D./GREEN, F. *Education, Training and the Global Economy[J].* Cheltenham UK - Brookfield US: Edward Elgar. 1996.

[9][欧]A Contribution to COST All, Working Group 1: VET policy. *Vocational Education and Training: Flexibility, Transferability and Mobility[J].* Georg-August-University Göttingen, September 21st-24th, 2000.

[10][欧]Günter Kutscha. *General Education and Initial Vocational Training in Germany the "Flexicurity Route" of Modernization under Aspects of Flexibility, Transferability and Mobility[J].* International Conference on Teaching and Learning within Vocational and Occupational Education and Training Georg-August-University Göttingen, September 21st-24th, 2000. Symposium IX: Research within the COST All-Action, Group 1.

[11][欧]GREINERT, W.-D. *The Dual System of Vocational Training in the Federal Republic of Germany[J].* Structure and Function. Eschborn: Deutsche Gesellschaft für Technische Zusammenarbeit (GTZ) GmbH. 1991.

[12][欧] GRUSCHKA, A. *From Humboldt's Idea of General Education to General "Education within the Vocational Medium"[J].* Education, 1988 (38) : 7 .

[13][美]Hodkinson.P. *Alter native Models of competence in vocational education and training [J].* Further and higher education, 1992.

[14][美]Josh Hawley. *Public Private Partnerships in Vocational Education and Training: International Examples and Models [J].* Consultant to World Bank and Ohio State University USA.

[15][欧]KUTSCHA, G. *The Dual System of Education in the Federal Republic of Germany, An Obsolescent Model? [J].* European Education, 1996 (02) : 49.

[16][欧]KOCH, R. & REULING, J. *Institutional framework conditions and regulation of initial vocational training using Germany, France and Great Britain as examples[J].* CEDEFOP - EUROPEAN CENTRE FOR DEVELOPMENT OF VOCATIONAL TRAINING(Ed.). Vocational education and training-the European research field. Background report, 1998 (01) : 1.

[17][美] Stone III, J.R. & Lewis, M.V. *Governance of vocational education and training in the United States [J].* Research in Comparative and International education, 2010 (03) : 274-288.

[18][美] Threeton, Mark D. *The Carl D. Perkins Career and Technical Education (CTE) Act of 2006 and the Roles and Responsibilities of CTE Teachers and Faculty Members[J].* Journal of Industrial Teacher Education, 2007 (01) : 66-82.

[19][欧]TESSARING, M. *The Future of Work and Skills-Visions, Trends and Forecasts[J].* CEDEFOP-EUROPEAN CENTRE FOR DEVELOPMENT OF VOCATIONAL TRAINING(Ed.). Vocational education and training-the European research field. Background report, 1998 (01) : 272-317.

[20][澳]Australian National Training Authority. *Shaping Our Future-Draft National Strategy for Vocational Education and Training [EB/OL].* http://www.anta.gov.au, 2004.

[21][美]BMBF PUBLIC. *Germany's Vocational Education at a Glance [EB/OL].* http://www.bmbf.de, 4th edition, Bonn 2003.

[22][澳]Carmel T. *Current Directions in Australia's Vocational Educational and Training System[EB/OL].* Paper Presented to the International Vocational Education

Conference, October, 2004 at Tianjin, China[EB/OL]. http://www.ncver.edu.cn, 2004-10-20 .

[23][美] MOBLEY, *M.D. Review of federal vocational-education legislation[EB/OL].* http://www.jstor.org/pss/1475196, 2011.

[24]OECD. *Cross-National Research on School to Work Transition: An Analytical Framework[EB/OL].* http://www.OECD.org/dataOECD/39/59/1925587.pdf, 2009.

[25]OECD. *The changing nature of the school-to-work transition process in OECD countries[EB/OL].* http://www.OECD.org/dataOECD/5/32/38187773.pdf, 2009.

附 录

宁波市职业教育校企合作促进条例

（2008年10月22日宁波市第十三届人民代表大会常务委员会第十二次会议通过，2008年12月19日浙江省第十一届人民代表大会常务委员会第八次会议批准）

第一条　为了促进职业院校与企业的合作，培养高素质劳动者和高技能人才，增强职业教育服务经济和社会发展的能力，根据《中华人民共和国职业教育法》和其他有关法律、法规，结合本市实际，制定本条例。

第二条　本条例所称的职业教育校企合作，是指职业院校与相关企业在人才培养与职工培训、科技创新与技术服务、资源共享与共同发展等方面开展的合作。

本条例所称的职业院校，是指国家或社会力量依法举办的高等职业院校、中等职业学校等。

第三条　本条例适用于本市行政区域内的职业教育校企合作及其扶持和保障。

第四条　职业教育校企合作应当遵循自愿协商、优势互补、利益共享的原则，坚持以市场需求和劳动就业为导向，实现生产、教学、科研相结合。

第五条　市和县（市）、区人民政府应当鼓励、支持和促进职业教育校企合作，建立政府引导、校企互动、行业协调的校企合作运行机制。

第六条　市和县（市）、区人民政府教育行政部门负责本行政区域内的职业教育校企合作促进工作，劳动、人事、发展和改革、经济、贸易、财政、税务、科技、农业等行政部门在各自职责范围内，负责校企合作促进的有关工作。

市和县（市）、区人民政府应当建立职业教育联席会议制度，统筹协调本地区校企合作的规划、资源配置、经费保障、督导评估等工作。

第七条　职业院校应当根据经济社会发展和市场需求，主动与企业在学生实习、专业设置与课程开发、订单式教育与就业推荐、师资交流与培训、职工培训与继续教育等方面开展合作。

鼓励职业院校参与企业的技术改造、产品研发和科技攻关等项目，促进科技成果转化。

鼓励职业院校与农业企业开展农业技术培训、农业科技推广等方面合作，推进农业产业化发展。

鼓励职业院校聘请企业的高技能人才、工程技术人员兼任专业课教师或实习指导教师，参与职业院校的教学改革。

第八条　职业院校应当建立学生和教师到企业实习、实践制度。职业院校在校学生应当到企业或生产服务岗位参加上岗实习，专业教师到企业或生产服务岗位实践每两年不少于两个月。

职业院校应当加强对实习学生和实践教师的职业道德教育和安全教育，为实习学生统一办理意外伤害保险，并指派指导教师。

实习学生和实践教师应当遵守企业规章制度和劳动纪律，保守企业商业秘密。

第九条　鼓励企业与职业院校开展多种形式的合作办学；鼓励企业设立职业教育奖学金、助学金。

有条件的企业可以与职业院校联合建立实习实训基地，合作建设实验室或生产车间，合作兴办技术创新机构，合作组建职业教育实体或其他形式的产学研联合体，共同参与新兴产业基地建设。

第十条　企业应当接纳职业院校学生实习和教师实践；对上岗实习的，应当给予适当的劳动报酬。

企业应当按照与职业院校签订的合作协议，为实习学生和实践教师提供实训场地、设备设施，安排指导人员，做好实习、实践前的安全培训工作和实习、实践期间的劳动保护、安全等工作。

禁止企业安排实习学生从事不符合实习特征或者与实习内容不一致的劳动生产。

第十一条　企业应当依照国家有关规定提取和使用职工教育经费，并可以通过举办职业院校或委托职业院校等形式，对本单位职工和准备录用的人员实施职业技能培训和继续教育。

企业可以依照《中华人民共和国劳动合同法》的有关规定与接受专业技术培训的职工约定服务期。

职业院校应当优先安排与其建立校企合作关系的企业的职工进校接受职业技能培训和继续教育，并为合作企业优先推荐毕业生。

第十二条　行业组织应当引导和鼓励本行业企业与职业院校开展校企合作，并发挥行业资源、技术、信息等优势，参与校企合作项目的评估、职业技能鉴定及相关管理工作。

第十三条　市和县（市）、区人民政府应当设立职业教育校企合作发展专项资金。校企合作发展专项资金应当用于：

（一）资助职业院校和企业联合设立职业教育实习实训基地、合作建设实验室或生产车间等校企合作项目；

（二）资助职业院校为学生在实习期间统一办理意外伤害保险；

（三）对企业接纳职业院校学生实习发生的物耗能耗给予适当资助；

（四）对与职业院校合作开展职工教育和培训并取得显著成绩的企业给予奖励、表彰；

（五）对职业院校参与企业技术改造、产品研发、科技攻关和促进科技成果转化给予资助或奖励；

（六）奖励、表彰其他在促进职业教育校企合作中作出显著成绩的单位和个人。

（七）其他有关促进职业教育校企合作的经费资助。

职业教育校企合作发展专项资金应当随着经济和社会的发展逐步增长。

市和县（市）、区人民政府应当对校企合作发展专项资金的使用情况进行绩效评价，并根据评价结果对资金使用进行调整。

校企合作发展专项资金使用和管理的具体办法，由市和县（市）、区人民政府另行制定。

第十四条　教育、劳动行政部门和其他有关行政部门及其委托的行业组织，可以对职业教育校企合作项目及其实施情况进行检查、评估，检查、评估结果作为政府专项资金资助或奖励的依据。

第十五条　企业发生的职工教育经费支出和用于职业教育事业的公益性捐赠支出，可以按照国家规定在计算企业应纳税所得额时扣除。

企业委托职业院校开发新产品、新技术、新工艺发生的研究开发费用，可以按照国家规定享受企业所得税优惠。

第十六条　教育、劳动行政部门应当引导和鼓励本行政区域内的职业院校与相关企业开展职业教育校企合作，并通过宣传职业教育发展政策、建立信息资源共享网络等形式，为职业院校、企业开展校企合作提供指导、帮助等服务。

第十七条　人事、劳动行政部门应当加强人力资源开发公共信息网络建设，建立人力资源市场信息服务体系，为职业院校和企业提供人才培养、就业指导等服务。

第十八条　发展和改革、经济、贸易、农业等相关部门应当引导和鼓励相关企业与职业院校开展职业教育校企合作，并对促进当地经济和社会发展的重点合作项目优先予以扶持。

第十九条　科学技术行政部门应当对经评估认定为校企合作良好的企业，在科学研究和技术开发等方面优先给予资金支持。

第二十条　职业院校、企业违反有关规定，侵害实习学生、教师合法权益的，应当依法承担相应的法律责任。

第二十一条　职业院校学生、教师在实习实践期间发生安全事故的，依照国家有关规定处理。

职业院校实习学生和实践教师侵害企业商业秘密的，依照国家有关规定处理。

第二十二条　职业院校、企业违反本条例规定，弄虚作假，获得职业教育校企合作资助或奖励的，由相关行政部门追回已发放的资助或奖励，并可取消其获得相关资助或奖励的资格。

职业院校有前款行为的，有关行政部门应当给予院校负责人和相关责任人员批评教育或行政处分。

第二十三条　教育行政部门和其他有关部门及其工作人员违反本条例规定，在职业教育校企合作促进工作中玩忽职守、滥用职权、徇私舞弊的，由上级机关或者其他有权机关责令改正，并对直接负责的主管人员和其他直接责任人员，依法给予行政处分；构成犯罪的，依法追究刑事责任。

第二十四条　本条例自 2009 年 3 月 1 日起施行。

宁波市人民政府关于印发《宁波市职业教育校企合作促进条例》实施办法的通知

甬政发 [2011]140 号

各县（市）区人民政府，市政府各部门、各直属单位：

《宁波市职业教育校企合作促进条例》实施办法已经市政府第 115 次常务会议审议通过，现印给发你们，请认真贯彻执行。

宁波市人民政府

二〇一一年十二月十六日

《宁波市职业教育校企合作促进条例》实施办法

第一条　为了进一步促进职业院校与企业在职业教育中的合作，加快高素质劳动者和高技能人才培养，根据《宁波市职业教育校企合作促进条例》，制定本办法。

第二条　职业院校应当根据区域经济社会发展和市场需求，主动与相关企业开展合作。职业院校要建立由企业、行业技术专家参与的专业指导委员会，根据企业生产技术、生产工艺、生产方法优化教学内容，开发专业课程，聘请企业高技能人才、工程技术人员兼任学校专业课教师或实习指导教师；实施订单式培养，为合作企业优先推荐毕业生；配合合作企业建立规范有序的学生实习制度，根据企业的需求，参与企业技术改造、科技成果转化和企业职工技能培训与继续教育。

职业院校应当与合作企业签订校企合作协议，并根据有关规定为所有实习学生办理学生实习责任保险，保险费在学校经常性事业经费中列支，不得向学生另行收取。

第三条　合作企业有义务接纳职业院校对口专业学生实习和教师实践，并按实习实践活动的有关规定要求提供实习场地、设施设备，安排带教师傅，做好岗前培训、安全教育，提供劳动保护。禁止安排实习学生在风险较大、非本专业对口行业或者其他不适宜学生实习的岗位（如从事高空、井下、放射性、高毒、易燃易爆、国家规定的第四级体力劳动强度的工作岗位，酒吧、夜总会、歌厅、洗浴中心等营业性娱乐场所）顶岗实习；学生每天顶岗实习时间不得超过 8 小时。

职业院校及合作企业不得通过中介机构代理组织、安排和管理学生实习工作。

第四条　学生在企业实习，应当由实习企业、学校和学生或学生家长三方签订“实习协议”，明确三方的权利义务，约定学生生活津贴等实习报酬。对于在企业连续上岗实习3个月及以上的学生，实习报酬发放标准不应低于上年度本地职工最低工资标准的50%。

第五条　对企业按合作协议，支付学生在企业实习的报酬、人身安全保险费用、学生实习和教师实践活动有关的住宿、耗材、技术指导和管理人员补贴等有关费用，按税法有关规定，在相关税种税前扣除。

第六条　市和县（市）区人民政府应当完善校企合作机制。强化统筹协调，搭建校企合作平台，引导校企合作双方良性互动发展；运用财政、税收等手段调动职业院校、企业参与校企合作的积极性；发挥行业组织在校企合作中的桥梁和纽带作用，增强企业参与校企合作的社会责任感和荣誉感。

第七条　市和县（市）区人民政府分别建立由教育、发改、人力社保、经信、贸易、财政、科技、农业等部门参加的职业教育联席会议制度，统筹协调本地区校企合作的规划、资源配置、经费保障、督导评估等工作。

第八条　市和县（市）区职业教育联席会议办公室分别设在各级教育行政部门，作为职业教育联席会议办事机构和校企合作工作的协调、办事机构。其具体职责是：

（一）统筹协调区域内职业教育校企合作工作；

（二）研究解决职业教育校企合作中存在的困难和问题，制订职业教育校企合作的政策措施；

（三）提出校企合作发展专项资金年度重点支持项目和使用计划，统筹协调校企合作项目评审工作；

（四）负责管理、监督校企合作发展专项资金的使用；

（五）贯彻落实联席会议形成的有关校企合作的各项决定。

第九条　整合职业院校、行业企业、社会团体等相关资源，建立宁波市职业教育校企合作公共网络服务平台，及时向社会发布职业院校和企业合作的相关信息。定期举办宁波市职业教育校企合作项目洽谈会。

第十条　市和县（市）区人民政府应当根据职业院校在校生规模和培养成本分别设立职业教育校企合作发展专项资金（以下简称专项资金）。专项资金主要由各级财政资金安排，并随着经济和社会的发展逐步增长。鼓励各地多渠道筹集专项资金。

第十一条　专项资金的具体使用范围包括：

（一）对接纳职业院校学生实习和教师挂职锻炼，提供实习场地、设备设施，安排指导人员的企业，补助其物耗能耗损失及带教师傅津贴；

（二）资助职业院校聘请行业企业的能工巧匠、劳动模范、首席工人、技术和管理人员担任职业院校专业课程教学和实习实训指导教师；

（三）资助民办职业院校为学生在实习期间统一办理实习责任保险；

（四）资助职业院校和企业联合在企业内共建用于职业院校学生实习和教师实践的实习实训基地或实习生产车间等；

（五）对职业院校联合企业共同组建技术攻关团队，带领相关专业学生开展技术研发和产品开发，促进科技成果转化取得明显成效的，给予资助或奖励；

（六）资助职业院校和企业联合开发培养我市经济发展急需的技能型人才的地方特色教材；

（七）资助职业教育集团、社会团体、行业组织牵头开展的校企合作专题调研、专项研究和经验交流等活动，对其中发挥积极作用、工作成效明显的给予工作经费补助；

（八）对为职业教育校企合作、开展职工教育和培训作出突出贡献的集体和个人进行表彰和奖励，其中对为职业教育校企合作作出突出贡献的企业家，由各级政府优先推荐参评省教育“绿叶奖”。

第十二条　市级设立的专项资金分配采取项目申报制。市职业教育联席会议及其办公室根据本办法第十一条确定的使用范围，结合校企合作工作的实际需要和专项资金的规模，提出、确认每年度专项资金补助计划、项目，并在每年度10月15日前公开发布项目申报指南。

第十三条　职业院校、合作企业和行业组织可自主申报专项资金补助项目，并应具备以下条件：

（一）职业院校、合作企业申请专项资金补助项目应由双方签订3年以上校企合作协议；合作专业符合区域经济社会发展需求和重点产业发展方向，以培养区域相关专业中高级技能人才为主要目标；合作企业有较好的技术装备水平，有一定的技术创新能力，能代表我市相关产业的领先水平；合作企业具有一支较强的技术辅导队伍（带师生实习实训的技术人员或师傅），建立了完善的职业院校师生实习管理制度，并按规定支付学生实习期间的合理报酬。

（二）行业组织或社会团体具备组织或参与职业教育校企合作专题调研、专项研究、建设校企合作公共服务网络平台等的基本条件。

（三）行业组织可以牵头组织市内多家中小型企业与职业院校联合签订接纳学生实习实训的校企合作协议，所属企业接纳学生实习人数总计达到一定数量的，可申请工作经费补助。

具体项目的申报条件、要求和程序由每年度公开发布的项目申报指南中作出规定。

第十四条　每所职业院校、每家单位每年申报校企合作项目不超过 2 个，同一项目不得多头申报。

每个项目建设期限一般不超过 3 年（期满后可再申报）。

第十五条　市职业教育联席会议办公室受理申报时间为每年的 11 月 1 日至 11 月 30 日。

市职业教育联席会议办公室组织成立由教育、财政、人力社保、经信、贸易等部门专家参加的专项资金补助项目评审小组，按照“公开、公平、公正”的原则进行评审，在综合考虑区域经济社会发展、校企合作项目成熟度、专业技能人才就业需求等情况的基础上，对申报项目进行筛选，提出项目评审意见。

市职业教育联席会议办公室根据项目评审小组评审意见，经市职业教育联席会议审议同意，由教育、财政部门联合发文确认、公布每年度的专项资金补助项目名单。

第十六条　建立校企合作项目督导评估制度。市职业教育联席会议办公室可委托校企合作认定小组或其他评估机构，对专项资金补助的项目进行督导评估。

第十七条　受资助的职业院校和有关单位应将专项资金用于指定的项目，不得挪作他用；应在每个会计年度末将资助资金使用情况及相关会计凭证复印件报市职业教育联席会议办公室备案。

第十八条　专项资金使用有下列行为之一的，市职业教育联席会议办公室有权收回全部或部分资助资金，暂停该单位申报新合作项目，并追究有关人员责任：

（一）未经批准擅自变更项目内容，影响项目实施进度的；

（二）挤占、挪用专项经费的；

（三）未按规定报送信息资料或信息资料严重失真的。

第十九条　具体的资金使用、监督办法由市教育行政部门会同财政部门另行制订。

第二十条　本实施办法由宁波市教育局负责解释。

第二十一条　本实施办法自2012年2月1日起施行。

邯郸市职业教育校企合作促进条例

（2013年8月9日邯郸市十四届人民代表大会常务委员会第三次会议通过，并于2014年3月21日经河北省第十二届人民代表大会常务委员会第七次会议批准，自2014年6月1日起施行）

第一条　为了促进职业院校与企业的合作，提高劳动者的素质和职业技能，促进现代职业教育体系构建，服务本市经济社会发展，根据《中华人民共和国职业教育法》和其他有关法律、法规，结合本市实际，制定本条例。

第二条　本条例适用于本市行政区域内职业院校与企业、行业组织的合作。

第三条　职业教育校企合作应当遵循自愿协商、优势互补、利益共享的原则，坚持以市场需求和劳动就业为导向，实现生产、教学、科研相结合。

第四条　市和县（市、区）人民政府应当鼓励、支持和促进职业教育校企合作，建立政府主导、校企互动、行业指导的校企合作运行机制，统筹协调本地区校企合作的发展规划、资源配置、经费保障、监督指导等工作，表彰、奖励在促进职业教育校企合作中做出显著成绩的单位和个人。

第五条　市和县（市、区）人民政府教育行政部门负责本行政区域内职业教育校企合作促进工作。

发展改革、人力资源和社会保障、国有资产管理、工业和信息化、商务、财政、税务、科技、农业等行政部门应在各自职责范围内，负责促进校企合作的有关工作。

第六条　职业院校应当更新观念、推进改革、增强服务意识，主动与企业联系，寻求合作；为适应企业的需求，可以采取工学结合、校企合作、校企一体等形式的人才培养模式。

第七条　职业院校应当建立学生和教师到企业实习、实践制度。职业院校在校学生应当到企业或生产服务岗位参加上岗实习，专业教师到企业或生产服务岗位实践每两年不少于两个月。实习学生和实践教师应当遵守企业规章制度和劳动纪律，保守企业商业秘密。

职业院校应当与实习实践企业及参与实习实践的学生和教师签订合同，明确各方相关权利和义务。

第八条　职业院校应当建立实习风险责任管理机制，投保实习责任保险，对实习学生和实践教师进行安全教育，并指派指导教师。

第九条　鼓励企业与职业院校进行多方面的合作。鼓励企业设立职业教育奖学金、助学金。有条件的企业可以与职业院校合作建立实验室或者生产车间，联合建立实习实训基地，合作兴办技术创新机构，合作组建职业教育实体或者其他形式的联合体，共同参与新兴产业基地建设。

第十条　企业与职业院校共同研究开发新产品、新技术、新工艺所发生的研究开发费用，税务部门应当按国家有关税前扣除规定加计扣除。

第十一条　企业与职业院校合作开展订单式人才培养，企业所承担部分的支出可以从企业自留职工教育经费中列支。

第十二条　企业应当接纳职业院校学生实习和教师实践，安排专业人员对上岗实习的学生、实践的教师进行安全培训，并在实习、实践期间给予指导。

企业对上岗实习的学生应当给予合理的实习报酬。企业支付职业院校学生在企业实习的报酬，税务部门应当按照国家有关规定，在计算缴纳企业所得税前扣除。

企业不得安排实习学生从事不符合实习特征或者与实习内容不一致的劳动生产。

第十三条　企业招收、录用职工，属于国家规定实行就业准入控制的职业的，必须从取得相应学历证书或者职业培训合格证书并获得相应职业资格证书的人员中录用；属于一般职业的，必须从取得相应的职业学校学历证书、职业培训合格证书的人员中优先录用。

企业与职业院校建立校企合作关系的，职业院校应当优先安排合作企业的职工进校接受职业技能培训或者继续教育，合作企业可以优先选择毕业生。

第十四条　行业组织应当引导和鼓励本行业企业与职业院校开展校企合作，并发挥行业资源、技术、信息等优势，参与校企合作项目的评估、职业技能鉴定及相关管理工作。

第十五条　市和县（市、区）人民政府应当设立职业教育校企合作发展专项资金。校企合作发展专项资金用于下列事项：

（一）资助职业院校和企业合作建设实验室或者生产车间、联合设立职业教育实习实训基地等校企合作项目；

（二）资助职业院校为学生在实习期间投保实习责任保险；

（三）对企业接纳职业院校学生实习发生的物耗能耗给予适当资助；

（四）对职业院校参与的企业技术改造、产品研发、科技攻关和促进科技成果转化给予资助；

（五）对积极开展校企合作，承担实习见习任务、培训成效显著的企业，给予适当的资金资助；

（六）其他有关促进职业教育校企合作的经费资助。

校企合作发展专项资金可以采取政府投入、企业职工培训经费统筹、企业支持、社会捐助等方式筹集。校企合作发展专项资金筹集、使用和管理的具体办法，由市人民政府另行制定。

第十六条　市和县（市、区）人民政府应当对校企合作发展专项资金的使用情况进行绩效评价，并根据评价结果对资金使用进行调整。

财政、审计、监察部门应当对校企合作发展专项资金进行监督，查处贪污、挪用、骗取校企合作发展专项资金的违法行为。

第十七条　教育行政部门应当引导和鼓励本行政区域内的职业院校与相关企业开展职业教育校企合作，并通过宣传职业教育发展政策、建立信息资源共享网络等形式，为职业教育校企合作提供指导、帮助等服务。

第十八条　人力资源和社会保障行政部门应当加强人力资源开发公共信息网络建设，建立人力资源市场信息服务体系，为职业院校和企业提供人才培养、就业指导等服务。

第十九条　发展改革、国有资产管理、工业和信息化、农业、商务等相关部门应当引导和鼓励相关企业与职业院校开展职业教育校企合作，并对促进当地经济和社会发展的重点合作项目优先予以扶持。

第二十条　科学技术行政部门应当对经评估认定为校企合作良好的企业，在科学研究和技术开发等方面优先给予资金支持。

第二十一条　企业违反本条例规定的，由有关行政部门依法给予处罚。行政机关及其工作人员违反本条例规定，在职业教育校企合作促进工作中玩忽职守、滥用职权、徇私舞弊的，由有关行政机关责令改正，并依法对直接责任人员和主管人员给予行政处分；构成犯罪的，依法追究刑事责任。

第二十二条　本条例所称的职业教育校企合作，是指职业院校与相关企业、行业组织在人才培养与职工培训、科技创新与技术服务、资源共享与共同发展等方面开展的合作。

本条例所称的职业院校，是指国家或社会力量举办的初等、中等、高等职业学校。

第二十三条　非职业教育院校与企业、行业组织开展校企合作的，参照本条例执行。

第二十四条　本条例自 2014 年 6 月 1 日起施行。

山东省职业教育校企合作促进条例（草案）

第一条　为了促进职业院校与企业的合作，培养高素质劳动者和高技能人才，增强职业教育服务经济和社会发展的能力，根据《中华人民共和国职业教育法》和其他有关法律、法规，结合本省实际，制定本条例。

第二条　本条例所称的职业教育校企合作，是指职业院校与相关企业在人才培养与职工培训、科技创新与技术服务、资源共享与共同发展等方面开展的合作。

本条例所称的职业院校，是指国家或社会力量依法举办的高等职业院校、中等职业学校、技校等。

第三条　本条例适用于本省内的职业教育校企合作及其扶持和保障。

第四条　职业教育校企合作应当遵循自愿协商、优势互补、利益共享的原则，坚持以市场需求和劳动就业为导向，实现生产、教学、科研相结合。

第五条　各级人民政府应当鼓励、支持和促进职业教育校企合作，建立政府引导、校企互动、行业协调的校企合作运行机制。

第六条　各级人民政府教育行政部门负责本行政区域内的职业教育校企合作促进工作，人力劳动、发展和改革、经贸、财政、税务、科技、农业等行政部门在各自职责范围内，负责校企合作促进的有关工作。

各级人民政府应当建立职业教育联席会议制度，统筹协调本地区校企合作的规划、资源配置、经费保障、督导评估等工作。

第七条　职业院校应当根据经济社会发展和市场需求，主动与企业在学生实习、专业设置与课程开发、订单式教育与就业推荐、师资交流与培训、职工培训与继续教育等方面开展合作。

鼓励职业院校参与企业的技术改造、产品研发和科技攻关等项目，促进科技成果转化。

鼓励职业院校与农业企业开展农业技术培训、农业科技推广等方面合作，推进农业产业化发展。

鼓励职业院校聘请企业的高技能人才、工程技术人员兼任专业课教师或实习指导教师，参与职业院校的教学改革。

第八条　职业院校应当建立学生和教师到企业实习、实践制度。职业院校在校学生应当到企业或生产服务岗位参加上岗实习，专业教师到企业或生产服务岗位实践每两年不少于两个月。

职业院校应当加强对实习学生和实践教师的职业道德教育和安全教育，企业为实习学生统一办理意外伤害保险，学校指派指导教师。

实习学生和实践教师应当遵守企业规章制度和劳动纪律，保守企业商业秘密。

第九条　鼓励企业与职业院校开展多种形式的合作办学；鼓励企业设立职业教育奖学金、助学金。

有条件的企业可以与职业院校联合建立实习实训基地，合作建设实验室或生产车间，合作兴办技术创新机构，合作组建职业教育实体或其他形式的产学研联合体，共同参与新兴产业基地建设。

第十条　企业应当接纳职业院校学生实习和教师实践；对上岗实习的，应当给予一定的劳动报酬。

企业应当按照与职业院校签订的合作协议，为实习学生和实践教师提供实训场地、设备设施，安排指导人员，做好实习、实践前的安全培训工作和实习、实践期间的劳动保护、安全等工作。

第十一条　企业应当依照国家有关规定提取和使用职工教育经费，并可以通过举办职业院校或委托职业院校等形式，对本单位职工和准备录用的人员实施职业技能培训和继续教育。

企业可以依照《中华人民共和国劳动合同法》的有关规定与接受专业技术培训的职工约定服务期。

职业院校应当优先安排与其建立校企合作关系的企业的职工进校接受职业技能培训和继续教育，并为合作企业优先推荐毕业生。

第十二条　行业组织应当引导和鼓励本行业企业与职业院校开展校企合作，并发挥行业资源、技术、信息等优势，参与校企合作项目的评估、职业技能鉴定及相关管理工作。

第十三条　各级人民政府应当设立职业教育校企合作发展专项资金。校企合作发展专项资金应当用于：

（一）资助职业院校和企业联合设立职业教育实习实训基地、合作建设实验室或生产车间等校企合作项目；

（二）对企业接纳职业院校学生实习发生的物耗能耗给予适当资助；

（三）对与职业院校合作开展职工教育和培训并取得显著成绩的企业给予奖励、表彰；

（四）对职业院校参与企业技术改造、产品研发、科技攻关和促进科技成果转化给予资助或奖励；

（五）奖励、表彰其他在促进职业教育校企合作中作出显著成绩的单位和个人；

（六）其他有关促进职业教育校企合作的经费资助。

职业教育校企合作发展专项资金应当随着经济和社会的发展逐步增长。

各级人民政府应当对校企合作发展专项资金的使用情况进行绩效评价，并根据评价结果对资金使用进行调整。

校企合作发展专项资金使用和管理的具体办法，由各级人民政府另行制定。

第十四条　教育、劳动行政部门和其他有关行政部门及其委托的行业组织，可以对职业教育校企合作项目及其实施情况进行检查、评估，检查、评估结果作为政府专项资金资助或奖励的依据。

第十五条　企业发生的职工教育经费支出和用于职业教育事业的公益性捐赠支出，可以按照国家规定在计算企业应纳税所得额时扣除。

企业委托职业院校开发新产品、新技术、新工艺发生的研究开发费用，可以按照国家规定享受企业所得税优惠。

第十六条　教育、劳动行政部门应当引导和鼓励本行政区域内的职业院校与相关企业开展职业教育校企合作，并通过宣传职业教育发展政策、建立信息资源共享网络等形式，为职业院校、企业开展校企合作提供指导、帮助等服务。

第十七条　人事、劳动行政部门应当加强人力资源开发公共信息网络建设，建立人力资源市场信息服务体系，为职业院校和企业提供人才培养、就业指导等服务。

第十八条　发展和改革、经贸、农业等相关部门应当引导和鼓励相关企业与职业院校开展职业教育校企合作，并对促进当地经济和社会发展的重点合作项目优先予以扶持。

第十九条　科学技术行政部门应当对经评估认定为校企合作良好的企业，在科学研究和技术开发等方面优先给予资金支持。

第二十条　职业院校、企业违反有关规定，侵害实习学生、教师合法权益的，应当依法承担相应的法律责任。

第二十一条　职业院校学生、教师在实习实践期间发生安全事故的，依照国家有关规定处理。

职业院校实习学生和实践教师侵害企业商业秘密的，依照国家有关规定处理。

第二十二条　职业院校、企业违反本条例规定，弄虚作假，获得职业教育校企合作资助或奖励的，由相关行政部门追回已发放的资助或奖励，并可取消其获得相关资助或奖励的资格。

职业院校有前款行为的，有关行政部门应当给予院校负责人和相关责任人员批评教育或行政处分。

第二十三条　教育行政部门和其他有关部门及其工作人员违反本条例规定，在职业教育校企合作促进工作中玩忽职守、滥用职权、徇私舞弊的，由上级机关或者其他有权机关责令改正，并对直接负责的主管人员和其他直接责任人员，依法给予行政处分；构成犯罪的，依法追究刑事责任。

上海市人民政府办公厅转发市劳动保障局等五部门关于本市推进校企合作培养高技能人才工作实施意见的通知

沪府办发 [2007]9 号

各区、县人民政府，市政府各委、办、局：

市劳动保障局、市教委、市发展改革委、市财政局、市经委《关于本市推进校企合作培养高技能人才工作的实施意见》已经市政府同意，现转发给你们，请认真按照执行。

上海市人民政府办公厅

二〇〇七年三月二十日

关于本市推进校企合作培养高技能人才工作的实施意见

为贯彻中共中央办公厅、国务院办公厅《关于进一步加强高技能人才工作的意见》（中办发〔2006〕15 号）和劳动和社会保障部《关于推动高级技工学校技师学院加快培养高技能人才有关问题的意见》（劳社部发〔2006〕31 号）以及上海市人民政府《关于大力发展职业教育的决定》（沪府发〔2006〕10 号）的精神，现就本市推进校企合作培养高技能人才工作提出如下实施意见：

一、指导思想和基本原则

（一）指导思想

根据本市产业发展对高技能人才的需求，充分整合社会各方面教育培训资源，发挥政府的引导和扶持作用，构建院校与企业之间高技能人才的培养平台，通过校企合作、产学结合、半工半读、定向培养，探索建立职业教育、产业发展、促进就业紧密结合的高技能人才培养制度，加快培养适应本市产业发展急需的高技能人才。

（二）基本原则

1. 整合资源，创新机制。利用现有各类应用类高校、高职和中职院校等教育培训资源，调动行业和企业的积极性，发挥政府构建的多层次公共实训体系的作用，建立高技能人才校企合作培养机制。

2. 适应需求，强化实训。适应产业技术不断发展的要求，强化实训环节，突出对动手能力的培养，解决技能人才培养与企业生产实际需求不相适应的问题。

3. 政府扶持，政策聚焦。各级政府和各有关部门加大投入力度，积极扶持校企合作培养高技能人才，制定并落实各项配套政策，切实做好指导、协调和服务工作。

4. 统筹规划，分步实施。根据产业发展需求和教育资源配置情况，通过深入调研，统筹规划、合理布局、分步实施，逐步推进高技能人才校企合作培养工作。

二、目标任务

通过建立和实施高技能人才校企合作培养制度，培养、造就一批具备较强实际动手能力和较高综合职业素质的青年高技能人才，实现“明确一个培养机制（定单式培养），取得两张证书（学历证书、职业资格证书），获得政府、企业、家庭三方满意”的社会效应。

2007 年，启动校企合作培养高技能人才试点，确定一批符合条件的院校与有技能人才需求的重点企业建立合作关系。在试点的基础上，按照统筹规划、分步实施的原则，逐步扩大实施范围，在汽车、装备制造、电子信息、新能源新材料等先进制造业和物流商贸、文化创意、会展旅游等现代服务业领域，全面推进校企合作培养高技能人才工作，将其作为落实“十一五”期间新一轮“技能振兴计划”的重要抓手，到 2010 年，使本市高技能人才占技能劳动者的比重提高到 25% 以上。

三、组织架构

（一）设立市高技能人才校企合作培养协调指导委员会

本市设立市高技能人才校企合作培养协调指导委员会（以下简称“市协调指导委员会”），具体按市委办公厅、市政府办公厅印发的《市级议事协调机构和临时机构审批办法》（沪委办发〔2003〕159 号）的规定程序报批。

各区县政府和有关行业根据工作需要，建立相应的高技能人才校企合作培养协调指导委员会，统筹协调本区县、本行业内校企合作培养高技能人才工作。

（二）成立专业理事会

在市协调指导委员会的统筹协调下，成立若干专业理事会，作为推进校企合作培养高技能人才的技术支撑。专业理事会由相关行业主管部门或行业协会牵头，行业协会、集团公司和企业、教育培训机构代表及有关专家组成。

专业理事会根据市协调指导委员会的委托，负责指导、协调相关专业校企合作培养的方案制定、指导服务等工作。

（三）建立技师学院（校）

 按照“面向市场、体制不变、功能提升、特色鲜明、布局合理”的原则，确定一批本市应用类高校、高职院校和国家级重点中职学校，并在其符合市场需求的骨干专业中，开展校企合作培养高技能人才。

对开展校企合作的院校，经市协调指导委员会认定，可加挂“技师学院（校）”的牌子。

四、培养实施

（一）培养方向

培养对象主要是青年群体，根据具体对象不同，其培养目标可包括：

1. 预备技师。主要适用于各类应用类高校或高职院校的全日制学生，这是校企合作的主要培养目标。

2. 技师或高级技师。主要适用在企业一线岗位上有技能提升要求的在职职工，培养目标是取得技师或高级技师的国家职业资格。

3. 中高级技工。主要适用于中职学校的全日制学生，培养目标是取得中级技工或高级技工的国家职业资格。

（二）培养方式

按照“校企合作、产学结合、半工半读、定向培养”的方针，技师学院（校）可根据定向企业需求和培养对象的实际情况，结合培养目标定位，实行多元的培养方式。

1.“一年制”培养方式。各类应用类高校或高职院校全日制学生在前两年（或三年）学习基础课和专业课的基础上，在毕业学年实施定向培养（即“2+1”模式或“3+1”模式）。学员实训时间，原则上不少于整个培养课程的三分之一。

2.“三年制”培养方式。根据企业定向需求，实行从招生到毕业的三年期间半工半读的培养方式。学员到企业实训时间，原则上不少于 1 年。同时，探索吸纳困难家庭学员的办法，通过“三年制”校企合作培养来提高他们的技能素质。

3. 其他培养方式。对于企业生产服务岗位上需提升技能的在职人员，可采取全日制、工学结合、分阶段完成培训等更为灵活的培养方式。

（三）实施要求

1. 联合制定培养计划。院校和企业要依据国家职业标准和有关国家专业教学要求，结合企业岗位的实际需求，联合制定教学计划和教学大纲，开发调整课程设置。

2. 共享师资资源。院校可聘请具有丰富实践经验的企业高技能人才担任兼职专业课教师或实训指导教师，也可选派教师到企业生产实践和挂职，及时了解企业生产现状。

3.强化实训环节。可采取边学习、边实训的“半工半读”方式，强化技能实训和生产实践。

五、经费保障

校企合作经费来源，原则上按照“政府经费补贴一点、定向企业支付一点、院校学费承担一点”的方式加以解决。

（一）政府对院校开展校企合作给予一定经费补贴

该补贴从市失业保险基金中用于职业培训的部分和财政用于职业教育的专项资金中列支。定向企业用于校企合作的经费，可从1.5%—2.5%的企业职工教育培训经费中列支；院校从收取的学费中安排一部分经费用于校企合作的课程和教学改革，院校学费应按照物价部门核准收费标准执行。

（二）市失业保险基金按规定安排使用推进校企合作的经费

市失业保险基金主要用于补贴校企合作在提高学员动手能力上增加的培训费用（原则上按照本市政府补贴职业培训个人账户的操作办法执行）、定向企业接纳校企合作学员实训发生的企业场地设备物耗和能耗等实训运作费用，以及开展相关评估、评审等费用。

（三）财政职业教育专项资金按规定安排使用推进校企合作的经费

财政职业教育专项资金主要用于双师型教师的培养费用、校企合作课程的开发调整费用、开放实训中心的建设和运行维护费用等。

对政府补贴经费，开展校企合作的院校应做到专款专用，建立健全经费使用和管理的内控监督制度，确保资金的安全和使用效果。

由市协调指导委员会制定具体的校企合作经费保障实施办法，并定期对校企合作经费使用情况进行检查。

上海市劳动和社会保障局

上海市教育委员会

上海市发展和改革委员会

上海市财政局

上海市经济委员会

二〇〇七年二月十五日

苏州市人民政府
关于印发苏州市职业教育校企合作促进办法的通知

苏府规字 [2014]4 号

各市、区人民政府，苏州工业园区、苏州高新区、太仓港口管委会；市各委办局，各直属单位：

《苏州市职业教育校企合作促进办法》已经市政府第 26 次常务会议审议通过，现印发给你们，请认真贯彻实施。

苏州市人民政府

2014 年 7 月 22 日

苏州市职业教育校企合作促进办法

第一条　为加快现代职业教育体系建设，深化产教融合、校企合作，培养大批高素质劳动者和技术技能人才，增强职业教育服务经济和社会发展的能力，根据《中华人民共和国职业教育法》和其他有关法律、法规，结合本市实际，制定本办法。

第二条　本办法所称的职业教育校企合作，是指职业院校与相关企业在人才培养与职工培训、科技创新与技术服务、资源共享与共同发展等方面开展的合作。

本办法所称的职业院校，是指国家或社会力量依法设立的高等职业院校、中等职业学校、技工院校等。

第三条　本办法适用于本市行政区域内的职业教育校企合作及其扶持和保障。

第四条　职业教育校企合作遵循自愿协商、优势互补、利益共享的原则，坚持以市场需求和促进就业为导向，实现生产、教学、科研相结合。

第五条　市、县级市（区）人民政府应当鼓励、支持和促进职业教育校企合作，建立政府推动、市场引导、行业指导、校企互动的合作运行保障机制。

市、县级市（区）人民政府应当建立职业教育联席会议制度，统筹协调本地区校企合作的规划、资源配置、经费保障、督导评估等工作。

市、县级市（区）人民政府应当把职业教育校企合作所需资金纳入同级财政预算。

第六条　市、县级市（区）人民政府教育、人力资源社会保障行政部门按照职责分工负责本行政区域内的职业教育校企合作促进工作；发改、经信、财政、税务、科技、工商、商务、卫生、农（林）业等行政部门在各自职责范围内，负责校企合作促进的有关工作。

第七条　职业院校应当根据经济社会发展和市场需求，主动与企业在专业设置、课程开发、实训基地建设、师资培训、实习就业、质量评价等方面开展合作。

职业院校应当积极参与企业的技术改造、产品研发和科技攻关以及企业的职工教育和继续教育等项目。

鼓励职业院校聘请行业专家和企业的管理、技术骨干兼任专业课教师或者实习指导教师，参与职业院校的教学改革。

职业院校应当优先为合作企业推荐实习生、毕业生。

第八条　职业院校应当建立学生和教师到企业实习、实践制度。职业院校在校学生应当到企业参加顶岗实习，专业教师应当按照规定到企业参加实践。

职业院校应当加强对实习学生和实践教师的职业道德教育和安全教育并指派指导教师。职业院校应当按规定为实习学生办理实习责任保险或者学生实习期间的意外伤害保险，经费由学校承担，职业院校与企业达成协议的，则由企业承担。职业院校或者企业为实习学生购买前述保险的，政府可以给予资助。

实习学生和实践教师应当遵守企业规章制度和劳动纪律，保守企业商业秘密。

第九条　鼓励企业与职业院校开展多种形式的合作办学，深度参与职业院校的教育教学改革。有条件的企业可以与职业院校联合建立实习实训基地，合作建设实验室或者生产车间，合作兴办技术创新机构，合作组建职业教育实体或者产学研联合体，共同参与新兴产业基地建设。

鼓励企业设立职业教育奖学金、助学金、奖教金。

第十条　企业应当接纳职业院校学生实习和教师实践。对顶岗实习的学生，应当按规定给予劳动报酬。

企业应当按照与职业院校签订的合作协议，为实习学生和实践教师提供实训场地、设备设施，安排指导人员，做好实习、实践前的安全培训工作和实习、实践期间的劳动保护、安全等工作。

第十一条　企业应当依照国家有关规定提取和使用职工教育经费并可以通过设立职业院校或者委托职业院校等形式，对本单位职工和准备录用的人员实施职工教育和继续教育。

第十二条　行业组织应当引导本行业企业与职业院校开展校企合作，发挥行业资源、技术、信息等优势，参与校企合作项目的指导、协调和评估工作。

第十三条　市、县级市（区）人民政府对以下校企合作项目给予奖励：

（一）校企合作公共服务平台建设；

（二）职业院校校企合作实训基地建设、专业课程建设、师资队伍建设、学生就业促进；

（三）校企合作企业的职工教育、产品研发、技术改造；

（四）实习学生的实习责任保险或者学生实习期间的意外伤害保险；

（五）其他校企合作项目。

第十四条　教育、人力资源社会保障、财政等行政部门及相关行业组织应当对职业教育校企合作项目及其实施情况进行检查、评估，其结果作为校企合作经费奖励的重要依据。

第十五条　企业实际发生的职工教育经费支出和用于职业教育事业的公益性捐赠支出，可以按照国家规定在计算企业应纳税所得额时扣除。

企业委托职业院校开发新产品、新技术、新工艺发生的研究开发费用，可以按照国家规定享受研究开发费用加计扣除政策。

第十六条　教育、人力资源社会保障行政部门应当建立校企合作信息资源共享网络，完善职业院校、企业人力资源市场信息服务体系，为职业院校和企业提供人才培养、就业指导等服务。

第十七条　发改、经信、科技、商务、卫生、农（林）业等相关部门应当引导相关行业企业与职业院校开展职业教育校企合作，并对促进当地经济和社会发展的重点合作项目优先予以扶持。

第十八条　职业院校、企业违反本办法规定，弄虚作假，获得职业教育校企合作奖励的，由相关行政部门追回已发放的奖励，并记入职业院校或者企业的诚信档案。违反法律的，依法追究法律责任。

第十九条　教育、人力资源社会保障和其他有关部门及其工作人员违反本办法规定，在职业教育校企合作促进工作中玩忽职守、滥用职权、徇私舞弊的，由其所在单位或者上级主管机关对直接负责的主管人员和其他直接责任人员依法给予行政处分；构成犯罪的，依法追究刑事责任。

第二十条　本办法自 2014 年 9 月 1 日起施行。

河南省人民政府关于印发河南省职业教育校企合作促进办法试行的通知

豫政 [2012]48 号

各省辖市人民政府，省人民政府各部门：

《河南省职业教育校企合作促进办法（试行）》已经 2012 年 4 月 18 日省政府第 102 次常务会议通过，现印发给你们，请认真贯彻落实。

河南省人民政府

二〇一二年五月四日

河南省职业教育校企合作促进办法（试行）

第一章　总则

第一条　为促进职业院校与企业深度合作，培养支撑产业发展、改善民生、提升竞争力所需要的高素质劳动者和技能型、应用型人才，增强职业教育服务中原经济区建设的能力，根据《中华人民共和国职业教育法》等有关法律、法规，结合我省实际，制定本办法。

第二条　本办法所称的职业教育校企合作，是指职业院校与企业、事业单位、社会组织在人才培养与职工培训、科技创新与技术服务、资源共享与共同发展等方面开展的合作。

第三条　促进职业教育校企合作是政府、职业院校、行业协会、企业的共同责任。职业教育校企合作实行政府推动、行业协会协调、企业与职业院校共同参与的多元化校企合作机制，遵循自愿协商、优势互补、利益共享、过程共管、责任共担的原则，坚持以市场需求和劳动就业为导向，实现生产、教学、科研相结合。

第二章　政府

第四条　各级政府应支持和促进职业教育校企合作，可以结合本地实际，建立校企合作相关组织，负责统筹协调本地职业教育校企合作的规划、资源配置、经费保障、督导评估等工作，推动职业教育校企合作。为有效推动全省职业教育校企合作，省政府成立由省教育厅、人力资源社会保障厅、发展改革委、财政厅、省政府国资委、省工业和信息化厅、商务厅等部门和部分行业协会、企业、职业院校参加的职业教育校企合作促进委员会（以下简称校企合作促进会）。校企合作促进会下设秘书处，具体负责全省职业教育校企合作工作。

第五条　各级政府应定期对职业教育校企合作项目及其实施情况进行检查、评估和督导，对校企合作工作成绩突出的企业、学校及个人予以表彰、奖励，并通过主流媒体向全社会广泛宣传。

第六条　各级教育、人力资源社会保障、发展改革、财政、科技、工业和信息化、国土资源、国资、农业等部门在各自职责范围内制定相关优惠政策，引导和推动职业教育校企合作。

发展改革、科技等有关部门对在职业教育校企合作工作中成绩突出的企业，在技术改造、新产品研发等项目建设上予以优先支持。

国资、工业和信息化等有关部门应将企业的职业教育校企合作情况作为考核与评价企业和企业负责人业绩的重要内容。

教育、人力资源社会保障等有关部门对校企合作成绩突出的职业院校，在品牌示范性学校、实习实训基地等建设上予以优先支持。

第七条　教育、人力资源社会保障部门应制定鼓励与支持政策，推动职业院校教师到企业实践，促进企业的高技能人才、专业技术人员兼任职业院校专业课教师或实习指导教师。有企业工作或生产一线服务经历的职业院校专业课教师优先晋升高一级专业技术职务，有辅导职业院校学生实习经历的企业职工优先晋升高一级专业技术职务。

各地可以建立职业院校“双师型”教师人才库，探索职业院校之间“双师型”教师互聘互用机制。

第八条　各级政府应整合职业教育相关专项资金，引导和鼓励职业教育校企合作，主要用于资助职业院校与企业联合设立职业教育实习实训基地、合作建设实验室或生产车间等校企合作项目，资助职业院校为实习学生统一办理意外伤害保险，对企业接纳职业院校学生实习发生的物耗、能耗给予适当资助，对与职业院校合作开展职工教育和培训并取得显著成绩的企业给予表彰、奖励，对职业院校参与企业技术改造、产品研发、科技攻关和促进科技成果转化给予资助或奖励，表彰、奖励其他在促进职业教育校企合作中做出显著成绩的单位和个人等。

第三章　行业协会

第九条　各行业协会应在政府相关部门的牵头支持下，成立由行业协会、企业、职业院校组成的行业职业教育校企合作指导委员会（以下简称指导委员会），引导、协调、指导本行业的校企合作工作，发挥在信息、人才和技术等方面的资源优势，发布和预测本行业用人信息，向职业院校推荐开展职业教育校企合作的企业，与职业院校合作组织行业内员工培训，参与制定职业院校实践教学标准及实习指导教师能力标准，参与行业职业教育技能大赛举办等工作，参与职业教育校企合作项目的评估、职业技能鉴定及相关管理工作，推动职业教育校企合作项目顺利实施。

第十条　各行业协会可以牵头成立由有关职业院校和企业参加的全省性行业职业教育集团（以下简称职教集团）。在校企合作促进会的推动下，充分发挥职教集团的载体作用，以产业和专业为纽带，统筹行业、企业和职业院校等资源，积极开展专业建设、师资队伍建设、实习实训基地建设、实习就业指导等，实现专业与产业对接、教学过程与生产过程对接、专业课程内容与职业标准对接。

第四章　企业

第十一条　企业应积极与职业院校开展多种形式的合作，可以与职业院校共建对口专业，联合建立实习实训基地，合作培养师资，合作培养企业急需人才，共同开发教材，合作进行产品设计和技术创新，合作组建产学研联合体等，共同搭建服务区域产业发展平台。

企业可以通过参股、入股等多种形式，与职业院校联合组建办学实体或独立举办职业院校。

第十二条　企业应根据实际生产需求，合理确定实习环节和实践内容，接纳职业院校学生顶岗实习并给予上岗实习学生适当的劳动报酬。

企业应按照与职业院校的合作协议，与职业院校共同组织和管理学生实习，制订实习计划，提供实习场地和设备设施，并指定专人负责学生实习工作，安排有经验的技术或管理人员担任实习指导教师，做好实习、实践前的安全培训和实习、实践期间的劳动保护、安全等工作。禁止企业安排实习学生从事不符合实习特征或与实习内容不一致的劳动生产。

第十三条　鼓励企业积极接纳职业院校教师进行教学实践或建立教师培训基地，帮助职业院校教师和管理人员进行实践锻炼和岗位体验。企业可以与教师合作开展产品研发、技术改造等工作。

第十四条　企业应建立职工培训和继续教育制度，制定本单位职工培训计划。企业可以举办职业教育机构或委托职业院校对本单位职工和准备录用的人员实施职业技能培训和继续教育。

企业应按照不低于职工工资总额的 2.5% 提取教育培训经费并列入成本开支，所提取经费主要用于企业职工特别是一线职工的教育培训。

企业应严格遵守劳动就业准入制度，可以优先录用与合作职业院校共同培养的人才。

第十五条　按照国家有关规定，符合税收减免税条件的，享受有关税收减免政策。企业接纳学生顶岗实习并支付给实习学生的报酬，可以在计算缴纳企业所得税前扣除；企业发生的职工教育经费支出和用于职业教育事业的公益性捐赠支出，可以在计算企业应纳税所得额时扣除；企业委托职业院校开发新产品、新技术、新工艺发生的研究开发费用，可以享受企业所得税优惠政策；企业举办职业教育机构或设立实习实训、实践基地的，可以参照执行公益事业用地的有关政策，并享受税收优惠政策；企业接纳职业院校、职业培训机构学生实习实训、教师实践的，根据接纳的人数及岗位的特殊性，享受税收优惠政策或补贴政策；企业为职业院校学生提供的奖学金、助学金费用等可列入企业教育培训经费，作为企业成本列支，享受有关税收减免政策。企业为职业培训开发的培训教材，经相关机构和专业教学指导委员会审定，可以在职业院校中使用，按教育部门相关规定享受补贴政策。

第十六条　鼓励企业为职业院校提供资助和捐赠。企业可以通过多种捐助形式支持职业院校建设和发展，可在职业院校设立奖学金、助学金、奖研金、奖教金、创业就业基金等资助项目。

第十七条　企业应及时向行业协会反馈人才需求和岗位技术变化信息，派出专业技术人员参加指导委员会，积极参与组建职教集团，并将与职业院校的合作诉求反映给行业协会。

第五章　职业院校

第十八条　职业院校应根据经济社会发展和市场需求，主动与企业在学生实习、专业设置与课程开发、订单式教育与就业推荐、师资交流与培训、职工培训与继续教育、产品研发、技术攻关等方面开展合作。

第十九条　职业院校应积极实行“双证书”学历证书与职业资格证书制度，在教学中引入职业技能鉴定标准，实现专业课程内容与职业技能鉴定标准对接，并向合作企业优先推荐毕业生。

第二十条　职业院校应聘请企业的高技能人才、专业技术人员兼任专业课教师或实习指导教师，鼓励职业院校聘请企业的高技能人才、专业技术人员到校任教或参与管理工作，参与职业院校的培养目标设定、专业设置、课程改革、教学评价等人才培养的全过程。

第二十一条　职业院校应建立学生和教师到企业实习、实践制度。职业院校在校学生按有关规定应到企业或生产服务岗位参加上岗实习，实习成绩计入规定的学分；专任教师应定期到企业或生产服务岗位实践，并将实践情况作为教师考核的重要内容。

第二十二条　职业院校应优先安排与其建立校企合作关系的企业职工进校接受职业技能培训或继续教育。

职业院校应积极参与企业的技术改造、产品研发和科技攻关等项目，促进科技成果转化。

第二十三条　职业院校应加强对实习学生和实践教师的职业道德教育和安全教育，并指派指导教师，按照《河南省工伤保险条例》为实习学生统一办理意外伤害保险。实习学生和实践教师应遵守企业制度和劳动纪律，保守企业商业秘密。

第二十四条　职业院校按照国家有关规定可以通过参股、入股的形式，与相关企业联合组建经济实体或独立举办经济实体。

第六章　责任

第二十五条　职业院校、企业违反有关规定，侵害实习学生、实践教师、企业职工合法权益的，应依法承担相应的法律责任。

第二十六条　职业院校学生、教师在实习、实践期间发生安全事故的，职业院校实习学生和实践教师侵害企业商业秘密的，均依照国家有关规定处理。

第二十七条　职业院校、企业弄虚作假获得职业教育校企合作资助或奖励的，按照《财政违法行为处罚处分条例》（国务院令第 427 号），由相关部门追回已发放的资助或奖励资金，取消其获得相关资助或奖励的资格，追究有关人员的相关责任。

第二十八条　教育、人力资源社会保障和其他部门及工作人员违反本办法规定，在职业教育校企合作工作中玩忽职守、滥用职权、徇私舞弊的，由上级部门或其他有关部门责令改正，并对直接负责的主管人员和其他直接责任人员依据有关规定给予处分。

教育部办公厅关于转发《北京市交通行业职业教育校企合作暂行办法》的通知

教职成厅函[2011]54号

各省、自治区、直辖市教育厅（教委），新疆生产建设兵团教育局：

2011年，北京市教育委员会、北京市交通委员会联合制定并下发了《北京市交通行业职业教育校企合作暂行办法》。《暂行办法》为发挥北京教育和科技资源优势，创新校企合作模式，深化北京交通行业职业院校与企业的合作，促进北京现代职业教育体系建设做出了有益尝试，奠定了制度基础。

为进一步促进我国职业教育发展，推进各地按照教育规划纲要关于“调动行业企业的积极性，建立健全政府主导、行业指导、企业参与的办学机制”的要求，推进体制机制创新，以制度建设固化改革成果，现将《暂行办法》转发给你们，请认真学习借鉴，结合实际情况，明确思路、积极探索、创新举措、勇于实践，部署推动本地区职业教育校企合作工作。

附件：北京市交通行业职业教育校企合作暂行办法

教育部办公厅

二〇一一年九月二十三日

北京市交通行业职业教育校企合作暂行办法

第一条　为充分发挥首都教育资源和科技资源优势，创新校企合作模式，进一步深化和促进本市交通行业职业教育院校与企业的合作，培养适应首都交通事业发展的职业人才，加快构建北京现代交通职业教育体系，根据《中华人民共和国职业教育法》和国家、本市有关规定，制定本暂行办法。

第二条　本暂行办法所称的交通行业职业教育校企合作，是指交通类职业院校与企业在技能型专门人才培养与职工岗位技能提升培训、科技创新与技术服务、资源共享与共同发展等方面开展的合作。

第三条　本市交通行业职业教育办学实行政府主导、行业指导、企业与职业院校共同参与的多元化校企合作机制。校企合作应当遵循自愿协商、优势互补、利益共享的原则，坚持以需求和就业为导向，实现生产（运营）、教学、科研相结合，产业链和教育链、产品链和教学链的深度融合。

第四条　市交通行政主管部门、教育行政主管部门负责本市交通行业的职业教育校企合作促进工作，统筹职业教育校企合作的教育教学改革、师资培养、实训基地建设、科技成果转化、督导评估等工作，协调市发展改革、财政、人力社保等部门对职业教育校企合作的规划计划、资源配置、经费保障等给予政策支持。

第五条　本市鼓励交通类职业院校扩大招生自主权，试行弹性学制，按照需求调整完善专业设置与课程内容，加强校企人才交流与合作。

第六条　本市实施交通行业职业教育校企合作会商机制，会商机制办公室设在北京交通职业教育集团。

北京交通职业教育集团内的职业院校、企业等成员单位应发挥带动和示范作用，探索集团化办学模式，企业在实施中长期人才发展战略的过程中与职业院校建立紧密联系、高度融合的合作关系，确保政府投入的职业教育资源转化为首都交通发展的保障能力。

第七条　本市交通行业协会（学会）应充分发挥资源、技术、信息等优势以及沟通、协调作用，引导企业与交通类职业院校开展校企合作。

第八条　交通类职业院校应针对企业实际用人需求，积极推进教育教学改革，建立专兼职结合的师资队伍，完善实训基地，参与企业职工培训与继续教育，促进科技成果转化应用。

第九条　本市鼓励交通行业企业与职业院校开展多种形式的合作办学。企业可采取设立奖学金，冠名品牌班，订单式培养，与职业院校联合建立实习实训基地，合作建设实验室或生产车间，合作兴办技术创新机构，合作组建职业教育实体或其他形式的产学研联合体等方式开展校企合作。

第十条　交通类职业院校应加强对合作企业的调研，了解合作企业用人需求，按照企业岗位工作标准所要求的知识、技能和职业素养，制定技能型专门人才培养方案。

第十一条　交通类职业院校应按照合作企业岗位工作标准及技术要求，调整完善专业设置、改革教学方式方法，定制课程标准，开发教学及培训课程，编写教材并形成教学内容更新机制。

第十二条　交通类职业院校应提高专业教师的业务水平和教学能力，聘请行业专家和企业的管理、技术骨干担任兼职教师，建立专兼职师资库。

第十三条　交通类职业院校应建立学生和教师到企业实习、实践制度，安排在校学生到企业参加实习，安排专业教师到企业实践。实习学生和实践教师要遵守企业规章制度和劳动纪律，保守企业商业秘密。

第十四条　支持交通类职业院校申请国家、本市职业教育基础能力建设项目。职业教育实训基地应按照真实工作环境进行设计、搭建，为学生创建真实的岗位训练、职场氛围。

第十五条　交通类职业院校实行“双证书”制，导入职业技能鉴定标准，实现专业课程内容与职业技能鉴定标准对接，并向合作企业优先推荐毕业生。

第十六条　鼓励交通类职业院校面向企业开展职业资格等级晋升培训，提升应用型管理及技术职业人才的职业资格等级。

第十七条　鼓励交通类职业院校参与企业的技术改造、产品研发和科技攻关等项目，促进科技成果转化应用。

第十八条　鼓励、引导市属交通企业和交通行业其他企业与交通类职业院校开展校企合作。参与校企合作的企业应与合作院校签订校企合作协议，向合作院校提供人才发展规划、用人需求信息、岗位工作标准、职业培训要求等，参与合作院校技能型专门人才培养方案制定、专业设置、课程开发和教材编写等工作。

第十九条　参与校企合作的企业应支持合作院校师资队伍建设，选派管理、技术骨干到合作院校担任兼职教师，有计划地提供实践岗位，接受合作院校教师进入企业实践。

第二十条　参与校企合作的企业应支持合作院校实训基地建设，参与实训基地的设计、论证，并提供技术支持。

第二十一条　鼓励企业采取与交通类职业院校合作的方式，对本单位应用技术与管理岗位人员开展在职培训及继续教育。

第二十二条　参与校企合作的企业应接受合作院校学生顶岗实习，免收实习费并给予适当的实习补贴。

本市在交通类职业院校推行“导师制”，聘请有实践经验的企业管理、技术人员作为实践导师，参与学生顶岗实习的辅导与管理工作，有关聘任管理办法另行制定。

第二十三条　本市逐步在交通类职业院校建立“工程师工作站”、“技师工作站”，以合作企业工程师、技师为主，依托职业院校教育资源，解决企业技术难题、进行技术创新。

第二十四条　校企合作双方应对合作项目建立考核、评价体系，共同制定考核标准，对人才培养及在职培训质量进行考核。

第二十五条　本市逐步建立交通行业企业与交通类职业院校共同研发机制，结合企业技术革新改造、产品升级换代等过程中的实际问题，校企共同申请科研立项，开展应用型技术与管理科研成果的转化研究，向行业推广研究成果。

第二十六条　本市逐步建立并完善交通行业新兴岗位、工种的技术标准、职业培训标准，交通类职业院校与企业应共同开设新专业、开发培训课程和教材。

第二十七条　本市交通行业推行集团化办学模式下的职业教育改革创新，在北京交通职业教育集团内搭建人才需求信息平台、师资互动平台、实训基地共享平台、职业培训与技能鉴定平台、交通应用型技术与管理研发推广平台，适应交通行业发展要求。

第二十八条　交通类职业院校应按照市交通行政主管部门、教育行政主管部门的要求，率先在城市轨道交通、汽车应用技术等专业建立一级至五级职业教育分级标准，采取校企合作的方式逐步开展交通职业教育分级制改革试验。

第二十九条　市交通行政主管部门协调相关部门开展交通行业新兴职业、岗位的职业技能鉴定培训工作，促进本市交通行业职业技能鉴定工作。

第三十条　本暂行办法适用于本市交通行业企业与交通类职业院校的校企合作。

第三十一条　本暂行办法自 2011 年 7 月 1 日起施行。

财政部、国家税务总局关于教育税收政策的通知

财税 [2004]39 号

各省、自治区、直辖市、计划单列市财政厅（局）、国家税务局、地方税务局，新疆生产建设兵团财务局：

为进一步促进教育事业的发展，经国务院批准，现将有关教育的税收政策通知如下：

一、关于营业税、增值税、所得税

1. 对从事学历教育的学校提供教育劳务取得的收入，免征营业税。

2. 对学生勤工俭学提供劳务取得的收入，免征营业税。

3. 对学校从事技术开发、技术转让业务和与之相关的技术咨询、技术服务业务取得的收入，免征营业税。

4. 对托儿所、幼儿园提供养育服务取得的收入，免征营业税。

5. 对政府举办的高等、中等和初等学校（不含下属单位）举办进修班、培训班取得的收入，收入全部归该学校所有的，免征营业税和企业所得税。

6. 对政府举办的职业学校设立的主要为在校学生提供实习场所、并由学校出资自办、由学校负责经营管理、经营收入归学校所有的企业，对其从事营业税暂行条例“服务业”税目规定的服务项目（广告业、桑拿、按摩、氧吧等除外）取得的收入，免征营业税和企业所得税。

7. 对特殊教育学校举办的企业可以比照福利企业标准，享受国家对福利企业实行的增值税和企业所得税优惠政策。

8. 纳税人通过中国境内非营利的社会团体、国家机关向教育事业的捐赠，准予在企业所得税和个人所得税前全额扣除。

9. 对高等学校、各类职业学校服务于各业的技术转让、技术培训、技术咨询、技术服务、技术承包所取得的技术性服务收入，暂免征收企业所得税。

10. 对学校经批准收取并纳入财政预算管理的或财政预算外资金专户管理的收费不征收企业所得税；对学校取得的财政拨款，从主管部门和上级单位取得的用于事业发展的专项补助收入，不征收企业所得税。

11. 对个人取得的教育储蓄存款利息所得，免征个人所得税；对省级人民政府、

国务院各部委和中国人民解放军军以上单位，以及外国组织、国际组织颁布的教育方面的奖学金，免征个人所得税；离等学校转化职务科技成果以股份或出资比例等股权形式给予个人奖励，获奖人在取得股份、出资比例时，暂不缴纳个人所得税；取得按股份、出资比例分红或转让股权、出资比例所得时，依法缴纳个人所得税。

二、关于房产税、城镇土地使用税、印花税

对国家拨付事业经费和企业办的各类学校、托儿所、幼儿园自用的房产、土地，免征房产税、城镇土地使用税；对财产所有人将财产赠给学校所立的书据，免征印花税。

三、关于耕地占用税、契税、农业税和农业特产税

1. 对学校、幼儿园经批准征用的耕地。免征耕地占用税。享受免税的学校用地的具体范围是：全日制大、中、小学校（包括部门、企业办的学校）的教学用房、实验室、操场、图书馆、办公室及师生员工食堂宿舍用地。学校从事非农业生产经营占用耕地，不予免税。职工夜校、学习班、培训中心、函授学校等不在免税之列。

2. 国家机关、事业单位、社会团体、军事单位承受土地房屋权属用于教学、科研的，免征契税。用于教学的，是指教室（教学楼）以及其他直接用于教学的土地、房屋。用于科研的，是指科学实验的场所以及其他直接用于科研的土地、房屋。对县级以上人民政府教育行政主管部门或劳动行政主管部门审批并颁发办学许可证，由企业事业组织、社会团体及其他社会和公民个人利用非国家财政性教育经费面向社会举办的学校及教育机构，其承受的土地、房屋权属用于教学的，免征契税。

3. 对农业院校进行科学实验的土地免征农业税。对农业院校进行科学实验所取得的农业特产品收入，在实验期间免征农业特产税。

四、关于关税

1. 对境外捐赠人无偿捐赠的直接用于各类职业学校、高中、初中、小学、幼儿园教育的教学仪器、图书、资料和一般学习用品，免征进口关税和进口环节增值税。上述捐赠用品不包括国家明令不予减免进口税的 20 种商品。其他相关事宜按照国务院批准的《扶贫、慈善性捐赠物质免征进口税收暂行办法》办理。

2. 对教育部承认学历的大专以上全日制高等院校以及财政部会同国务院有关部门批准的其他学校，不以营利为目的，在合理数量范围内进口国内不能生产的科学研究和教学用品，直接用于科学研究或者教学的，免征进口关税和进口环节增值税、消费税（不包括国家明令不予减免进口税的 20 种商品）。科学研究和教学用品的范

围等有关具体规定，按照国务院批准的《科学研究和教学用品免征进口税收暂行规定》执行。

五、取消下列税收优惠政策

1. 财政部、家税务总局《关于企业所得税若干优惠政策的通知》[（94）财税字第 001 号] 第八条第一款和第三款关于校办企业从事生产经营的所得免征所得税的规定。其中因取消所得税优惠政策而增加的财政收入，按现行财政体制由中央和地方财政分享，专项列入财政预算，仍然全部用于教育事业。应归中央财政的补偿资金，列中央教育专项，用于改善全国特别是农村地区的中小学办学条件和资助家庭经济困难学生；应归地方财政的补偿资金，列省级教育专项，主要用于改善本地区农村中小学办学条件和资助农村家庭经济困难的中小学生。

2.《关于学校办企业征收流转税问题的通知》（国税发 [1994]156 号）第三条第一款和第三款，关于校办企业生产的应税货物，凡用于本校教学科研方面的，免征增值税；校办企业凡为本校教学、科研服务所提供的应税劳务免征营业税的规定。

六、本通知自 2004 年 1 月 1 日起执行，此前规定与本通知不符的，以本通知为准。

财政部

国家税务总局

二〇〇四年二月五日

财政部国家税务总局关于企业支付学生实习报酬有关所得税政策问题的通知

财税 [2006]107 号

各省、自治区、直辖市、计划单列市财政厅（局）、国家税务局、地方税务局，新疆生产建设兵团财务局：

根据《国务院关于大力发展职业教育的决定》（国发 35 号）有关要求，为促进教育事业发展，现对企业支付中等职业学校和高等院校实习生报酬有关所得税政策问题明确如下：

一、凡与中等职业学校和高等院校签订三年以上期限合作协议的企业，支付给学生实习期间的报酬，准予在计算缴纳企业所得税税前扣除。具体征管办法由国家税务总局另行制定。

对中等职业学校和高等院校实习生取得的符合我国个人所得税法规定的报酬，企业应代扣代缴其相应的个人所得税款。

二、本通知所称中等职业学校包括普通中等专业学校、成人中等专业学校、职业高中（职教中心）和技工学校；高等院校包括高等职业院校、普通高等院校和全日制成人高等院校。

三、本通知自 2006 年 1 月 1 日起执行。

请遵照执行。

二〇〇六年十一月一日

国家税务总局关于印发《企业支付实习生报酬税前扣除管理办法》的通知

国税发 [2007]42 号

各省、自治区、直辖市和计划单列市国家税务局、地方税务局：

为了贯彻实施《财政部、国家税务总局关于企业支付学生实习报酬有关所得税政策问题的通知》(财税 [2006]107 号)，税务总局制定了《企业支付实习生报酬税前扣除管理办法》，现印发给你们，请遵照执行。

国家税务总局

二〇〇七年四月十日

企业支付实习生报酬税前扣除管理办法

第一条　为进一步促进教育事业的发展，加强企业支付学生实习报酬税前扣除的管理，根据《中华人民共和国企业所得税暂行条例》及其实施细则、《中华人民共和国税收征收管理法》及其实施细则、《财政部、国家税务总局关于企业支付学生实习报酬有关所得税政策问题的通知》(财税 [2006]107 号)和有关规定，制定本办法。

第二条　本办法所称“企业”，是指在中华人民共和国境内依照《中华人民共和国企业所得税暂行条例》缴纳企业所得税的纳税人。

第三条　本办法所称“学校”，是指在中华人民共和国境内依法设立的中等职业学校和高等院校(包括公办学校与民办学校)。其中，中等职业学校包括中等专业学校、成人中等专业学校、职业高中(职教中心)和技工学校；高等院校包括高等职业院校、普通高等院校和全日制成人高等院校。

第四条　企业按照财税 [2006]107 号文件规定支付给在本企业实习学生的报酬，可以在计算缴纳企业所得税时依照本办法的有关规定扣除。

第五条　接收实习生的企业与学生所在学校必须正式签订期限在三年以上(含三年)的实习合作协议，明确规定双方的权利与义务。

第六条　对未与学校签订实习合作协议或仅签订期限在三年以下实习合作协议的企业，其支付给实习生的报酬，不得列入企业所得税税前扣除项目。

第七条　企业虽与学校正式签订期限在三年以上(含三年)的实习合作协议，

如出现未满三年停止履行协议情况的，主管税务机关对已享受税前扣除实习生报酬税收政策的企业应调增应纳税所得额，补征企业所得税，并依法加收滞纳金；对因企业主体消亡或学校撤销等客观原因导致未满三年停止履行协议情况的，不再补征企业所得税和加收滞纳金。

第八条　企业可在税前扣除的实习生报酬，包括以货币形式支付的基本工资、奖金、津贴、补贴（含地区补贴、物价补贴和误餐补贴）、加班工资、年终加薪和企业依据实习合同为实习生支付的意外伤害保险费。

企业以非货币形式给实习生支付的报酬，不允许在税前扣除。

第九条　企业或学校必须为每个实习生独立开设银行账户，企业支付给实习生的货币性报酬必须以转账方式支付。

第十条　企业税前扣除的实习生报酬，依照税收规定的工资税前扣除办法进行管理。实际支付的实习生报酬高于允许税前扣除工资标准的，按照允许税前扣除工资标准扣除；实际支付的实习生报酬低于允许税前扣除工资标准的，按照实际支付的报酬税前扣除。

第十一条　企业税前扣除实习生报酬实行备查制，即企业在向主管税务机关申报时自行计算扣除，但企业日常管理中必须备齐以下资料供税务机关检查核实：

（一）企业与学校签订的实习合作协议书；

（二）实习生名册（必须注明实习生身份证号、学生证号及实习合同号）；

（三）实习生报酬银行转账凭证；

（四）为实习生支付意外伤害保险费的缴付凭证。

第十二条　企业因接受学生实习而从国家或学校取得的补贴收入，应并入企业的应税收入，缴纳企业所得税。

第十三条　各地税务机关应加强实习生报酬税前扣除的监督管理，对企业故意弄虚作假骗取实习生报酬税前扣除的，税务机关除责令其纠正外，应根据《中华人民共和国税收征收管理法》等有关规定，予以处罚。

第十四条　本办法从 2006 年 1 月 1 日起执行。

第十五条　各省、自治区、直辖市和计划单列市国税局、地税局，可根据本办法制定具体实施方案。

第十六条　本办法由国家税务总局负责解释。

教育部 财政部关于印发《中等职业学校学生实习管理办法》的通知

教职成 [2007]4 号

各省、自治区、直辖市教育厅（教委）、财政厅（局），计划单列市教育局、财政局，新疆生产建设兵团教育局、财务局，有关部门（单位）教育司（局）、财务司（局）：

根据教育法律法规和国务院的有关规定，教育部、财政部制定了《中等职业学校学生实习管理办法》，现予发布，本办法自发布之日起施行。

附件：中等职业学校学生实习管理办法

教育部

财政部

二〇〇七年六月二十六日

中等职业学校学生实习管理办法

第一条　为规范管理中等职业学校开展学生实习工作，保护实习学生的合法权益，根据《中华人民共和国教育法》、《中华人民共和国劳动法》、《中华人民共和国职业教育法》和国家有关规定，制定本办法。

第二条　中等职业学校（以下简称“学校”）学生实习，应全面贯彻国家的教育方针，实施素质教育，坚持教育与生产劳动相结合，遵循职业教育规律，培养学生职业道德和职业技能，促进学生全面发展和就业，提高教育质量。

第三条　本办法所称学生实习，主要是指中等职业学校按照专业培养目标要求和教学计划的安排，组织在校学生到企业等用人单位进行的教学实习和顶岗实习，是中等职业学校专业教学的重要内容。中等职业学校三年级学生要到生产服务一线参加顶岗实习。

第四条　学生实习由学校和实习单位共同组织和管理。学校和实习单位在安排学生实习时，要共同制订实习计划，开展专业教学和职业技能训练，组织参加相应的职业资格考试；要建立辅导员制度，定期开展团组织活动，加强思想政治教育和职业道德教育。学校和实习单位在学生实习期间，要维护学生的合法权益，确保学生在实习期间的人身安全和身心健康。

第五条　组织安排学生实习，要严格遵守国家有关法律法规，为学生实习提供必要的实习条件和安全健康的实习劳动环境。不得安排一年级学生到企业等单位顶岗实习；不得安排学生从事高空、井下、放射性、高毒、易燃易爆、国家规定的第四级体力劳动强度以及其他具有安全隐患的实习劳动；不得安排学生到酒吧、夜总会、歌厅、洗浴中心等营业性娱乐场所实习；不得安排学生每天顶岗实习超过8小时；不得通过中介机构代理组织、安排和管理实习工作。

第六条　学校应当建立健全学生实习管理制度，要有专门的实习管理机构，要加强实习指导教师队伍建设，要建立学生实习管理档案，定期检查实习情况，处理实习中出现的有关问题，确保学生实习工作的正常秩序。

第七条　实习单位要指定专门人员负责学生实习工作，根据需要推荐安排有经验的技术或管理人员担任实习指导教师。

第八条　实习单位应向实习学生支付合理的实习报酬。学校和实习单位不得扣发或拖欠学生的实习报酬。

第九条　企业接收学生实习并支付给实习学生的报酬，按照《财政部、国家税务总局关于企业支付学生实习报酬有关所得税政策问题的通知》（财税[2006]107号）有关规定在计算缴纳企业所得税前扣除。

第十条　建立学校、实习单位和学生家长经常性的学生实习信息通报制度。学生到实习单位顶岗实习前，学校、实习单位和学生本人或家长应当签订书面协议，明确各方的责任、权利和义务。学生在校内参加教学实习，学校和学生本人或家长是否签订书面协议，由学校根据情况确定。

第十一条　学校安排学生赴国（境）外实习的，应当根据需要通过国家驻外有关机构了解实习环境、实习单位和实习内容等情况，必要时可派人实地考察。要选派指导教师全程参与，做好实习期间的管理和相关服务工作。

第十二条　学校和实习单位应当加强对实习学生的实习劳动安全教育，增强学生安全意识，提高其自我防护能力；要为实习学生购买意外伤害保险等相关保险，具体事宜由学校和实习单位协商办理。实习期间学生人身伤害事故的赔偿，依据《学生伤害事故处理办法》和有关法律法规处理。

第十三条　实习学生应当严格遵守学校和实习单位的规章制度，服从管理；未经学校批准，不准擅自离开实习单位；不得自行在外联系住宿；违反实习纪律的学生，应接受指导教师、学校和实习单位的批评教育，情节严重的，学校可责令其暂停实习，限期改正。学生实习考核的成绩应当作为评价学生的重要依据。

第十四条　各级教育行政部门应当加强实习管理工作，建立健全实习管理制度，加强监督检查，协调有关职能部门、实习单位和其他有关方面，共同做好实习管理工作，保证实习工作的健康、安全和有序开展。

第十五条　对积极开展中等职业学校学生顶岗实习工作、管理规范、成绩显著的学校和单位，以及先进个人给予表彰奖励。

第十六条　对不履行实习管理职责的学校和实习单位，负有管理责任的政府有关部门应当责令其限期改正，对拒不改正或者因工作失误造成重大损失的，应当对直接负责的主管人员和其他直接责任人员给予行政处分；构成犯罪的，依法追究刑事责任。

第十七条　本办法自发布之日起施行。

德国联邦职业教育法（节选）
（2005年4月11日版）

姜大源，刘立新译

第2条　职业教育的学习地点

第1款　职业教育在以下地点进行：1. 经济界的企业，经济界以外特别是公共事务、自由职业成员以及家政的同类机构（企业职业教育）；2. 在职业教育的学校（学校职业教育）；3. 以及学校职业教育和企业职业教育以外的职业教育机构（企业外职业教育）。

第2款　第1款所指的学习地点在职业教育实施中合作（学习地点合作）。

第3款　在符合教育目标的情况下，职业教育的部分内容可以在国外进行。其学习的总时间不得超过职业教育条例所确定的教育期限的四分之一。

第一章　职业教育

第二节　职业教育关系

第一小节　职业教育关系的确立

第10条　合同

第1款　招收他人接受职业教育（教育提供者），须与受教育者签署职业教育合同。

第2款　如职业教育合同的内容、目的及本法未做其他说明，针对劳动合同的法律准则及法律原则同样适用于职业教育合同。

第3款　如法定代理人与其子女签署职业教育合同，则双方不受民法典第181条禁令的约束。

第4款　招收或教育受教育者在权利方面的缺失，不影响职业教育合同的效力。

第5款　为履行合同确定的教育提供者的义务，只要各教育阶段及整个教育期限内的责任得以保证，多个自然人或法人可在一个教育联合体内合作（联合教育）。

第11条　合同签署

第1款　教育提供者须在达成职业教育合同后立即，最迟在职业教育开始前，按照第2句要求以书面形式确定合同的基本内容。不允许使用电子版形式。合同应至少包含：

1. 职业教育的形式、内容和时间安排及职业教育目标，特别是教育应针对的职业活动；

2. 职业教育的开始时间和期限；

3. 教育机构外的教育措施；

4. 每天的正常教育时间；

5. 试用期限；

6. 报酬支付与金额；

7. 休假期限；

8. 解除职业教育合同的条件；

9. 以通用形式指明适用于该职业教育关系的工资合同、企业和公务协议。

第 2 款　合同由教育提供者与受教育者及其法定代理人签署。

第 3 款　教育提供者须在合同签署后立即向受教育者及其法定代理人提供一份文本。

第 4 款　第 1 款至第 3 款适用于职业教育合同的更改。

第 12 条　无效协议

第 1 款　限制受教育者在其结束职业教育关系后从事其职业活动的协议无效。但这不适用于受教育者在结束其职业教育关系前六个月以内被允诺在职业教育关系结束后与教育提供者成为劳动关系的情况。

第 2 款　有关如下内容的协议无效：

1. 受教育者为职业教育支付补偿金的义务；

2. 合同处罚；

3. 取消或限制赔偿损失的权利；

4. 以总额形式确定损失赔偿金额。

第二小节　受教育者的义务

第 13 条　职业教育中的行为

受教育者须努力获取实现教育目标所必需的职业行动能力。受教育者特别须承担的义务：

1. 认真完成其职业教育范围内所交付的任务；

2. 参加根据第 15 条为其提供专门时间的所有教育措施；

3. 听从教育提供者、实训教师或其他有权指令人员的指示；

4. 遵守针对教育机构的制度；

5. 爱护工具、机器和其他设备；

6. 保守企业和业务秘密。

第三小节　教育提供者的义务

第 14 条　职业教育

第 1 款　教育提供者的义务为：

1. 致力于向受教育者传授实现教育目标所必要的职业行动能力，按照教育目的所要求的形式有计划地从时间和内容上系统安排并实施职业教育，使教育目标在预定的教育时间内得以完成；

2. 亲自进行或明确委托实训教师进行教育；

3. 免费为受教育者提供参加职业教育及中期和结业考试所必需的教育用品，特别是工具和材料，即便这些考试在职业教育关系结束之后进行；

4. 督促受教育者去职业学校学习及填写在职业教育的范围内所要求的教育证明，并对其进行检查；

5. 致力于促进受教育者的个性发展，使其在道德和身体方面不受损害。

第 2 款　教育提供者只能让受教育者做符合教育目的并适合其体力的工作。

第 15 条　脱产教育提供者应让受教育者脱产参加职业学校学习和考试。这也适用于教育机构以外实施的教育措施。

第 16 条　证书

第 1 款　教育提供者在职业教育关系结束时应为受教育者出具书面证书。证书不得以电子版形式出具。教育提供者如不亲自进行教育，则实训教师亦须同时在证书上签字。

第 2 款　证书须包括职业教育的种类、期限和目标及受教育者所获得的职业技能、知识和能力的说明。根据受教育者的要求，还须包括关于其行为和成绩的说明。

第四小节　报酬

第 17 条　获得报酬的权利

第 1 款　教育提供者应为受教育者提供适当报酬。报酬金额根据受教育者年龄确定并随着职前教育的继续至少每年予以提高。

第 2 款　实物报酬可按社会福利法典第四部第 17 条第 1 款第 1 句第 4 点确定的实物计价值计算额度，但不得超过受教育者报酬总额的 75%。

第 3 款　在双方商定的规定的教育时间以外的工作应特别另付报酬或提供相应休息时间予以补偿。

第 18 条　报酬计算与支付日期

第 1 款　报酬按月计算。按天计算报酬时每月以 30 天计。

第 2 款　每日历月的报酬应最晚在当月最后一个工作日支付。

第 19 条　报酬的继续支付

第 1 款　应继续向受教育者支付报酬：

1. 脱产期间（见第 15 条）；

2. 继续支付最多六周的报酬，如受教育者：

（1）做好接受教育准备，但教育被取消；

（2）或者因通常性的、出于个人但非过失性的原因而受阻，无法履行其由职业教育关系产生的义务。

第 2 款　如受教育者在应继续支付报酬的时间内出于正当理由不能领受实物报酬，应根据实物计价值（第 17 条第 2 款）补偿支付。

第五小节　教育关系的起始和终止时间

第 20 条　试用期

职业教育关系自试用期开始确立。试用期须至少一个月，至多四个月。

第 21 条　终止

第 1 款　教育期满后职业教育关系终止。在分级教育情况下，最后一级教育期满职业教育关系终止。

第 2 款　如受教育者在教育期限结束前通过结业考试，职业教育关系随考试委员会公布考试成绩而终止。

第 3 款　如受教育者未通过结业考试，则职业教育关系根据其要求延长至下一次补考，最多延长一年。

第 22 条　解除

第 1 款　试用期内，可随时解除职业教育关系，无需遵守解除期限的限制。

第 2 款　试用期满后，解除职业教育关系只能：

1. 由于某种重要原因而无需遵守解除期限的限制；

2. 由受教育者提前四周解除，如其打算放弃该职业教育或打算接受其他职业领域的教育。

第 3 款　解除须以书面形式进行，第 2 款所列情况下均须说明解除的理由。

第 4 款　告知申诉者被解除所依据的事实必须在两周以内，否则这一出于重要原因的解除无效。如规定的调节程序已在法庭外进行，则解除期限推迟至调解结束。

第 23 条　提前终止的赔偿

第 1 款　如试用期满后提前解除职业教育关系，则教育提供者或受教育者中的一方可以向对解除职业教育关系负有责任的另一方要求赔偿损失。这不适用于第 22 条第 2 款第 2 点。

第 2 款　赔偿要求须在职业教育关系终止后三个月内提出，逾期无效。

第六小节　其他规则

第 24 条　继续工作

一旦受教育者在紧随其职业教育关系结束后被雇用，且未就此明确达成协议，则其仍在不确定时限内与原教育提供者确立了劳动关系。

第 25 条　无效协议

违背本法此部分的规则而不利于受教育者的协议无效。

第 26 条　其他合同关系

以获取职业技能、知识和能力或职业经验为目的而被雇用者，如未按本法精神对其进行职业教育，即便未达成劳动关系，本法第 10 条至第 23 条及第 25 条仍然有效，须缩短其法定试用期并无须签署合同。如在其试用期满后提前解除合同关系，可不遵守本法第 23 条第 1 款第 1 句，不能要求赔偿损失。

第三节　教育机构与教育人员的资质

第 27 条　教育机构的资质

第 1 款　招收与教育受教育者，只有：

1. 教育机构的种类和设施适合进行职业教育；

2. 且受教育者的数量与教育位置的数量或与从业专业人员的数量能保持适当比例，不损害职业教育的其他情况除外。

第 2 款　未能完全传授必要的职业技能、知识和能力的教育机构，如可通过该机构外的教育措施进行传授，则仍为合格的教育机构。

第 3 款　只有按照州法律规定的主管部门认可的教育机构，其种类和设施才适合进行农业包括农村家庭经济类职业教育。联邦消费者保护、食品和农业部可与联邦教育和研究部协商，在听取联邦职业教育所主管委员会意见后，以无需征求联邦参议院表决同意的法规形式，确定教育机构的规模、设施和经营状况的最低要求。

第 4 款　只有按照州法律规定的主管部门认可的教育机构，其种类和设施才适合于进行家政类职业教育。联邦经济和劳动部可以与联邦教育和研究部协商，在听取联邦职业教育所主管委员会意见后，以无需征求联邦参议院表决同意的法规形式，确定教育机构的规模、设施和经营状况的最低要求。

第 28 条　教育提供者与实训教师的资质

第 1 款　只有具备相应人品资质者，才能招收受教育者；只有具备相应人品和专业资质者，才能教育受教育者。

第 2 款　专业资质不合格者或不亲自进行教育者，只有其雇用了人品和专业资质合格的实训教师，并由其在教育机构负责任且符合基本要求地直接传授教育内容，才能招收受教育者。

第 3 款　在实训教师承担责任的基础上，其他虽不是实训教师但具备第 30 条特别条件以外传授教育内容所必需的职业技能、知识和能力且人品合格的人员，可以参与职业教育。

第 29 条　人品资质

第 1 款　人品条件特别不适合的是：

1. 不允许雇佣儿童和青少年者；

2. 或一再严重违反本法或依据本法颁布的法令或规定者。

第 30 条　专业资质

第 1 款　专业资质合格指的是具备传授教育内容必需的职业及职业教育学和劳动教育学的技能、知识和能力者。

第 2 款　具备必需的职业技能、知识和能力者指的是：

1. 通过与教育职业相应专业方向的结业考试者；

2. 在与教育职业相应的专业方向，在一所教育机构或相关考试主管部门通过国家认可的考试或在一所国立或国家认可的学校通过结业考试；

3. 或在与教育职业相应的专业方向通过一所德国高等学校的毕业考试；并实际从事其职业适当时间。

第 3 款　联邦经济和劳动部或其他主管业务部门可与联邦教育和研究部协商，在听取联邦职业教育研究所主管委员会意见后，以无须联邦参议院表决同意的法规形式，确定上述第 2 款第 2 点中哪些教育职业的哪些考试为国家所认可。

第 4 款　联邦经济和劳动部和其他主管业务部门可与联邦教育和研究部协商，在听取联邦职业教育研究所主管委员会的意见后，以无须联邦参议院表决同意的法规形式，确定在不同于第 2 款的情况下仅满足专业资质必需的职业技能、知识和能力者指的是：

1. 满足第 2 款第 2 点或第 3 点的条件并实际从事其职业适当时间者；

2. 或满足第 2 款第 3 点的条件并实际从事其职业适当时间者；

3. 或允许从事自由职业或在公共事务领域里的从业者。

第 5 款　联邦教育和研究部在听取联邦职业教育研究所主管委员会意见后，以无须联邦参议院表决同意的法规形式，确定所获取的职业教育学和劳动教育学方面的技能、知识和能力须另行证明，并对所证明的措施的内容、范围和结业证书做出相应规定。

第 6 款　根据州法律确定的主管部门，可在听取相关负责部门的意见后，取消不具备第 2 款、第 4 款或第 5 款条件者的专业资质。

第 31 条　欧洲条款

第 1 款　在第 30 条第 2 款和第 4 款的情况下，对欧盟成员国或其他欧洲经济区条约签署国颁发的资格证明的认可，遵照欧洲经济共同体理事会第 89/48/EWG 号准则，即 1988 年 12 月 21 日颁布的关于承认至少三年职业教育取得的高等教育文凭的通则（见 ABI.EG 1989L19 号，第 16 页），以及欧洲经济共同体理事会第 92/51/EWG 号准则，即作为第 89/48/EWG 号准则（见 ABI.EG L209 号，第 25 页）的补充于 1992 年 7 月 18 日颁布并于 2001 年 5 月 14 日通过欧洲议会及欧盟理事会第 2001/19/EG 准则（见 ABI.EG L206 号第 1 页）最后修改的关于认可职业资格证书的第 2 通则办理。

第 2 款　根据上述通则第 4 条第 1 款所列举准则中提出的条件，在认可时要求：根据上述通则第 4 条第 1 款准则中的第 a 点出具职业经验证明，或根据上述通则中第 4 条第 1 款准则中的第 b 点的要求完成适应性学习课程或通过资质考试。

第 3 款　认可由主管机构决定。主管机构可就适应性学习课程及资质考试做出相应规定。主管部门最迟在申请者提交完整的申请材料后四个月内须就其申请做出决定并附决定理由。

第 32 条　资质监督

第 1 款　主管机构负责监督教育机构及其人员的人品和专业资质。

第 2 款　一旦发现资质缺陷，如其缺陷可以弥补且对受教育者不造成危害，主管机构应要求教育提供者限期弥补其缺陷。如资质缺陷不可弥补，或可能对受教育者造成危害，或在规定期限内未能弥补，主管机构应将有关情况通报州法律确定的主管当局。

第 33 条　招收与教育资质的取消

第 1 款　如一教育机构不具备或不再具备相应第 27 条规定的条件，州法律确定的主管当局可以禁止其招收受教育者、禁止其教学活动。

第 2 款　如不具备或不再具备人品和专业资质者，州法律确定的主管当局可禁止其招收和教育受教育者、禁止其教学活动。

第 3 款　除第 29 条第 1 点的情况外，做出禁止决定前应听取当事者及主管机构意见。

第四节　职业教育关系档案

第 34 条　建立、管理

第 1 款　主管机构应为国家认可的教育职业建立和管理职业教育关系档案。职业教育关系档案应登记职业教育合同的基本内容。此登记对受教育者免费。

第 2 款　对任何一份职业教育关系，其基本内容包括：

1. 受教育者的姓名、出生日期、通讯地址；

2. 受教育者的性别、国籍、普通教育证书、最后就读普通教育或职业教育的学校及离校时的年级；

3. 必要情况下受教育者法定代表人的姓名和通讯地址；

4. 教育职业；

5. 教育合同签署日期、教育期限、试用期；

6. 职前教育开始时间；

7. 教育提供者的姓名和通讯地址、教育机构的地址；

8. 实训教师的姓名、性别及其专业资质的种类。

第 35 条　登记、修改、取消

第 1 款　职业教育合同及其基本内容的改动须在职业教育关系档案中予以登记，如果：

1. 职业教育合同符合本法及教育条例；

2. 实训教师的人品和专业资质及教育机构的资质均已满足招收和教育受教育者

的条件；

3. 且 18 岁以下的受教育者出具根据青少年劳动保护法第 32 条第 1 款中要求的首次体检的书面证明。

第 2 款　如不具备登记条件及相关缺陷未根据第 32 条第 2 款予以弥补，可拒绝或取消登记。如受教育者最迟在登记参加中期考试或结业考试第一部分之日，未按青少年劳动保护法第 33 条第 1 款提交再次体检书面证明，或相关缺陷未按本法第 32 条第 2 款规定予以弥补，登记也应予以取消。

第 3 款　根据第 34 条第 2 款第 1、4、6 及 7 点所获取的数据，可出于改善教育传授、改善教育传授统计的可靠性和时效性以及改善教育市场的供求判断转交联邦劳动局。在转交数据时须采取符合相应技术水平的数据保护和数据安全措施，以特别保证数据的保密性、完好性及条理性。

第 36 条　申请

第 1 款　教育提供者须在职业教育合同签署后立即申请在职业教育关系档案中登记。须提交签字合同的副本一份。这点同样适用于教育合同基本内容的改动。

第 2 款　教育提供者须说明：

1. 受教育者的普通教育及职业教育经历；

2. 所提供的实训教师的情况。

第五节　考试

第 37 条　结业考试

第 1 款　对国家认可的教育职业须进行结业考试。结业考试不通过者可以补考两次。如结业考试分为时间上分开的两部分进行，结业考试的第一部分不能自主进行补考。

第 2 款　应向应考者颁发证书。根据应考者的要求，教育提供者应向受教育者转交其结业考试成绩。如考试分为时间上分开的两部分进行，须书面通知应考者其考试第一部分的成绩。

第 3 款　根据受教育者的申请，可为其证书附加一份英文和一份法文翻译件。根据受教育者的要求，可在证书上注明其在职业学校中的成绩。

第 4 款　受教育者参加结业考试免费。

第 38 条　考试内容

通过结业考试要确定应考者是否已获得职业行动能力。考试中应考者须证明其掌握必需的职业技能，具备必要的职业知识和能力，并学会在职业学校传授的职业教育的主要教学内容。教育条例为考试基础。

第 39 条　考试委员会

第 1 款　主管机构须为实施结业考试成立考试委员会。多个主管机构可在其中的一个主管机构建立共同的考试委员会。

第 2 款　考试委员会评价某项无法以口试确定的考试成绩时可请第三方特别是职业学校做出评议。

第 3 款　在根据第 2 款的框架进行评议时，应对主要过程做出记录，并确定对评价重要的事实。

第 40 条　组成、任命

第 1 款　考试委员会由至少三名委员组成。委员须熟悉其所考试的领域并适合参与考试事务。

第 2 款　考试委员会由同等数量的雇主和雇员代表及至少一名职业学校教师作为委员组成。雇主及雇员代表应至少占委员总数的三分之二。各委员配备副委员。

第 3 款　委员由主管机构任命，最多任期 5 年。雇员代表根据主管机构管理区已有的工会或以社会和职业政策为宗旨的独立联合组织的推荐任命。职业学校教师委员由主管机构与学校监督管理当局或其指定的机构共同任命。如在主管机构确定的适当期限内无法推荐出委员或推荐的委员数量不够，则主管部门可在此情况下根据义务判断原则进行任命。出于重大原因，在听取参与任命过程者的意见后可对考试委员会委员予以辞退。第 1 至 5 句的规定同样适用于各副委员。

第 4 款　考试委员会的工作是荣誉性的。以现金形式的垫款及所占用时间，如没有来自其他方面的补偿保障，应由主管机构按照州最高主管机构批准的额度予以适当补偿。

第 5 款　第 2 款的规定只有在无法任命足够数量的考试委员会委员时才可违背。

第 41 条　主席、决议权、表决

第 1 款　考试委员会选举其中一名委员担任主席以及另外一名委员担任副主席。委员会主席和副主席不应来自同一委员群体。

第 2 款　委员总数三分之二且至少 3 人同意，考试委员会方可做出决议。委员会根据多数表决做出决议。表决票数相等时以主席委员表决票为准。

第 42 条　决议文本、结业考试评价

第 1 款　考试委员会就单项考试成绩、考试总成绩的评价及是否通过结业考试做出决定。

第 2 款　为准备第 1 款的决议文本，主席可委托至少 2 名委员对单项非口头的考试成绩做出评价。所委托的委员不应来自同一委员群体。

第 3 款　第 2 款中所委托的委员就主要过程做出记录并记录明确的评价依据。

第 43 条　结业考试许可

第 1 款　结业考试许可：

1. 完成教育期限者或最迟在结业考试后两个月内可完成教育期限者；

2. 参加所有规定的中期考试及持有规定的书面教育证书者；

3. 并且其职业教育关系已在职业教育档案中登记或出于既非受教育者本人也非其法定代表人或代表的原因而未登记者。

第 2 款　在一所职业类学校或其他职业教育场所完成与一国家认可的教育职业相应的职前教育的教育途径者，也允许参加结业考试。与国家认可的教育职业相应的教育途径指的是：

1. 内容、要求和时间与相关教育条例等值；

2. 系统地，特别是在内容和时间安排的框架内实施；

3. 并且通过学习地点的合作使适当比例的专业实践教育得到保证。

授权各州政府与州职业教育委员会协商，以法规形式决定，哪些教育途径满足上述第 1 句及第 2 句所规定的条件。上述授权可通过法规继续委托给州最高主管当局。

第 44 条　时间分开的结业考试许可

第 1 款　如结业考试按时间上分开的两部分进行，考试许可须分别做出决定。

第 2 款　完成职业教育条例规定所要求的教育期限并满足第 43 条第 1 款第 2 及第 3 点者，允许参加结业考试第一部分的考试。

第 3 款　满足第 43 条第 1 款规定条件，且已参加结业考试第一部分的考试者，允许参加结业考试第二部分的考试。受教育者即便出于非其本人原因而未参加结业考试第一部分考试，也不允许参加第二部分考试。在此情况下，结业考试第一部分的考试与第二部分考试结合进行。

第 45 条　特殊情况下的许可

第 1 款　如受教育者的成绩可提供足够证明，且在听取教育提供者及职业学校意见后可允许受教育者在完成规定的教育期限之前参加结业考试。

第 2 款　如可证明其在所考试的职业的从业时间至少为教育期限 1.5 倍者，可准予参加结业考试。在其他相关教育职业接受教育的时间也可作为从业时间计算。如申请者出具相应证书或以其他方式有根据地证实其已获得职业行动能力，也可完全或部分不考虑第 1 句所规定的最低期限证明，有理由允许其参加考试。对外国颁发的教育证书及在国外的从业时间应予以考虑。

第 3 款　如联邦国防部或其指定机构出具书面证明，表明申请者已获得职业技能、知识和能力，从而为考试许可提供足够理由，则根据第 2 款第 3 句的规定，应允许现役军人及退役军人参加结业考试。

第 46 条　许可决定

第 1 款　结业考试许可由主管机构决定。如其认为不存在许可条件，则由考试委员会做出决定。

第 2 款　受教育者需休生育假，不得以此作为不利因素影响其参加考试的许可。

第 47 条　考试条例

第 1 款　主管机构要颁布结业考试的考试条例。考试条例须经州最高主管当局批准。

第 2 款　考试条例须对许可、考试安排、评价标准、考试证书颁发、违反考试条例的后果及补考做出规定。考试条例还可规定，由主管机构跨地区或通过命题委员会制定或选定的考题，只要其是根据上述第 40 条第 2 款原则组成的命题委员会制定或选定的，则必须予以接受。

第 3 款　联邦职业教育研究所主管委员会颁布考试条例的准则。

第 48 条　中期考试

第 1 款　职业教育过程中按照职业教育条例应进行一次中期考试，以检查教育效果。第 37 至 39 条适用于此。

第 2 款　如教育条例规定，结业考试按时间上分开的两部分进行，则第 1 款不适用。

第 49 条　附加资格

第 1 款　第 5 条第 2 款第 4 点所述附加职业技能、知识和能力应另行考试并予以证明。按照第 37 条规定的考试成绩不受影响。

第 2 款　第 37 条的第 3 和第 4 款、第 39 至 42 条及第 47 条适用于此。

第 50 条　考试证书等值

第 1 款　联邦经济和劳动部或其他主管业务部门可与联邦教育和研究部协商，在听取联邦职业教育研究所的意见后以法规形式确定，对本法适用范围以外获得的考试证书，如其职业教育及通过考试证明的职业技能、知识和能力具有同等价值，则与通过结业考试取得的相关证书具有同等价值。

第 2 款　联邦经济和劳动部或其他主管业务部门可与联邦教育和研究部协商，在听取联邦职业教育研究所的意见后以法规形式确定，对在其他国家获得的考试证书，如通过考试证明的职业技能、知识和能力具有同等价值，则与通过结业考试获得的相关证书具有同等价值。

注释：

① 2005 年 4 月 1 日生效。

②第 2 款于 2009 年 8 月 1 日生效，同时第一款第 3 句失效。

③第 2 款第 3 句及第 4 句自 2011 年 8 月 1 日起失效。

（《中国职业技术教育》2005 年 11 月 11 日）

日本职业能力开发促进法（节选）

(1969年7月18日第64号法律)

第三章　职业能力开发促进

第一节　在职业能力开发促进方面企业主等应采取的行动

第八条　（确保多种职业能力开发的机会）企业主应通过第九条和第十条所列的措施，为雇佣劳动者提供下列各种职业培训的机会，以开发并提高他们的职业能力。

（1）养成培训指使劳动者掌握他们所从事的职业必需的基本技能（包括有关知识）的职业培训，以下同；

（2）提高培训指让具有一定职业能力的劳动者掌握更高职业技能的职业培训，以下同；

（3）能力再开发培训指对需要改换职业的劳动者所实施的职业培训，以下同。

第九条　当企业主为其雇佣的劳动者实施职业培训时，这种培训既可以是在岗或离岗培训，也可以是针对个别人或集体的培训，同时也可以是按照第十六条第四款所列的在公共职业培训中心或其他机构实施的职业能力开发和提高的培训，所有这些培训都应视为企业主实施的培训。

第十条　除上款规定的措施外，当企业主促进他们雇佣劳动者的职业能力开发和提高时，如需要，他们可采取让其雇佣劳动者在其他设施（机构）内接受与他们职业有关的教育与培训的方式。通过"有薪教育培训休假"或其他必要的帮助，来保证其雇佣劳动者接受与他们职业有关的教育与培训的机会，促进其劳动者职业能力的开发与提高。

"有薪教育培训休假"是指当劳动者为提高职业能力接受教育和培训或为其他职业目的离开企业的那段时间，在此期间企业主应付给劳动者工资。

第十一条　（系统的职业能力开发）企业主应按照前两条规定的措施致力于制定一个系统的职业培训计划，以保证他们雇员的职业能力能得到逐步和系统的提高。

第十二条　（职业能力开发促进者）企业主应按照劳动省令的规定，任命一名人员作为职业能力开发促进者，并承担以下职责：

（1）制定上款规定内容的培训计划并实施；

（2）按照第九及第十条规定的措施，为雇员提供咨询和指导；

（3）在处理与国家、都道府县协会的事务中，为企业主提供咨询和帮助，并负责与上述机构的联系。

第十三条 （认定职业培训的实施）所有从事和准备从事职业培训的下列人员：企业主，企业主组织以及他们的联合会，职业培训法人，中央协会，都道府县协会，按照民法第三十四条而建立的法人，具有法人地位的工会组织以及其他非营利的法人（以下统称企业主），在得到认定（批准）后，即按照第三、四节的规定，他们所从事的培训符合标准，可以从事职业培训。

第十四条 （对企业主的援助）为使劳动者能顺利地接受职业培训 、技能鉴定等，国家、都道府县应致力于为企业主提供以下帮助：

（1）按照第二十七条第一款规定，派遣职业培训指导员；

（2）帮助实施部分职业培训；

（3）提供有关信息资料等；

（4）对制定按照第十一条规定的培训计划及其实施提供咨询和指导，对职业能力的开发提高提供技术援助；

（5）举办职业能力开发促进者研讨会，为他们提供交流经验的机会；

（6）除了上述各款所列的内容外，提供其他方面的援助，如按照第十六条第四款，允许使用公共职业培训设施等。

为适当而有效地提供上条第（3）、（4）项所列的援助，国家可采取特别措施为此建立有关设施。

为给企业主提供援助，国家、都道府县应与中央和都道府县协会保持密切联系。

第十四条之二 （对企业主的帮助）为了提高企业主开展职业培训的积极性，鼓励企业主为其雇佣劳动者能享受“有薪教育培训休假”或接受公共职业培训中心实施的职业培训提供便利，国家可对企业主提供帮助或采取措施。

第十四条之三 （职业能力开发调查研究）国家与中央协会合作，对职业培训以及其他职业能力开发和提高进行调查研究，收集并整理这方面的信息，使企业主、工人等有关人员能使用调查研究的成果。

第二节 国家、都道府县实施的职业培训

第十五条 （确保各种职业能力开发机会）国家、都道府县通过第十三条及本节规定的措施确保各种培训机会，以便使劳动者通过包括下列的各种职业培训使其职业能力得到开发和提高。

（1）养成培训；

（2）提高培训；

（3）能力再开发培训。

国家和都道府县设下列机构，以实施上款所列的职业培训：

（1）职业训练校（实施养成培训的机构）；

（2）职业训练短期学校（实施养成培训机构）；

（3）技能开发中心（实施提高培训和能力再开发培训的机构）；

（4）身体不健全者训练校（为身体不健全者提供养成培训、提高培训和能力再开发培训的机构）。

第十六条 （公共职业培训机构）国家设置职业培训短期大学、技能开发中心及身体不健全者职业训练校，都道府县设置职业训练校。

除前款规定外，根据劳动省令的规定，经过劳动大臣的批准后都道府县可设置职业训练短期大学、技能开发中心和身体不健全者职业训练校，市镇村可设置职业训练校。

当国家都道府县在本行政区城内建立的培训机构实施职业培训时，除实施他们自己的培训外，为提高培训的效能，这些机构也可为那些希望改换职业的劳动者提供培训。

根据前款第二条建立的都道府县市培训机构（以下简称公共职业培训机构），除实施上款规定的职业培训外，还可进行以下活动：

（1）对非公共培训机构提供帮助；

（2）允许企业主在这些机构内实施技能鉴定；

（3）对那些准备或愿意从事培训海外开发区工人的人员进行教育与培训；

（4）除上述三项活动外，还可实施由劳动省令及本法规定的其他与职业能力开发有关的活动。

国家设置的公共职业培训机构的名称、地点以及其他与经营活动有关的事项按劳动者令规定办，而都道府县市镇村设置的则按条例规定办。

国家按第二款规定设置身体不健全者职业训练校，可有两种，一是按劳动省令规定设置的身体不健全者训练校可委托给身体不健全者促进协会（此协会是按身体障碍者雇佣促进法第六章的规定成立的）去办；二是劳动省令规定以外的身体不健全者职业训练校的经营管理可委托给都道府县去办。

公共职业训练负责人在职业培训方面应具有较高的水平。

第十七条 （名称使用的限制）非公共职业培训机构不准使用职业训练校、职业训练短期大学、技能开发中心、身体不健全者职业训练校等名称。

第十八条 （国家、都道府县及市镇村应注意的事项）国家、都道府县市镇村，在公共职业培训设施的设置及经营管理方面，应注意他们的内容不要重叠，要充分发挥各自的功能。

第十九条 （职业培训标准）公共职业培训机构按照第十五条第一项规定实施职业培训时，应按照劳动省令规定的标准，确保培训水平。

上款所述培训课程的目录由劳动省令规定。

第二十条 （培训教材）公共培训机构按照第十五条规定实施职业培训时，应使用劳动大臣认定的教材。

第二十一条 （技能鉴定）公共职业培训机构的负责人应对那些接受公共职业培训的人员（仅限于劳动省令规定的养成培训）实施技能鉴定。

通过技能鉴定的人员可称为准技能士。

技能鉴定的标准以及其他相关的事项由劳动省令规定。

第二十二条 （结业证书）按照劳动省令规定，公共职业培训机构负责人向完成了公共职业培训课程的人员颁发结业证书。

第二十三条 （对接受公共职业培训求职者的有关措施）在公共职业培训机构内进行的养成培训（只限劳动省令规定的）、在技能开发中心和职业训练校实施的能力再开发培训以及身体不健全者职业训练校实施的培训，求职者可免费接受上述培训。

国家、都道府县对接受前款职业培训的求职者，根据雇佣对策法的规定，可以发给津贴。

公共职业培训机构负责人应与公共职业安定所负责人密切配合，采取必要措施帮助接受公共职业培训的求职者寻找工作。

第三节 对企业主实施的职业培训的认可

第二十四条 （都道府县知事对职业培训的认定）都道府县知事对职业培训可以认定（批准）。即企业、企业主的团体、联合体、都道府县职业能力开发协会，根据民法第三十四条设置的法人、不以营利为目的的法人进行或将要进行的职业培训，只要符合劳动省令规定标准的都可以认定。不过确实没有实施职业培训能力的不在此列。

都道府县知事在认定（批准）前项的职业培训前，当劳动者基于劳动基本法和劳动安全生产法接受培训时，除劳动省令的规定外，要听取都道府县劳动基准局局长的意见。

都道府县知事可针对以下情况对认定撤销。按第一款批准的职业培训（以下称认定职业培训）不在劳动省令第十九条第一款规定的标准时，企业主等已不实施认定职业培训时，企业主无力实施认定职业培训时。

第二十五条 （企业主等设置的职业培训设施）进行认定职业培训的企业主等，可根据劳动省令的规定，设置职业培训校、职业培训短期大学校和技能开发中心。

第二十六条 （企业主等的合作）进行认定职业培训的企业主，在不影响本职业培训的情况下，可把认定职业培训的设施借给其他企业主进行职业培训，或者为其他企业主代培。

第二十六条之二　第二十至二十二条可适用于认定培训。

第四节　职业培训指导教师

第二十七条 （职业训练大学校）为公共培训和认定培训的指导教师或准备成为指导教师者提供培训，同时还要进行有关职业培训的调查研究。

职业训练大学校除进行前款规定的业务外，还可按劳动省令规定的内容进行其他与职业能力开发与提高有关的活动。

国家设置职业训练大学校。

非职业训练大学校不准冠以职业训练大学校的名称。

第十六条第五款、第七款和第二十六条第三款的内容可适用于职业训练大学校。

第二十七条之二 （指导教师培训标准）关于指导教师培训课程种类、学科、设备等的标准，均按劳动省令规定执行。

第二十二、二十四条的规定也适用于指导教师培训。该条第一款和第三款中的内容在第十条已作了规定，也可作为第二十七条之二第二款加以解释。

第二十八条 （职业培训指导教师许可证）准则培训（指养成培训和能力再开发培训）的职业培训指导教师，须持有劳动大臣颁发的许可证。

前款指导教师的许可证（职业培训指导教师的许可）按劳动省令规定的工种实施。

凡符合下列条件之一的申请者，可发给许可证。

（1）在指导教育培训中，学完劳动省令规定的培训课程者；

（2）按第三十条第一款的规定参加职业培训指导教师考试合格者；

（3）符合或超过前两款条件者。

本款第三项的条件由劳动省令规定。

下列条件之一者尽管符合第三款的规定，但不能获得职业培训指导教师许可证。

（1）法律判决无资格的或准无资格的人员；

（2）犯监禁以上的刑事者；

（3）取消许可证之日起不足两年者。

第二十九条　（职业培训指导教师许可证的取消）虽具有职业培训指导教师许可证，但符合前条第五款第五项中的（1）和（2）的条件者，劳动大臣必须取消其许可证。

持有职业培训指导教师许可证者因不法行为丧失其指导教师资格时，劳动大臣也可取消其许可证。

劳动大臣根据前款规定在取消职业培训指导教师许可证时，必须举行听证会，事前通知时间、地点，听取当事人的申诉。

第三十条　（职业培训指导教师考试）考试由劳动大臣实施。

考试分为实技考试和学科考试。

下列人员可参加考试：

（1）通过第六十二条第一款规定的技能鉴定者；

（2）具有劳动省令规定的实际经验者；

（3）具有与前二条同等以上能力者。

前款第三项所指的范围，由劳动省令规定。

劳动大臣根据劳动省令的规定，对具有一定资格者，可以部分地或全部地免除实技考试或学科考试。

凡符合第二十八条第五款各项条件之一者，不能接受考试。

第三十条之二　劳动省令规定的职业培训中的养成培训、提高培训的指导教师应具有较高的理论和技能水平。

职业培训短期课程的指导教师，视培训课程的内容，可以是没有获得职业培训指导教师证书者。

第三十条之三 （对企业主的援助）国家和都道府县必须对企业主等实施的职业培训进行如下的援助：

（1）派遣职业培训指导教师；

（2）提供职业培训所必需的教材及其他资料；

（3）对职业培训计划和经营管理等方面提出建议、进行指导和技术性的援助；

（4）接受企业主的委托，帮助其实施职业培训的部分内容；

（5）除前一、二、三、四款提到的外，可向企业主提供公共职业培训设施等。

根据前款的规定，当国家和都道府县对企业主等进行援助时，要在中央职业能力开发协会或都道府县职业能力开发协会的协助下进行。

第三十条之四 （对企业主采取的措施）国家为鼓励企业主进行的职业培训，对给劳动者创造“有薪教育培训休假”机会或让其接受公共职业培训的企业主进行奖励或援助等。

（《现代技能开发》1994 年 05 期）

后　记

经济的发展迫切需要专业技能人才，企业的成长离不开学校的支持，企业的壮大亦会反哺学校的发展。校企合作符合职业教育发展的内在规律，符合技能人才培养的要求，有利于促进职业教育健康持续发展；同时，校企合作符合企业培养人才的内在需求，有利于企业实施人才战略，利于企业的发展壮大，这种“双赢”模式已被发达国家通过实践得到验证，也会逐步成为我国职业教育发展的常态模式。

本书基于“我国应逐渐形成以《中华人民共和国职业教育法》、《职业教育校企合作促进条例》为基本法，辅以其他各种职业教育校企合作行政法规、地方性职业教育法规、实施细则、各行业相应法规，构成体系完整、内容全面的职业教育校企合作法律体系，为职业教育校企合作的顺利实施提供法制保障”这一设想，通过纵横的比较研究，借鉴适合我国国情的国内外的、历史的经验，查找我国现有职业教育校企合作法律制度建设中存在的问题，为我国职业教育基本法的修订及配套法规的制定提供借鉴。

本书研究的目的表现为相互联系的两个方面：一方面是通过我国职业教育法律制度建设，实现有效的校企合作，促进我国职业教育发展；二是要以职业教育发展为契机，为职业教育相关法律制度的修订及完善提供一定的理论支撑。研究的主体涉及学校和企业两个主要方面，以及学生家庭、社会等其他多方面。研究的内容表现为两个不同的领域，一方面是教育学的学科内容；一方面是法学的学科内容。从教育学的角度探索职业教育法律制度的建设，从教育法学的角度来看，必然带有很大的缺陷，由于法学专业知识所限，故而可能在研究中会出现一些问题。本书研究存在两个主体，企业与学校，企业与学校因所处角度不同，各自的侧重点不一样，可能出现对责权利不同的倾向，因此需从多角度考虑企业与政府、企业与学校、企业与学生之间的关系，在权衡的基础上，平衡企业与各方的关系，完善职业教育法律制度建设研究。

本书关注我国职业教育大发展的主题与背景，研究构建我国职业教育校企合作相关法律制度体系，为完善职业教育法的修订服务，最终推动企业参与职业教育，实现学校、企业共同发展。

本书是依据本人在武汉大学教育科学学院的博士论文基础上修改完成的。在此，感谢我的导师黄明东教授，感谢黄老师从论文选题、撰写、修改到最后的定稿所提供的关键的启发与帮助。感谢湖北工业大学职业技术师范学院的李梦卿教授，李教授不仅是我工作中的领导，也是我在学科发展中的导师，在本书的写作中也提供了非常多的指导意见。感谢我的家人对我的支持和理解。感谢所有支持过我、帮助过我、鼓励过我的老师、同学、朋友。谢谢！

本书在撰写中由于水平及相应专业知识的欠缺，必然存在疏漏及不妥之处，敬请各位专家学者及读者予以批评指正。